Bibliografien mit LATEX

Herbert Voß
Berlin

dante

lehmanns media

1. Auflage
ISBN 978-3-86541-415-1
Umschlag: Jens-Uwe Morawski, Herbert Voß
Satz: LaTeX (Libertine, Lucida-Math und Luximono)
Verlag: Lehmanns Media, Berlin (www.lehmanns.de)
Druck: Mercedes-Druck – Berlin

Inhaltsverzeichnis

Vorwort

Die Angabe der Quellen sollte nicht nur bei wissenschaftlichen Arbeiten eine Selbstverständlichkeit sein, wobei es sich in der Vergangenheit in der Regel um die Auflistung verwendeter Bücher, Zeitschriftenartikel, Patentschriften u. a. handelte. Diese Regel verlor in den letzten Jahren durch das verstärkte Zitieren von Online-Quellen erheblich an Bedeutung. Es kamen neue Begriffe dazu, wie beispielsweise das Datum des letzten Zugriffs auf die Online-Quelle, denn das Medium Internet kann ein sehr flüchtiges sein.

Umfangreiche Quellenangaben werden sehr oft aus einer Datenbank generiert, bevor sie in ein Dokument eingefügt werden. Es gibt eine Vielzahl an grafischen Umgebungen zur Verwaltung von Literaturdatenbanken, von denen einige exemplarisch behandelt werden. Im Vordergrund steht hier jedoch die Formatierung der Verweise im Text und der Literaturliste. Schon seit längerer Zeit hatte das TEX-System mit dem externen Programm BIBTEX und einem ihm zugeordneten Datenbankformat die Möglichkeit, Literaturlisten automatisch generieren zu können. Konnte man dabei zum einen auf vorhandene Stildateien zurückgreifen und hatte zum anderen keine Sonderzeichen in den Bibliografieeinträgen der Datenbank, führte die Anwendung von BIBTEX zu hinreichend guten Ergebnissen.

Schwieriger wurde es, wenn Sonderzeichen ins Spiel kamen, wie bei meinem eigenen Nachnamen, der als `Vo{\ss}` einzugeben war. Dies hatte meistens noch keine negative Auswirkung auf die Sortierung der Literaturliste, da das Sonderzeichen am Ende auftritt. Problematischer wurde es aber mit `{\"O}nning`, denn BIBTEX konnte nur 7-Bit-Zeichen verarbeiten. Diese Einschränkung führte zur Entwicklung von BIBTEX8, welches jetzt die Sortierung mit Sonderzeichen vornehmen konnte, aber diese Zeichen immer noch in der TEX-kodierten Form benötigte. Ähnliche Probleme ergaben sich, wenn man keine der vorhandenen Stildateien benutzen konnte; eine Erweiterung oder gar Neuentwicklung war wegen der für Anfänger ungewohnten stackorientierten Syntax sehr gewöhnungsbedürftig.

Mit der Neuentwicklung des Paketes biblatex und des Sortierprogramms biber wurde ein völlig anderer Weg beschritten; während bei BibTeX faktisch die komplette Formatierung der Bibliografie extern erledigt wurde, wird dies mit biblatex auf der TeX-Ebene erledigt. Dadurch haben die Stildateien ebenfalls eine einheitliche TeX-Syntax und geben dem Anwender die Möglichkeit, jede noch so ungewöhnliche Formatierung der Verweise oder der Bibliografie mit Befehlen in TeX-Notation zu erreichen. Das Programm biber wird immer dann zum Sortieren benötigt, wenn man den gesamten Unicode-Zeichensatz nutzen möchte.

Grundsätzlich einfacher geworden ist die Formatierung auch mit biblatex nicht, wenn man nicht auf einen der vorhandenen Stile zurückgreifen kann. Ein Wechsel von BibTeX zu biblatex lohnt sich insbesondere, wenn man neue Dokumente erstellt, die eine Bibliografie aufweisen müssen, für die es unter BibTeX keinen geeigneten Stil gibt oder deren Sortierung wegen vorhandener Sonderzeichen falsch ist.

In dieser Veröffentlichung wird zum einen das Arbeiten mit BibTeX und zum anderen das mit biblatex gezeigt. Die Erweiterung bestehender BibTeX-Stile um Felder wie url und urldate wird dabei ebenso gezeigt, wie das Erstellen neuer Stildateien. Damit sollte es jedem Anwender dann möglich sein, auch noch so ungewöhnliche Formatierungen von Verweisen und Literaturangaben zu erreichen.

Bei der Angabe der Syntax für Makros und Umgebungen sind optionale Parameter immer mit einer [grauen Box] hinterlegt. Alle Beispiele kann man sich von CTAN herunterladen: CTAN:/info/examples/LaTeX-Bib/. Sie bestehen grundsätzlich aus kompletten LaTeX-Dokumenten, die mit jeder TeX-Distribution laufen sollten, wenn man die ebenfalls vorhandenen Dokumentklassen installiert. Notwendige Stildateien oder Literaturdatenbanken findet man ebenfalls dort. Weitere Hinweise findet man auf Seite 217. Eine Liste aller in dieser Veröffentlichung gefundenen Fehler findet man auf http://archiv.dante.de/~herbert/Books/.

Dank geht an Doris Behrendt für die Informationen zu BibDesk, an Marco Daniel für seinen »Springer-Stil«, an Dominik Waßenhoven für die Einführung in biblatex und wie immer an Rolf Niepraschk für zahlreiche Hinweise.

Berlin, im Dezember 2010 — Herbert Voß

Kapitel 1

Einführung

Eine Veröffentlichung sollte nicht nur im wissenschaftlichen Bereich immer eine Angabe der zugrunde liegenden Quellen beinhalten. Im allgemeinen Fall wird dies eine Angabe der Primär- oder Sekundärliteratur sein und nur ein Verzeichnis umfassen, in der Regel als Bibliografie oder Literaturverzeichnis bezeichnet. Größere Arbeiten können dabei die Aufteilung in mehrere Verzeichnisse erfordern, was automatisch höhere Ansprüche an den Autor stellt. Es ist nicht nur die Frage der Datenbank, sondern auch die Art und Weise des Verweisens im Text und das Einfügen in die abschließenden Verzeichnisse zu klären.

Es gibt grundsätzlich drei Möglichkeiten ein Literaturverzeichnis zu erstellen. Unabhängig davon, dass jede in sich nochmal in verschiedenen Varianten auftreten kann:

- Völlig selbst gestaltet
- Anwenden der Umgebung thebibliography
- Benutzen einer BibTeX-Datenbank

Bei mehr oder weniger kurzen Literaturverzeichnissen (ca. 10 Angaben) kann man gut mit der zweiten Variante arbeiten, welche auch von Interesse sein könnte, wenn man eine absolut ungewöhnliche Formatierung vornehmen *muss*. Insbesondere noch nicht so erfahrene LaTeX-Anwender werden hiermit die wenigstens Probleme haben. Die dritte Variante ist prinzipiell zu empfehlen; sie deckt einfachste bis höchste Ansprüche ab und sollte daher bevorzugt eingesetzt werden. Es gibt mittlerweile für fast alle Fachrichtungen von Veröffentlichungen vorgefertigte Stildateien, die die unterschiedlichsten Verweis- und Literaturformate ermöglichen. Die erste Variante der oben angegebenen

Möglichkeiten der Literaturerstellung sollte eine reine Notfalllösung bleiben, denn dass die anderen Varianten nicht gehen, ist unwahrscheinlich.

1.1 Typografische Aspekte

Die Zahl der zitierten Onlinequellen nimmt bekanntermaßen ständig zu, so dass auch ein Literaturverzeichnis davon stark geprägt ist. Da Internetadressen (URLs[1]) grundsätzlich nicht den allgemeinen Trennregeln der jeweiligen Sprache unterliegen, könnten sie beliebig umbrochen werden. Dennoch wird aus Gründen der Übersichtlichkeit nicht an jeder Stelle einer URL ein eventuell notwendiger Zeilenumbruch vorgenommen. Die

URL Anwendung des Paketes `url` mit dem gleichnamigen Makro ist unbedingt anzuraten, da dann ein automatischer Umbruch an folgenden Zeichen erfolgen kann:

`. @ \ / ! _ | ; > ] ) , ? ' + = # :`

Innerhalb des normalen Textteiles einer URL wird nicht umbrochen, was bei einer Bibliografie sehr schnell zu typografisch zweifelhaften Formatierungen führen kann, da diese leider oft im Blocksatz (Links- und Rechtsbündigkeit des Textes) gesetzt wird. Das Makro `\url` kann um weitere Umbruchmöglichkeiten erweitert werden, jedoch sollte man berücksichtigen, dass die Lesbarkeit von URLs schlechter werden kann, wenn auch zwischen normalen Buchstaben umbrochen wird.

01-01-1

[1] *Fahrplankarte für Bus und Bahn, Deutschland*; fairkehr Verlag; fairkehr GmbH, Eifelstr. 2, 53119 Bonn; 2. Aufl.; 2001; `http://www.fairkehr.de/fpk.html`.

[2] *Metronet Amsterdam*; `http://www.reed.edu/~reyn/AMSTERDAM.GIF`.

[3] *RER Ile-de-France*; `http://www.paris.org/Metro/gifs/rer01.map.jpg`.

[4] *Tokyo metro and railway maps*; `http://web.yl.is.s.u-tokyo.ac.jp/jp/map.gif`.

[5] *VCD, Verkehrsclub Deutschland e. V.*; `http://www.verkehrsclub-deutschland.de`, `http://www.vcd.org`.

[6] Timothy Van Zandt: *PSTricks: PostScript macros for Generic TeX, User's Guide*; Version 0.93a; March 1993; `CTAN://tex-archive/graphics/pstricks/obsolete/doc/pst-usr1.ps`.

Der viel besser geeignete so genannte Flattersatz wird durch Einsatz von `\RaggedRight` aus dem Paket `ragged2e` erreicht. Das gleiche Beispiel sieht dann schon erheblich besser aus. Durch die Anwendung von `\RaggedRight` anstelle des standardmäßigen `\raggedright`, können auch Wörter trotz des rechtsseitigen Flattersatzes getrennt werden. Dies ist insbesondere bei sehr langen Wörtern vorteilhaft.

[1] URL: Uniform Resource Locator, eine Unterart der Uniform Resource Identifier (URI).

01-01-2

[1] *Fahrplankarte für Bus und Bahn, Deutschland*; fairkehr Verlag; fairkehr GmbH, Eifelstr. 2, 53119 Bonn; 2. Aufl.; 2001; `http://www.fairkehr.de/fpk.html`.

[2] *Metronet Amsterdam*; `http://www.reed.edu/~reyn/AMSTERDAM.GIF`.

[3] *RER Ile-de-France*; `http://www.paris.org/Metro/gifs/rer01.map.jpg`.

[4] *Tokyo metro and railway maps*; `http://web.yl.is.s.u-tokyo.ac.jp/jp/map.gif`.

[5] *VCD, Verkehrsclub Deutschland e. V.*; `http://www.verkehrsclub-deutschland.de`, `http://www.vcd.org`.

[6] Timothy Van Zandt: *PSTricks: PostScript macros for Generic TEX, User's Guide*; Version 0.93a; March 1993; `CTAN://tex-archive/graphics/pstricks/obsolete/doc/pst-usr1.ps`.

Es empfiehlt sich daher, jedes Literaturverzeichnis im rechtsseitigen Flattersatz zu setzen, wenn das Verzeichnis sehr viele URL-Angaben enthält.

```
\usepackage{ragged2e}
...
\begingroup
\RaggedRight
... Bibliografie ...
\endgroup
```

1.2 Literaturverweise

Für die Form von Verweisen auf Literaturstellen im Text gibt es ebenso viele Varianten wie für die Formatierung der Literaturverzeichnisse. Für die Ansprüche im technischen Bereich reichen aber häufig die von Standard-LaTeX bereitgestellten Makros aus.

> `\cite` [Optionen] {*Schlüssel1,Schlüssel2,...*}
> `\nocite`{*Schlüssel*}
> `\nocite{*}`

Die Anwendung der Makros `\cite` und `\nocite` setzt eine Literaturliste voraus, auf deren Einträge über den Schlüssel ein Zugriff besteht. Das Prinzip der Literaturverweise ist unabhängig von der Erstellung des eigentlichen Literaturverzeichnisses, denn der Schlüssel kann sich auf eine Angabe in einer intern oder extern von Hand erzeugten Umgebung `thebibliography` beziehen.

`\cite` erwartet als verpflichtendes Argument einen Schlüssel, der auf die Bibliografie verweist. In welcher Form der Verweis dann im Text ausgegeben wird, hängt ausschließlich von der Umgebung `thebibliography` und dem Makro `\bibitem` ab. Dies wird im folgenden Beispiel aus reinen Demonstrationszwecken deutlich, wo ein numerischer Verweis einem Autor-Verweis folgt, was normalerweise unüblich ist.

```
Was~\cite[S.\,12]{levy:2001} zeigt, sieht man auch in~\cite{anbar:j_dent_res:1974}
noch einmal besser formuliert.

\begin{thebibliography}{ABC}
\bibitem[Levy]{levy:2001} Steven Levy: \emph{Hackers: Heroes of the Computer
  Revolution}, New York:  Penguin Books, 2001.
\bibitem{anbar:j_dent_res:1974} Marcus Anbar, Fred Farley: \emph{Potential
 use of organic polyphosphonates as adhesives in the restoration of teeth},
 J Dent Res 53, 879--888, 1974.
\end{thebibliography}
```

Was [Levy, S. 12] zeigt, sieht man auch in [1] noch einmal besser formuliert.

01-02-1

Literatur

[Levy] Steven Levy: *Hackers: Heroes of the Computer Revolution*, New York: Penguin Books, 2001.

[1] Marcus Anbar, Fred Farley: *Potential use of organic polyphosphonates as adhesives in the restoration of teeth*, J Dent Res 53, 879–888, 1974.

Das Makro `\nocite` führt zur Aufnahme der betreffenden Literaturstelle in das Literaturverzeichnis, ohne dass sie im Text zitiert zu werden braucht. Grundsätzlich gibt es unterschiedliche Ansichten über den Aufbau einer Bibliografie. Normalerweise sollten nur solche Werke angegeben werden, auf die im Text auch Bezug genommen wird; ansonsten ist der Zusammenhang der angegeben Literatur zur Arbeit nicht eindeutig. Jedoch wird auch die Ansicht vertreten, all das in der Literatur anzugeben, was im Zusammenhang mit einer Arbeit steht. Unabhängig von diesen Überlegungen macht das Makro `\nocite` nur Sinn, wenn mit einer externen Datenbank gearbeitet wird.

```
Fundamentale Algorithmen findet man unter anderem in~\cite{Knuth}.\nocite{Braun}
\bibliographystyle{alpha} \bibliography{examplesB}
```

Fundamentale Algorithmen findet man unter anderem in [Knu73].

01-02-2

Literatur

[BCMV83] Burckard von Braunmühl, Stephen Cook, Kurt Mehlhorn, and Rutger Verbeek. The recognition of deterministic CFL's in small time and space. *Information and Control*, 56(1/2):34–51, January/February 1983.

[Knu73] Donald E. Knuth. *Fundamental Algorithms*, volume 1 of *The Art of Computer Programming*, section 1.2, pages 10–119. Addison-Wesley, Reading, Massachusetts, second edition, 10 January 1973. This is a full INBOOK entry.

Das vorstehende Beispiel verwendet eine externe Datenbank, worauf im Abschnitt 4.1 auf Seite 145 weiter eingegangen wird. Mit \nocite{*}, oder auch \nocite* kann man sehr effektiv komplette Literaturdatenbanken ausgeben; Der Stern steht stellvertretend für alle in der Datenbank vorhanden Einträge. *\nocite**

Das standardmäßige Makro \cite kann durch Laden eines entsprechenden Paketes, beispielsweise natbib, oder durch Erweiterung der bestehenden Definition auf eine weitere optionale Angabe erweitert werden, sodass Angaben *vor* und *nach* dem Verweis möglich sind. Im folgenden Beispiel wird das Makro \cite auf zwei mögliche optionale Argumente erweitert:

```
\cite [danach] [davor]
```

Wird nur ein optionales Argument angegeben, so bezieht sich dieses grundsätzlich auf die Angabe *danach*.

```
Fundamentale Algorithmen findet man unter anderem in~\cite[S.\,12][Band\,1:\,]{Knuth}.
\bibliographystyle{alpha} \bibliography{examplesB}
```

01-02-3

Fundamentale Algorithmen findet man unter anderem in [Band 1: Knu73, S. 12].

Literatur

[Knu73] Donald E. Knuth. *Fundamental Algorithms*, volume 1 of *The Art of Computer Programming*, section 1.2, pages 10–119. Addison-Wesley, Reading, Massachusetts, second edition, 10 January 1973. This is a full INBOOK entry.

1.3 Umgebung thebibliography

Die Umgebung thebibliography erwartet ein beliebiges Textmuster zur Festlegung der Labelbreite, beispielsweise »XX«, dann wird soviel Platz für das Label reserviert wie die Zeichenfolge »XX« im aktuellen Zeichensatz an Platz einnimmt. Dies ist jedoch nur bei numerischer Aufzählung der Literatur sinnvoll, da hier der benötigte Platz genau angegeben werden kann; Ziffern haben in fast allen Zeichensätzen die gleiche Breite.

```
\begin{thebibliography}{Labelbreite}
  \bibitem [Optionen] {Schlüssel} Text
  \bibitem [Optionen] {Schlüssel} Text
  ...
  \bibitem [Optionen] {Schlüssel} Text
\end{thebibliography}
```

Der {*Schlüssel*} dient als Referenz für das Makro `\cite` bei entsprechenden Verweisen im laufenden Text und kann aus allen ASCII-Zeichen bestehen.

```
\begin{thebibliography}{XX}
\bibitem[1*]{levy:2001} Steven Levy: \emph{Hackers: Heroes of the Computer
  Revolution}, New York: Penguin Books, 2001.
\bibitem{anbar:j_dent_res:1974} Marcus Anbar, Fred Farley:
  \emph{Potential use of organic polyphosphonates as adhesives
  in the restoration of teeth}, J Dent Res 53, 879--888, 1974.
\end{thebibliography}
```

Literatur

01-03-1

[1*] Steven Levy: *Hackers: Heroes of the Computer Revolution*, New York: Penguin Books, 2001.

[1] Marcus Anbar, Fred Farley: *Potential use of organic polyphosphonates as adhesives in the restoration of teeth*, J Dent Res 53, 879–888, 1974.

Die Nummerierung erfolgt fortlaufend, falls nicht über das optionale Argument von `\bibitem` ein anderes Label vorgesehen wird. Im Text wird mit dem Makro `\cite` auf die Literaturstellen verwiesen. `\nocite` macht hier keinen Sinn, da die Bibliografie durch »Handarbeit« erstellt wird und somit ohnehin alle Einträge erscheinen.

Die durch die Umgebung `thebibliography` erzeugte Überschrift entspricht der Sternform von `\section` für die `article`-Klasse (keine neue Seite), anderenfalls der Sternform von `\chapter` (neue Seite). In jedem Fall erfolgt standardmäßig *kein* Eintrag im Inhaltsverzeichnis, dies ist vom Anwender über das Makro `\addcontentsline` selbst vorzunehmen. Dabei ist für die Klassen mit Kapiteln zu beachten, dass vor der Bibliografie ein Seitenumbruch eingefügt wird:

```
\cleardoublepage% Klasse book oder scrbook
\addcontentsline{toc}{chapter}{Bibliografie}
\begin{thebibliography}{XX}
\bibitem[1*]{levy:2001}
  Steven Levy: \emph{Hackers:
[ ... ]
```

Da die Umgebung `thebibliography` keinen weiteren Seitenumbruch einfügt, erscheint im Inhaltsverzeichnis die korrekte Seitenzahl. Für einseitige Dokumente ist das Makro `\clearpage` zu verwenden. Im folgenden Beispiel wird die Problematik noch einmal anschaulich gezeigt. Die Bibliografie ist laut Inhaltsverzeichnis auf Seite 2, obwohl sie durch den von `\bibliography` erzeugten Seitenumbruch auf Seite 3 beginnt.

```
\tableofcontents
\chapter{Einführung}
Fundamentale Algorithmen findet man unter anderem in den Werken von~\cite{Knuth}.
```

```
\nocite{Braun}

\addcontentsline{toc}{chapter}{Bibliografie}
\bibliographystyle{alpha} \bibliography{examplesB}
```

01-03-2

Inhaltsverzeichnis

1

Kapitel 1

Einführung

Fundamentale Algorithmen findet man unter anderem in den Werken von [Knu73].

2

Literaturverzeichnis

[BCMV83] Burckard von Braunmühl, Stephen Cook, Kurt Mehlhorn, and Rutger Verbeek. The recognition of deterministic CFL's in small time and space. *Information and Control*, 56(1/2):34–51, January/February 1983.

[Knu73] Donald E. Knuth. *Fundamental Algorithms*, volume 1 of *The Art of Computer Programming*, section 1.2, pages 10–119. Addison-Wesley, Reading, Massachusetts, second edition, 10 January 1973. This is a full INBOOK entry.

3

Abhilfe schafft ein explizites \cleardoublepage für eine book-Klasse oder ein \clearpage für eine andere Dokumentenklasse vor dem Makro \addcontentsline.

```
\tableofcontents
\chapter{Einführung}
Fundamentale Algorithmen findet man unter anderem in den Werken von~\cite{Knuth}.
\nocite{Braun}

\cleardoublepage \addcontentsline{toc}{chapter}{Bibliografie}
\bibliographystyle{alpha}  \bibliography{examplesB}
```

01-03-3

Inhaltsverzeichnis

Wird das Paket hyperref verwendet, um Links in der erzeugten PDF zu generieren, so muss zusätzlich noch dessen Befehl \phantomsection verwendet werden, um einen korrekten Anker für das Inhaltsverzeichnis zu setzen; sonst führt der Link vom Inhaltsverzeichnis nicht auf die Bibliografie.

Paket hyperref

```
\cleardoublepage \phantomsection
\addcontentsline{toc}{chapter}{Bibliografie}
```

```
\begin{thebibliography}{12}
\bibitem[1*]{levy:2001} Steven Levy: \emph{Hackers:
[ ... ]
```

```
\usepackage{hyperref}
```

```
\tableofcontents  \newpage
Fundamentale Algorithmen findet man unter anderem in~\cite{Knuth}.
\nocite{Braun}

\cleardoublepage  \phantomsection% Anker für Bib
\addcontentsline{toc}{chapter}{Bibliografie}
\bibliographystyle{alpha} \bibliography{examplesB}
```

Inhaltsverzeichnis

01-03-4

Kapitel 2

Zusatzpakete

Die Zahl der Pakete, die speziell die Ausgabe der Bibliografie beeinflussen, ist sehr groß, wovon hier schon aus reinen Platzgründen nur die wichtigsten angegeben werden können. Eine (unvollständige) Zusammenstellung findet man auf `http://mirror.ctan.org/help/Catalogue/bytopic.html#bibliography`. Die Aufzählung erfolgt hier ohne Wertung in alphabetischer Reihenfolge.

biblatex

Zu beachten ist allerdings, dass alle in diesem Kapitel behandelten Pakete *nicht* für eine Anwendung im Zusammenhang mit dem Paket `biblatex` (Kapitel 3 auf Seite 43) geeignet sind. Eine Anwendung ist ausschließlich in der »traditionellen Form« mit dem Programm bibtex möglich.

2.1 Paket bibtopic

Das Paket von Pierre Basso und Stefan Ulrich erlaubt eigene Literaturlisten, die unabhängig von Kapitel- oder Abschnittsgrenzen themenbezogen sind. Die möglichen Paketoptionen zeigt Tabelle 2.1 auf der nächsten Seite.

Tabelle 2.1: Zusammenstellung der möglichen Optionen für das Paket bibtopic

Name	*Beschreibung*
breakcites	Das Paket breakcites arbeitet nicht mit dem Paket bibtopic zusammen. Mit dieser Option kann man gleiches Verhalten erreichen.
defaultbib	Beim Auftreten des Fehlers »unknown bibliography« kann diese Option das Problem lösen, indem statt der aktuellen Umgebung thebibliography eine standardmäßige gewählt wird. Liegt diese bereits vor, hat die Option keine Wirkung.
dot	Ändert das Makro \thebtauxfile, um einen Punkt zwischen Basisnamen und laufender Nummer zu setzen. Beispielsweise foo.1.aux statt foo1.aux. Wird prinzipiell nur aus Kompatibilitätsgründen zu alten Versionen benötigt.
normalwarnings	Keine Warnungen über nicht vorhandene oder veraltete Versionen von .bbl-Dateien.
overridenumbers	Nur für bestimmte .bst-Dateien interessant, die im optionalen Argument von \bibitem die Nummer speichern, die in Konflikt mit dem Makro \bibitems des Pakets bibtopic bei mehreren Umgebungen btSect kommen kann. Es werden bei dieser Option keine Warnungen diesbezüglich ausgegeben.
dontoverridenumbers	Nur Aktivieren der Warnungen.
printheadings	Aktivierung der standardmäßigen Überschriften für die Literaturlisten.
sectcntreset	Für jede Umgebung btSect beginnt die Zählung der Literaturverweise bei 1. Der Standard ist eine fortlaufende Zählung. Voraussetzung ist, dass in jeder Umgebung btSect mindestens ein Verweis vorhanden ist.
slow	Bei Speicherproblemen aufgrund der gegeben Werte in der Datei texmf.cnf kann mit dieser Option erreicht werden, dass alle Verweise in einer linearen Liste gespeichert werden, so dass der »Hash-Speicher« von TeX weniger benutzt wird.
unitcntnoreset	Das standardmäßige Zurücksetzen des Verweiszählers für die Umgebungen btUnits kann hiermit deaktiviert werden.
verbose	Erweitere Ausgaben im Logfile über den jeweiligen \bibliographystyle und veraltete .bbl-Dateien.

```
\bibliographystyle{Stil}
\begin{btUnit}... \end{btUnit}
\begin{btSect} [Stil] {Bib-Datei(en)}
...
\btPrintCited
\btPrintNotCited
\btPrintAll
...
\end{btSect}
```

Die übergeordnete Umgebung btUnit kann immer dann benutzt werden, wenn die Umgebung btSect mit ihren Inhalten lokal gehalten werden soll. Da das Paket bibtopics inkompatibel zu den ebenfalls behandelten Paketen chapterbib (Abschnitt 2.3 auf Seite 19) und auch bibunits (Abschnitt 2.2 auf Seite 15) ist, lassen sich nur mit der btUnit-Umgebung beispielsweise kapitelweise Teilliteraturverzeichnisse ausgeben. Die Befehle zum Ausgeben einer Teilliste beziehen sich dann ausschließlich auf \cite-Befehlen innerhalb von btUnit. Die Umgebung btSect bestimmt dann die Bereiche, für die eine bestimmte Literaturliste zusammengestellt werden soll.

02-01-1

1 Ein Test mit bibtopic

Es werden zwei Bücher zitiert. [BC93] und [Mun93]. Jetzt noch ein Artikel: [1].

2 Artikel-Referenzen

[1] M. Roux and J. Smart. A model of medical knowledge representation, application to the reports analysis of descriptive pathology. In *Methods of Information in Medecine*. Schattauer, Holland, 1995. À paraître.

3 Buch-Referenzen

[BC93] Frédéric Benhamou and Alain Colmerauer, editors. *Constraint Logic programming, Selected Research*. MIT Press, 1993.

[Mun93] Traïan Muntean. *Puces très performantes*. Terres du futur, Les Editions UNESCO. Hatier, Paris, 1993.

4 Nichtzitierte Artikel

[vB93] Stephan von Bechtolsheim. *TEX in Practice: Basics*, volume 1. Springer-Verlag, Berlin, Germany / Heidelberg, Germany / London, UK / etc., 1993.

```
\usepackage{bibtopic}
% bibtex \jobname1  bibtex \jobname2

\bibliographystyle{alpha}
\section{Ein Test mit \texttt{bibtopic}}
Es werden zwei Bücher zitiert.~%
  \cite{ColBenh:93} und \cite{Munt:93}.
Jetzt noch ein Artikel:~
\cite{RouxSmart:95}.

\begin{btSect}[plain]{articles}
\section{Artikel-Referenzen}
\btPrintCited
\end{btSect}
\begin{btSect}{books}
\section{Buch-Referenzen}
\btPrintCited
\section{Nichtzitierte Artikel}
\btPrintNotCited
\end{btSect}
```

Das Paket bibtopic erstellt die externen Hilfsdateien (.aux-Dateien) \jobname1.aux, \jobname2,aux,... Diese müssen dann jeweils mit BibTEX zu einer \jobname1.bbl, \jobname1.bbl,... gewandelt werden. In einem weiteren LATEX-Lauf werden diese dann eingelesen. Für das Beispiel 02-01-1 ist daher folgender Ablauf notwendig:

```
pdflatex 02-01-1.ltx2
bibtex 02-01-11.aux
bibtex 02-01-12.aux
pdflatex 02-01-1.ltx2
```

Ein weiterer Durchgang mit pdflatex ist nur dann nötig, wenn ein Inhaltsverzeichnis oder ein Index vorhanden sind, wodurch die Seitenzahlen beeinflusst werden können.

Mit den Makros \btPrintCited und \btPrintNotCitied kann zwischen der zitierten und nicht zitierten Literatur gewählt werden, wobei sich diese immer nur auf die aktuelle Umgebung bezieht. Es werden daher keine nicht zitierten Werke ausgegeben, die zu einer anderen Literaturdatenbank gehören. Alternativ kann mit dem Makro \btPrintAll der komplette Inhalt der aktuellen Datenbank ausgegeben werden. Im Gegensatz zu den anderen Paketen wird keine gesonderte Überschrift für die Teillisten ausgegeben; dies muss durch eigene `\section` oder `\section*`-Befehle erreicht werden.

Das folgende Beispiel verwendet die Umgebung `btUnit`, um auf diese Weise LaTeX-Warnungen zu umgehen, die sonst wegen der mehrfachen Verwendung von gleichen Literaturdatenbanken die Folge wären. Das Beispiel zeigt auch die gleichzeitige Verwendung des Paketes `natbib` mit der Option `numbers` für numerische Verweise, was im Allgemeinen eine schlechte Lösung bei mehrfachen Literaturlisten ist; die Autor-Jahr-Verweise sollten bevorzugt werden. Der Ablauf für das Beispiel 02-01-2 ist folgender:

```
pdflatex 02-01-2.ltx2
bibtex 02-01-21.aux
bibtex 02-01-22.aux
bibtex 02-01-23.aux
pdflatex 02-01-2.ltx2
pdflatex 02-01-2.ltx2
```

Der letzte pdflatex-Lauf ist wieder nur bei Vorhandensein eines Inhaltsverzeichnisses oder eines Index notwendig, kann aber prophylaktisch grundsätzlich erfolgen.

```
\usepackage[unitcntnoreset]{bibtopic}
\usepackage[numbers]{natbib}
% bibtex \jobname1  bibtex \jobname2  bibtex \jobname3

\bibliographystyle{plainnat}
\begin{btUnit}%  Beginn erste btUnit
Wir zitieren twei Bücher: \cite{Bechtolsheim:TP93a} und \cite{Munt:93} und
auch einen Artikel: \cite{RouxSmart:95}.
\begin{btSect}{books}
\section{Literatur -- Bücher}    \btPrintCited
\section{Nicht-zitierte Artikel} \btPrintNotCited
\end{btSect}

\begin{btSect}[plain]{articles}
\section{Literatur -- Artikel}   \btPrintCited
\end{btSect}
\end{btUnit}%   Ende erste btUnit

Jetzt endet die erste \texttt{btUnit} und die zweite beginnt sogleich \ldots

\begin{btUnit}% Beginn zweite btUnit
Das Zitieren von~\cite{RouxSmart:95} gibt jetzt keine Warnung
'multiple defined citations' von \LaTeX, weil sie innerhalb einer anderen
"'btUnit"' erscheint.
\begin{btSect}{books}   \section{Alle Bücher}  \btPrintAll \end{btSect}
\begin{btSect}{articles}\section{Alle Artikel} \btPrintAll \end{btSect}
\end{btUnit}%  Ende der zweiten btUnit
```

02-01-2

Wir zitieren twei Bücher: [1] und [2] und auch einen Artikel: [4].

1 Literatur – Bücher

[1] Stephan von Bechtolsheim. *TEX in Practice: Basics*, volume 1. Springer-Verlag, Berlin, Heidelberg, Germany / London, UK / etc., 1993. ISBN 0-387-97595-0.

[2] Traïan Muntean. *Puces très performantes*. Terres du futur, Les Editions UNESCO. Hatier, Paris, 1993.

2 Nicht-zitierte Artikel

[3] Frédéric Benhamou and Alain Colmerauer, editors. *Constraint Logic programming, Selected Research*. MIT Press, 1993.

3 Literatur – Artikel

[4] M. Roux and J. Smart. A model of medical knowledge representation, application to the reports analysis of descriptive pathology. In *Methods of Information in Medecine*. Schattauer, Holland, 1995. À paraître.

Jetzt endet die erste btUnit und die zweite beginnt sogleich …

Das Zitieren von [9] gibt jetzt keine Warnung 'multiple defined citations' von LATEX, weil sie innerhalb einer anderen "btUnit„ erscheint.

4 Alle Bücher

[5] Stephan von Bechtolsheim. *TEX in Practice: Basics*, volume 1. Springer-Verlag, Berlin, Heidelberg, Germany / London, UK / etc., 1993. ISBN 0-387-97595-0.

[6] Frédéric Benhamou and Alain Colmerauer, editors. *Constraint Logic programming, Selected Research*. MIT Press, 1993.

[7] Traïan Muntean. *Puces très performantes*. Terres du futur, Les Editions UNESCO. Hatier, Paris, 1993.

5 Alle Artikel

[8] Roger Kehr. xindy—A flexible indexing system. *Cahiers GUTenberg*, 28–29:223–230, March 1998.

[9] M. Roux and J. Smart. A model of medical knowledge representation, application to the reports analysis of descriptive pathology. In *Methods of Information in Medecine*. Schattauer, Holland, 1995. À paraître.

- ▷ Wird zusätzlich zu `bibtopic` das Paket `hyperref` mit der Option `backref` benutzt, muss `bibtopic` *nach* `hyperref` geladen werden. *hyperref*
- ▷ Das Paket `natbib` liefert die gleichen Eigenschaften wie `harvard` und sollte wegen anderer Vorteile bevorzugt angewendet werden. *harvard*
- ▷ Die standardmäßige Dateierweiterung für die einzelnen Teilbibliografien kann durch Neudefinition des Makros `\thebtauxfile` erfolgen. Soll statt der arabischen Ziffer ein Großbuchstabe angehängt werden, so wird dies mit der Neudefinition erreicht:
  `\renewcommand\thebtauxfile{\jobname\Alph{btauxfile}}`
  Hierbei ist `btauxfile` der Zähler, der bei jeder neuen Umgebung `btSect` inkrementiert wird.

2.2 Paket bibunits

Das Paket `bibunits` von Thorsten Hansen kann für beliebige Teile des Dokuments eigene Bibliografien erstellen, wobei dies auch kapitelübergreifend erfolgen kann. Jeder dieser Teilbibliografien wird eine eigene `bu?.aux`-Datei zugeordnet, auf die dann jeweils BIBTEX angewendet werden muss, um die entsprechenden `.bbl`-Dateien zu erstellen. Das Fragezeichen steht für eine fortlaufende Nummerierung der Teilbibliotheken, beziehungsweise der Umgebungen `bibunit`. Dies kann zu Problemen führen, wenn mehrere Dokumente sich gegenseitig die `bu?.aux`-Dateien überschreiben, weil diese jeweils das Paket `bibunits` benutzen. *Nach* den BIBTEX-Läufen sind in jedem Fall noch zwei LATEX-Läufe notwendig, um alle Referenzen aufzulösen. Das Paket kann mit den in Tabelle 2.2 auf der nächsten Seite zusammengestellten Optionen geladen werden. *Zwei LATEX-Läufe*

Tabelle 2.2: Zusammenstellung der möglichen Optionen für das Paket bibunits

Option	*Bedeutung*
`globalcitecopy`	Erstellt in der übergeordneten Bibliografie (`.aux`-Datei) jeweils eine Kopie eines `\cite`-Befehls. Standardmäßig erfolgt dies nicht.
`labelstoglobalaux`	Schreibt den Ersatztext für ein Label innerhalb einer `bibunit`-Umgebung ebenfalls in die übergeordnete `.aux`-Datei. Damit können Probleme vermieden werden, wenn eine `bibunit`-Umgebung innerhalb einer Include-Datei angewendet wird oder wenn `\cite`-Makros in so genannten «moving arguments», wie Abschnittsüberschriften, angewendet werden. Diese Option kann bei numerischen Quellverweisen zu Fehlern führen, wenn gleiche Verweise in verschiedenen Teil-Bibliografien verwendet werden.
`sectionbib`	Die Überschriften der Bibliografien erscheinen nicht als Kapitel, sondern als Abschnitt (`\section`).
`subsectionbib`	dito, nur als Unterabschnitt (`\subsection`).

```
\begin{bibunit} [Stil] ...\putbib [Datenbank(en)] ...\end{bibunit}
\bibliographyunit [Einheit]
\defaultbibliographystyle{Stil}
\defaultbibliography{Datenbank1,Datenbank2,...}
```

Das sonst übliche Makro `\bibliographystyle` wird nicht benötigt, da diese Aufgabe vom optionalen Argument der Umgebung `bibunit` übernommen wird, die ohne optionales Argument immer vom Bibliografiestil `plain` ausgeht. Wird das Makro `\putbit` ohne optionales Argument angegeben, so geht das Paket `bibunits` von der Datenbank `\jobname.bib` aus.

Die Ausgabe des Beispiels 02-02-1 erhält man mit dem folgenden Ablauf:

```
pdflatex 02-02-1.ltx2
bibtex bu1.aux
bibtex bu2.aux
pdflatex 02-02-1.ltx2
pdflatex 02-02-1.ltx2
```

```
\usepackage{bibunits}
\defaultbibliographystyle{plainDemo} \defaultbibliography{buch2}
% bibtex bu1   bibtex bu2

\chapter{Einführung}
\begin{bibunit}[alpha]
\blindtext~\cite{lawrence04,padovani03,voss:mathe} \ldots
\renewcommand\bibname{Mathematische Literatur}
\putbib
```

```
\end{bibunit}
\begin{bibunit}
 \ldots~\cite{voss:pstricks} und \cite{voss:tabellen} \ldots
\renewcommand\bibname{\LaTeX--Literatur}
\putbib
\end{bibunit}
```

02-02-1

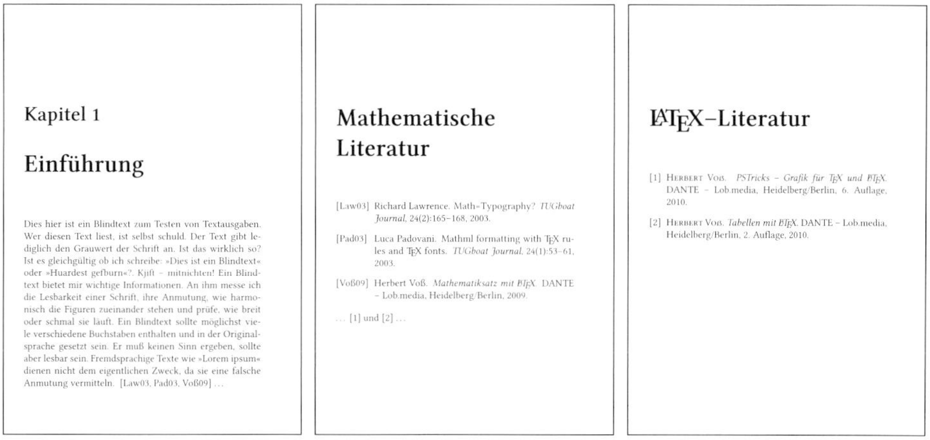

Kapitel 1

Einführung

Dies hier ist ein Blindtext zum Testen von Textausgaben. Wer diesen Text liest, ist selbst schuld. Der Text gibt lediglich den Grauwert der Schrift an. Ist das wirklich so? Ist es gleichgültig ob ich schreibe: »Dies ist ein Blindtext« oder »Huardest gefburn«?. Kjift – mitnichten! Ein Blindtext bietet mir wichtige Informationen. An ihm messe ich die Lesbarkeit einer Schrift, ihre Anmutung, wie harmonisch die Figuren zueinander stehen und prüfe, wie breit oder schmal sie läuft. Ein Blindtext sollte möglichst viele verschiedene Buchstaben enthalten und in der Originalsprache gesetzt sein. Er muß keinen Sinn ergeben, sollte aber lesbar sein. Fremdsprachige Texte wie »Lorem ipsum« dienen nicht dem eigentlichen Zweck, da sie eine falsche Anmutung vermitteln. [Law03, Pad03, Voß09] …

Mathematische Literatur

[Law03] Richard Lawrence. Math=Typography? *TUGboat Journal*, 24(2):165–168, 2003.

[Pad03] Luca Padovani. Mathml formatting with TeX rules and TeX fonts. *TUGboat Journal*, 24(1):53–61, 2003.

[Voß09] Herbert Voß. *Mathematiksatz mit LaTeX*. DANTE – Lob.media, Heidelberg/Berlin, 2009.

… [1] und [2] …

LaTeX–Literatur

[1] Herbert Voss. *PSTricks – Grafik für TeX und LaTeX*. DANTE – Lob.media, Heidelberg/Berlin, 6. Auflage, 2010.

[2] Herbert Voss. *Tabellen mit LaTeX*. DANTE – Lob.media, Heidelberg/Berlin, 2. Auflage, 2010.

Für den Fall, dass einzelne Kapitel oder Abschnitte grundsätzlich eine eigene Bibliografie bekommen sollen, so kann dies mit dem Befehl `\bibliographyunit[`*Einheit*`]` global für beispielsweise alle `\section` vereinbart werden. Die sonst üblichen Umgebungen `bibunit` entfallen dann. Ohne Argument angewendet führt `\bibliographyunit` zum Deaktivieren dieser Eigenschaft für die folgenden Kapitel oder Abschnitte. Die Literaturdatenbank und der jeweilige Stil für die Teilbibliotheken kann mit den standardmäßigen Befehlen `\bibliographystyle` und `\bibliography` festgelegt werden. Werden die Sternversionen verwendet, so gelten die Angaben nur lokal in der jeweiligen Umgebung `bibunit`. Die Anwendung von `\bibliographyunit` muss mit den Paketoptionen `sectionbib` und `subsectionbib` abgestimmt werden, damit es zu keinen Kollisionen kommt. Abgestimmt in dem Sinne, dass die Paketoption mindestens eine Ebene unter der von `\bibliographyunit` liegen muss.

```
\usepackage[subsectionbib]{bibunits}
\defaultbibliographystyle{alpha}
\defaultbibliography{buch2}
\bibliographyunit[\section]
% bibtex bu1  bibtex bu2

\section{Einführung}
\blindtext~\cite{lawrence04,padovani03,voss:mathe,mathwriting87}
\putbib
\section{\LaTeX-Grundlagen}
In diesem Abschnitt gibt es auch Literaturverweise zu \LaTeX-Themen~%
\cite{voss:pstricks} und \cite{voss:tabellen}
\putbib
```

02-02-2

1 Einführung

Dies hier ist ein Blindtext zum Testen von Textausgaben. Wer diesen Text liest, ist selbst schuld. Der Text gibt lediglich den Grauwert der Schrift an. Ist das wirklich so? Ist es gleichgültig ob ich schreibe: »Dies ist ein Blindtext« oder »Huardest gefburn«?. Kjift – mitnichten! Ein Blindtext bietet mir wichtige Informationen. An ihm messe ich die Lesbarkeit einer Schrift, ihre Anmutung, wie harmonisch die Figuren zueinander stehen und prüfe, wie breit oder schmal sie läuft. Ein Blindtext sollte möglichst viele verschiedene Buchstaben enthalten und in der Originalsprache gesetzt sein. Er muß keinen Sinn ergeben, sollte aber lesbar sein. Fremdsprachige Texte wie »Lorem ipsum« dienen nicht dem eigentlichen Zweck, da sie eine falsche Anmutung vermitteln. [Law03, Pad03, Voß09, KTLPMR87]

Literatur

[KTLPMR87] Donald E. Knuth, Tracy Larrabee, and Paul M. Roberts. *Mathematical Writing*. Stanford University, Computer Science Department, 1987.

[Law03] Richard Lawrence. Math=Typography? *TUGboat Journal*, 24(2):165–168, 2003.

[Pad03] Luca Padovani. Mathml formatting with TeX rules and TeX fonts. *TUGboat Journal*, 24(1):53–61, 2003.

[Voß09] Herbert Voß. *Mathematiksatz mit LaTeX*. DANTE – Lob.media, Heidelberg/Berlin, 2009.

2 LaTeX-Grundlagen

In diesem Abschnitt gibt es auch Literaturverweise zu LaTeX-Themen [Voß10a] und [Voß10b]

Literatur

[Voß10a] Herbert Voß. *PSTricks – Grafik für TeX und LaTeX*. DANTE – Lob.media, Heidelberg/Berlin, 6. edition, 2010.

[Voß10b] Herbert Voß. *Tabellen mit LaTeX*. DANTE – Lob.media, Heidelberg/Berlin, 2. edition, 2010.

Soll am Ende des Dokuments noch einmal eine gesamte Literaturliste ausgegeben werden, so kann mit den Sternversionen der Makros `\cite` und `\nocite` gearbeitet wird. Am Ende kann man dann mit den normalen Makros `\bibliographystyle` und `\bibliography` die Gesamtliste einfügen, wobei auch der Bibliografiestil gewechselt werden kann. Man benötigt je einen BibTeX-Lauf für die Dateien bu1, bu2 und `\jobname`.

```
\usepackage[subsectionbib]{bibunits}
% bibtex bu1  bibtex bu2 bibtex \jobname

\begin{bibunit}[alpha]
\section{Einführung}
In diesem Abschnitt gibt es auch Literaturverweise zu mathematischen
Themen~\cite*{lawrence04,padovani03,voss:mathe,mathwriting87}
\renewcommand\refname{Quellen 1}
\putbib[buch]
\end{bibunit}
\begin{bibunit}[alpha]
In diesem Abschnitt gibt es auch Literaturverweise zu \LaTeX-Themen~%
\cite*{voss:pstricks} und \cite*{voss:tabellen}
\renewcommand\refname{Quellen 2}
\putbib[buch]
\end{bibunit}
\bibliographystyle{plainDemo}
\bibliography{buch2}
```

02-02-3

1 Einführung

In diesem Abschnitt gibt es auch Literaturverweise zu mathematischen Themen [2, 3, 4, 1]

Quellen 1

In diesem Abschnitt gibt es auch Literaturverweise zu LaTeX-Themen [5] und [6]

Quellen 2

Literatur

[1] DONALD E. KNUTH, TRACY LARRABEE, und PAUL M. ROBERTS. *Mathematical Writing*. Stanford University, Computer Science Department, 1987.

[2] RICHARD LAWRENCE. Math=Typography? *TUGboat Journal*, 24(2):165–168, 2003.

[3] LUCA PADOVANI. Mathml formatting with TeX rules and TeX fonts. *TUGboat Journal*, 24(1):53–61, 2003.

[4] HERBERT VOSS. *Mathematiksatz mit LaTeX*. DANTE – Lob.media, Heidelberg/Berlin, 2009.

[5] HERBERT VOSS. *PSTricks – Grafik für TeX und LaTeX*. DANTE – Lob.media, Heidelberg/Berlin, 6. Auflage, 2010.

[6] HERBERT VOSS. *Tabellen mit LaTeX*. DANTE – Lob.media, Heidelberg/Berlin, 2. Auflage, 2010.

Alternativ hätte man in obigem Beispiel auch die Paketoption `globalcitecopy` benutzen können (siehe Tabelle 2.2 auf Seite 16). Außerhalb der Umgebung `bibunit` kann man die normale sternlose Variante von `\cite` nutzen; hier wird jede Referenz in die Datei `\jobname.aux` geschrieben.

Wird das Paket `natbib` verwendet, so hat `\cite*` die Funktionsweise von `natbib` (siehe Abschnitt 2.7 auf Seite 28). Zu empfehlen ist ohnehin die Anwendung der Paketoption `globalcitecopy`, wenn man sicher ist, dass alle lokalen Verweise auch in einer übergeordneten Gesamtliste erscheinen sollen. Mit `natbib` kann man auch nicht gleichzeitig numerische und Autor-Jahr-Verweise nutzen, was aber ohnehin typografisch sehr zweifelhaft ist; man sollte immer nur eine Variante im Dokument benutzen. *natbib*

2.3 Paket chapterbib

Das Paket von Donald Arseneau bietet die Möglichkeit, für jede Datei, die über das Makro `\include` eingebunden wird, eine eigene Bibliografieliste anzugeben. Das Paket kann mit den in Tabelle 2.3 auf der nächsten Seite angegeben Optionen geladen werden. Das Paket ist in jedem Fall vor dem Paket `babel` zu laden, falls dieses ebenfalls benutzt wird. Anderenfalls kann es zu Problemen kommen. *babel*

Will man nicht `\include` verwenden, so kann die Bibliografie auch über die Umgebung `cbunit` eingefügt werden, die dann aber jeweils eine Umgebung `thebibliography` enthält.

Tabelle 2.3: Zusammenstellung der möglichen Optionen für das Paket chapterbib

Option	*Bedeutung*
sectionbib	Überschrift als \section* setzen, anstelle von \chapter*.
draft	Gibt keine Bibliografie aus.
rootbib	Vermeidet eine Fehlermeldung von BibTeX, dass \bibliography mehrfach existiert. Bei Anwendung dieser Option muss BibTeX einmal mit der .aux-Datei des Dokuments aufgerufen werden. Alternativ kann man die Fehlermeldung von BibTeX ignorieren und normal weiterarbeiten.
dublicate	Erzeugt kapitelweise Bibliografien und zusätzlich ein Gesamtverzeichnis am Ende des Dokuments.
gather	Erzeugt *ausschließlich* ein Gesamtverzeichnis, welches mit \bibliography{} (ohne Argument) an beliebiger Stelle des Dokuments eingefügt werden kann.

```
\cbinput{Datei}
\begin{cbunit}
...
    \begin{thebibliography}
    ...
    \end{thebibliography}
\end{cbunit}
```

Die Anwendung von BibTeX im Zusammenhang mit dem Makro \cbinput ist etwas aufwändiger, da es hier nicht, wie bei \include üblich, eine automatisch erzeugte eigene .aux-Datei gibt. Zuerst muss man die Paketoption oder die globale Option draft benutzen. Nach einem ersten LaTeX-Lauf kann man dann BibTeX für jede vorhandene Datei anwenden, die mit \cbinput eingelesen wurde. Danach muss LaTeX *ohne* die Option draft zweimal auf das Dokument angewendet werden. Die Option draft hat keinen Einfluss auf die Umgebung cbunit und den normalen Befehl \include.

Das folgende Beispiel zeigt die erste und dritte Seite eines Dokuments der Klasse book. Durch die Paketoption sectionbib erfolgt zum einen die Überschrift der Literatur-
natbib verzeichnisse in \section-Größe und zum anderen wird für die Verzeichnisse keine neue Seite begonnen. Wird zusätzlich das Paket natbib verwendet, so sollte die Option sectionbib diesem Paket übergeben werden und nicht chapterbib.

```
\usepackage[sectionbib]{chapterbib}
\usepackage[ngerman]{babel}
% bibtex kap1  bibtex kap2

\include{kap1}
\include{kap2}
```

02-03-1

Kapitel 1

Einführung

foo ... [Law03, Pad03] ...

Literaturverzeichnis

[Law03] Richard Lawrence. Math=Typography? *TUGboat Journal*, 24(2):165–168, 2003.

[Pad03] Luca Padovani. Mathml formatting with TEX rules and TEX fonts. *TUGboat Journal*, 24(1):53–61, 2003.

Kapitel 2

Grundlagen

bar ... [1] und [2]

Literaturverzeichnis

[1] HERBERT VOSS. *PSTricks – Grafik für TEX und LATEX*. DANTE – Lob.media, Heidelberg/Berlin, 6. Auflage, 2010.

[2] HERBERT VOSS. *Tabellen mit LATEX*. DANTE – Lob.media, Heidelberg/Berlin, 2. Auflage, 2010.

Durch die Anwendung der Paketoption `duplicate` wird automatisch am Ende des Dokuments die Zusammenstellung der kapitelweisen Bibliografien erstellt. Notwendig ist in diesem Fall dann die Bearbeitungsreihenfolge:

```
latex <Datei>
bibtex <Datei>
bibtex <Include 1>
bibtex <Include 2>
...
latex <Datei>
latex <Datei>
```

Dabei wird der erste BIBTEX-Lauf einen Fehler der Art »multiple \bibdata commands« anmerken, der sich hier nur dann vermeiden lässt, wenn das Dokument zuerst mit der Paketoption `rootbib` erstellt und danach die Option gegen `sectionbib` ausgetauscht wird. Der dann folgende Ablauf entspricht dem obigen ohne »bibtex <Datei>«. *Fehler!*

```
\usepackage[sectionbib,duplicate]{chapterbib}
\usepackage[ngerman]{babel}
\bibliographystyle{plainDemo}
% bibtex datei, bibtex kap3,  bibtex kap4

\include{kap3}
\include{kap4}
\bibliography{}
```

02-03-2

Kapitel 1

Einführung

Ein Wort ...... [Law03, Pad03] ...

Literaturverzeichnis

[Law03] Richard Lawrence. Math=Typography? *TUGboat Journal*, 24(2):165–168, 2003.

[Pad03] Luca Padovani. Mathml formatting with TeX rules and TeX fonts. *TUGboat Journal*, 24(1):53–61, 2003.

Kapitel 2

Grundlagen

Das Prinzip ...... [1] und [2]

Literaturverzeichnis

[1] Herbert Voß. *PSTricks – Grafik für TeX und LaTeX*. DANTE – Lob.media, Heidelberg/Berlin, 6. Auflage, 2010.

[2] Herbert Voß. *Tabellen mit LaTeX*. DANTE – Lob.media, Heidelberg/Berlin, 2. Auflage, 2010.

Literaturverzeichnis

Kapitel 1

[Law03] Richard Lawrence. Math=Typography? *TUGboat Journal*, 24(2):165–168, 2003.

[Pad03] Luca Padovani. Mathml formatting with TeX rules and TeX fonts. *TUGboat Journal*, 24(1):53–61, 2003.

Kapitel 2

[1] Herbert Voß. *PSTricks – Grafik für TeX und LaTeX*. DANTE – Lob.media, Heidelberg/Berlin, 6. Auflage, 2010.

[2] Herbert Voß. *Tabellen mit LaTeX*. DANTE – Lob.media, Heidelberg/Berlin, 2. Auflage, 2010.

In der Regel werden die Verzeichnisse unterschiedliche Überschriften bekommen, was man mit einer Definition von `\FinalBibTitles` in der Hauptdatei erreichen kann, womit der Bezug zu den einzelnen Kapiteln offensichtlich wird. Standardmäßig erscheint dort «Kapitel #».

```
\newcommand\FinalBibTitles{Buchteil~\thechapter}
```

02-03-3

```
\usepackage[sectionbib,
  gather]{chapterbib}
\usepackage[ngerman]{babel}
\newcommand\FinalBibTitles{%
  Buchteil~\thechapter}
% bibtex kap5  bibtex kap6

\include{kap5}
\include{kap6}
\bibliography{}
```

Literaturverzeichnis

Buchteil 1

[Law03] Richard Lawrence. Math=Typography? *TUGboat Journal*, 24(2):165–168, 2003.

[Pad03] Luca Padovani. Mathml formatting with TeX rules and TeX fonts. *TUGboat Journal*, 24(1):53–61, 2003.

Buchteil 2

[1] Herbert Voß. *PSTricks – Grafik für TeX und LaTeX*. DANTE – Lob.media, Heidelberg/Berlin, 6. Auflage, 2010.

[2] Herbert Voß. *Tabellen mit LaTeX*. DANTE – Lob.media, Heidelberg/Berlin, 2. Auflage, 2010.

Verwendet man für die Bibliografien in den einzelnen Dateien unterschiedliche Stildateien, so kann das Problem auftreten, dass diese in ihrer jeweiligen Präambel gleiche

Makros mit \newcommand definieren (siehe Abschnitt 6), anstelle des hier angebrachten \providecommand. LaTeX gibt dann eine Fehlermeldung, dass der Befehl schon definiert sei. Dieses Problem lässt sich umgehen, wenn der entsprechende Befehl \bibliography in geschweifte Klammern gesetzt wird, womit eine Gruppierung erreicht wird, so dass die jeweiligen darin definierten Befehle nur lokal wirken.

2.4 Paket cite

Wenn mehrere Zitatangaben in einem \cite-Befehl erfolgen, sollte man grundsätzlich das Paket cite von Donald Arseneau laden, um lange Aufzählungen von Literaturangaben zu vermeiden. Allerdings macht dies nur Sinn, solange ausschließlich numerische Angaben vorliegen. Anderenfalls sollte man das Paket nicht benutzen oder zumindest mit den Optionen nosort und nocompress laden (siehe auch Tabelle 2.4).

Die folgenden beiden Beispiele zeigen zudem den Effekt einer nicht auflösbaren Referenz; diese wird dann grundsätzlich mit einem Fragezeichen ausgegeben, so dass der Anwender entsprechende Korrekturen vornehmen kann. Diese Fehler entstehen entweder durch Tippfehler beim Schlüssel oder durch nicht vorhandene Schlüssel. *? – Nicht auflösbare Referenz*

02-04-1

Ein Verweis. [1, 4, 2, 3, 5, 6, ?] Und noch ein Verweis. [1, 4, 3, 5, 6, ?]

```
Ein Verweis.~\cite{VCD-Fahrplankarte,Map-Tokio,%
   Map-Amsterdam,Map-RER,VCD,PSTricks,xyz}
Und noch ein Verweis.~\cite{VCD-Fahrplankarte,%
   Map-Tokio,Map-RER,VCD,PSTricks,xyz}
```

02-04-2

Ein Verweis. [?, 1–6] Und noch ein Verweis. [?, 1, 3–6]

```
\usepackage{cite}

Ein Verweis.~\cite{VCD-Fahrplankarte,Map-Tokio,%
  Map-Amsterdam,Map-RER,VCD,PSTricks,xyz}
Und noch ein Verweis.~\cite{VCD-Fahrplankarte,%
  Map-Tokio,Map-RER,VCD,PSTricks,xyz}
```

Damit vor den Literaturangaben kein Zeilenumbruch erfolgen kann, sollte man diese durch das ~-Zeichen an den vorhergehenden Text binden: ... Zitat.~\cite{...}. Dies gilt auch für alle anderen Makros, die auf etwas verweisen, wie beispielsweise \ref, \pageref usw. Das Paket cite ermöglicht durch verschiedene Paketoptionen Anpassungen an Anwendervorgaben, die alle in Tabelle 2.4 zusammengestellt sind.

Tabelle 2.4: Zusammenstellung aller möglichen Optionen für das Paket cite.

Name	*Anmerkungen*
superscript	Zitieren mit Fußnotenzeichen ohne eventuelle optionale Angaben.
super	dito.
ref	Ausgabe im Format Ref. 12, ⟨*Nummer*⟩, sinnvoll im Zusammenhang mit der Option superscript.

Fortsetzung ...

... Fortsetzung

Name	*Anmerkungen*
nospace	keinen zusätzlichen Abstand nach einem Komma bei einer Aufzählung von Zitatnummern. Vor einer optionalen Angabe wird der Abstand nicht verändert.
space	Nach einem Komma bei einer Aufzählung statt des normalen \thinspace ein normales Leerzeichen (inter-word space) benutzen.
nobreak	Erlaube keine Zeilenumbrüche
nosort	Keine Sortierung der Angaben
sort	Sortierung der Angaben (Standard)
nomove	Dem »superscript«-Zitat folgende Satzzeichen nicht vor das Zitat setzen.
move	Grundsätzlich ein folgendes Satzzeichen (. , : ;) davor setzen (Standard).
noadjust	Keine Sonderbehandlung von Leerraum vor einem \cite.
adjust	»Intelligentes« Einfügen von Leerraum vor einem \cite.
nocompress	Keine Zusammenfassung von fortlaufenden Nummern in von-bis-Bereiche.
compress	Fortlaufende Nummern zusammenfassen (Standard).
biblabel	Das (numerische) Label des Literatureintrages hochgestellt setzen.

Das Paket stellt mehrere Makros für die Formatierung bereit, die vom Anwender durch \renewcommand überschreiben werden können (siehe Tabelle 2.5). Davon erwartet nur \citeform bei der Definition einen Parameter, der dann bei einem eventuell notwendigen \renewcommand*\citeform[1] anzugeben ist.

Tabelle 2.5: Zusammenstellung der anwenderbezogenen Makros für das Paket cite. Eine fehlende Angabe bei der *Vorgabe* entspricht einer leeren Definition.

Makro	*Bedeutung*	*Vorgabe*
\citeform	Formatierung der Nummer	
\citepunct	Zeichen zwischen Nummern	,\citepunctpenalty\,
\citeleft	Zeichen vor dem Zitat	[
\citeright	Zeichen nach dem Zitat	]
\citemid	Code einer optionalen Angabe	,\citemidpenalty␣
\citedash	von-bis-Zeichen bei Aufzählung	\endash\citeprepenalty
\CiteMoveChars	Satzzeichen	. , : ;
\OverciteFont	Font für Fußnotenzeichen	\fontsize{*sf@size*}

2.4.1 Nummerierung

Standardmäßig erfolgt die Ausgabe der Verweisnummer in arabischen Ziffern. Eine Änderung kann durch Redefinition des Makros \citeform erreicht werden, beispielsweise

Eine Ausgabe der Verweisnummer als römische Zahl. Das Fragezeichen kennzeichnet wieder einen nicht auflösbaren Verweis auf eine Literaturangabe.

```
\usepackage{cite}
\renewcommand\citeform[1]{\romannumeral 0#1}
```

```
Ein Zitat.~\cite{VCD-Fahrplankarte,Map-Tokio,Map-Amsterdam,Map-RER,VCD,PSTricks,xyz}
\renewcommand\citeform[1]{\thesection.#1}
Unf jetzt noch ein Zitat.~\cite{VCD-Fahrplankarte,Map-Tokio,Map-Amsterdam,%
                                Map-RER,VCD,PSTricks,xyz}
```

02-04-3 Ein Zitat. [?, i–vi] Unf jetzt noch ein Zitat. [?, 1.1–1.6]

2.4.2 Klammern

Möchte man beispielsweise die Nummern in runde Klammern setzen und eine optionale Angabe durch ein Semikolon von der Nummer trennen, so sind die drei Makros `\citeleft`, `\citeright` und `\citemid` zu überschreiben. Wird ein optionales Argument bei `\cite` benutzt, so hat die Paketoption `superscript` keine Wirkung. Das folgende Beispiel zeigt auch den Effekt der Option `move`; der Punkt *nach* dem letzten Zitat wandert *vor* das Zitat.

```
\usepackage[superscript]{cite}
\renewcommand\citemid{; }
\renewcommand\citeleft{(}
\renewcommand\citeright{)}
```

```
Was~\cite[S.\,12]{levy:2001} zeigt, sieht man in~\cite{anbar:j_dent_res:1974}
noch einmal besser formuliert.
Und nochmal~\cite{levy:2001,anbar:j_dent_res:1974,PST}.
```

02-04-4 Was (1; S. 12) zeigt, sieht man in[2] noch einmal besser formuliert. Und nochmal.[1–3]

Das Makro `\citen` unterscheidet sich von `\cite` nur durch das Fehlen der links- und rechtsseitigen Begrenzer. Die Angabe eines optionalen Arguments ist dann allerdings nicht sinnvoll.

```
\usepackage{cite}
```

```
Was~\citen{levy:2001} zeigt, sieht man in~\citen{anbar:j_dent_res:1974} noch
einmal besser formuliert.
```

02-04-5 Was 1 zeigt, sieht man in 2 noch einmal besser formuliert.

2.5 Paket jurabib

Das Paket `jurabib` von Jens Berger ist, wie der Name schon vermuten lässt, speziell für den juristischen Bereich entwickelt worden, kann aber allgemein für Dokumente in den Geisteswissenschaften eingesetzt werden.

> Dieses Paket ermöglicht die automatisierte Erstellung in der Rechtswissenschaft und in den Geisteswissenschaften üblicher Zitate mittels BIBTEX. Es stellt Befehle zur Verfügung, die es Juristen ermöglichen, Bearbeiter in Kommentaren komfortabel anzugeben. Des Weiteren wird eine vereinfachte Formatierung sowohl der Zitate als auch der Einträge im Literaturverzeichnis unterstützt. Außerdem ist es möglich, den (Kurz)Titel eines Werkes erst im Zitat erscheinen zu lassen, wenn ein Autor mehrfach mit verschiedenen Werken zitiert wurde. Die Verwendung eines Vollzitates, welches identisch mit dem Eintrag im Literaturverzeichnis ist, wird ebenfalls unterstützt. [4]

Das Paket wird jedoch seit dem Jahr 2007 nicht weiterentwickelt, so dass es sinnvoller ist, das Paket `biblatex` zu benutzen, welches ausführlich im Abschnitt 3 ab Seite 43 behandelt wird. Benötigt man für ältere Dokumente noch Unterstützung für das Paket `jurabib`, so findet man entsprechende Informationen in [4, 8].

2.6 Paket multibib

Die Zahl der Pakete, die mehrere Literaturlisten in einem Dokument unterstützen, ist zahlreich. Auch das Paket `multibib` von Thorsten Hansen gibt hier eine entsprechende Unterstützung. Das Paket ist immer dann zu empfehlen, wenn man die in Abschnitt 3.5.1 auf Seite 78 vorgestellte Lösung mit `biblatex` nicht benutzen kann oder will.

Pakete `cite` und `jurabib`

`multibib` ist kompatibel mit den Paketen `cite` und `jurabib`, welche in jedem Fall *vor* `multibib` geladen werden müssen. Auch mit `natbib` und den KOMA-Script-Klassen sollte es keine Probleme geben. Das Paket kann mit zwei Optionen geladen werden, die in Tabelle 2.6 zusammengestellt sind.

Tabelle 2.6: Paketoptionen für das Paket `multibib`.

Name	*Beschreibung*
`labeled`	Setzt einen mit `\newcites` definiertes Suffix als Präfix vor das Label für die Literaturliste. Hat nur Sinn mit numerischen Verweisen und der Option `resetlabels`.
`resetlabels`	Wenn das numerische Schema benutzt wird, beginnt jede Literaturliste mit `[1]`.

Mit dem Makro `\newcities` kann auf einfache Weise ein neuer Bereich für die Literatur definiert werden. Mit jedem `\newcites` werden automatisch vier neue Makros definiert, alle mit dem Suffix der `\newcites`-Definition.

```
\newcites{Suffixliste}{Titelliste}
\cite [Optionen] ⟨Suffix⟩{Schlüssel}
\nocite⟨Suffix⟩{Schlüssel}
\bibliographystyle⟨Suffix⟩{Stil}
\bibliography⟨Suffix⟩{Literaturdatenbank}
```

Mit `\newcites{`*web*`}{`*Internetadressen*`}` gibt es dann die vier Makros `\citeweb`, `\nociteweb`, `\bibliographystyleweb` und `\bibliographyweb`. Grundsätzlich kann man die standardmäßig geführte Literaturliste weiterhin verwenden und nur die neu definierte extra auszeichnen.

02-06-1

Quellen: [5] und [6, 4]. Pakete: [1] und [3, 2].

LaTeX-Stildateien

[1] Torsten Hansen. The bibunits package, May 2004. macros/latex/contrib/bibunits.

[2] Torsten Hansen. The multibib package, January 2004. macros/latex/contrib/multibib.

[3] Philipp Lehman. The biblatex package. programmable bibliographies and citations, January 2010. macros/latex/biblatex.

Literatur

[4] Frank Mittelbach, Michel Goosens: *Der LaTeX Begleiter.* Pearson, München, 2 Auflage, 2005.

[5] Voß, Herbert: *Die LaTeX Referenz.* DANTE – Lob.media, Heidelberg/Berlin, 2. Auflage, 2010.

[6] Voß, Herbert: *PSTricks – Grafik für TeX und LaTeX.* DANTE – Lob.media, Heidelberg/Berlin, 6. Auflage, 2010.

```
\usepackage{multibib}
\usepackage{bibgerm}
\newcites{sty}{\LaTeX-Stildateien}

Quellen: \cite{voss:referenz} und~%
\cite{voss:pstricks,begleiter2005}.
%
Pakete: \citesty{bibunits} und~%
\citesty{lehman:biblatex,multibib}.

\bibliographystylesty{plain}
\bibliographysty{buch2}

\renewcommand\refname{Literatur}
\bibliographystyle{gerplain}
\bibliography{buch2}
```

Je nach der zugrundeliegenden Dokumentenklasse muss statt `\refname` (`article`) das Makro `\bibname` (`book` und `report`) überschreiben werden. Dies ist immer dann überflüssig, wenn nur mit `\newcites` definierte Literaturlisten ausgegeben werden; dann werden automatisch die vorher festgelegten Titel benutzt.

Jeder Literaturliste wird eine `.aux`-Datei zugeordnet, die als Basisnamen das Suffix aus der Definition mit `\newcites` bekommt. Im Beispiel 02-06-1 muss daher das Programm bibtex zweimal gestartet werden, einmal mit der standardmäßigen `.aux`-Datei des Dokuments und einmal mit der Datei `sty.aux`, wobei die Endung nicht mit angegeben werden muss: *.aux-Dateien*

```
pdflatex datei
bibtex datei
bibtex sty
```

```
pdflatex datei
pdflatex datei
```

Bei sehr vielen Literaturlisten sollte dafür ein Skript, beziehungsweise eine Batchdatei erstellt werden, die das automatisch erledigt. Für Linux beispielsweise:

```
#!/bin/sh
for FILE in *.aux ; do
  bibtex "$FILE"
done
```

Mit Problemen ist immer dann zu rechnen, wenn ein Verweis in mehreren Literaturverzeichnissen erscheinen soll. In solchen Fällen kann mit dem optionalen Argument von `\cite`, beziehungsweise den durch `\newcites` neu definierten Teilverzeichnissen, gearbeitet werden, indem dort unterschiedliche Texte angegeben werden.

2.7 Paket natbib

Das mächtige Paket `natbib` von Patrick W. Daly unterstützt das so genannte Autor-Jahr-Schema (author-year) in vielen Varianten. Die möglichen Paketoptionen sind in Tabelle 2.7 zusammengestellt.

Tabelle 2.7: Zusammenstellung aller möglichen Optionen für das Paket natbib.

Name	*Anmerkungen*
`round`	Runde Klammern als Begrenzer (Standard)
`square`	Rechteckige Klammern als Begrenzer.
`curly`	Geschweifte Klammern als Begrenzer.
`angle`	Spitze Klammern als Begrenzer.
`semicolon`	Semikolon als Trenner bei Aufzählungen (Standard).
`colon`	Identisch zu `semicolon`.
`comma`	Komma als Trenner bei Aufzählungen.
`authoryear`	Autor-Jahr-Schema beim Zitieren (Standard).
`numbers`	Numerische Zitate.
`super`	Zitate als Fußnotenmarkierung.
`sort`	Sortiert mehrfache Zitatangaben nach der Reihenfolge, wie sie im Literaturverzeichnis erscheinen.
`sort&compress`	dito., mit zusätzlicher Zusammenfassung zu von-bis-Angaben.
`compress`	dito., nur ohne Sortierung; die Liste muss daher schon aufsteigend eingegeben werden.
`longnamesfirst`	Das erste Auftreten eines Zitats erfolgt immer mit einer kompletten Angabe einer Autorenliste; danach wird nur noch abgekürzt zitiert.

Fortsetzung ...

… Fortsetzung

Name	*Anmerkungen*
sectionbib	Die Überschrift der Bibliografie erfolgt auf der Ebene section anstelle von chapter.
nonamebreak	Autorennamen werden nicht getrennt.
merge	Erlaubt das Präfix »*« für den Schlüssel und verbindet das Zitat mit dem vorhergehenden.
elide	Zusammenfassen von Autorennamen oder gleichen Jahren bei zusammengefassten Einträgen.
mcite	Aktivierung der Syntax für das Zusammenfassen von Bibliografieeinträgen.

Das im vorigen Abschnitt behandelte Paket cite sollte nicht zusammen mit natbib geladen werden; die Paketoptionen sort, compress oder sort&compress leisten Gleiches. Einige Parameter können über das Makro \setcitestyle auch noch nach dem Laden des Paketes verändert werden.

\setcitestyle{*Parameterliste*}

Die Parameterliste kann die in Tabelle 2.8 aufgeführten Parameter umfassen.

Tabelle 2.8: Zusammenfassung der über das Makro \setcitestyle veränderbaren Parameter

Name	*Anmerkungen*
authoryear	Autor–Jahr-Schema (Standard)
numbers	Autor–Jahr-Schema
super	Autor–Nummern-Schema mit hochgestellten Zahlen.
round	Runde Klammern verwenden
square	Eckige Klammern verwenden (Standard)
open	Zuweisung eines Zeichens für das Öffnen des Verweises, beispielsweise open=\{.
close	Zuweisung eines Zeichens für das Schließen des Verweises, beispielsweise close=\}.
semicolon	Semikolon bei Aufzählungen
comma	Komma bei Aufzählungen verwenden (Standard)
citesep	Zuweisung eines Zeichens für den Trenner bei mehreren Verweisen, beispielsweise citesep=|.
aysep	Trennzeichen zwischen Autor und Jahr (Standard ist {}).
yysep	Trennzeichen zwischen Jahren bei gleichem Autor (Standard ist »;«).
notesep	Text vor dem hinteren optionalen Argument (Standard ist », «).

Die beiden grundlegenden Makros für Literaturverweise sind \citet für textähnliche (textual) und \citep für geklammerte (parenthetical) Verweise.

```
\citet* [davor] [danach] {Schlüssel1,Schlüssel2,...}
\citep* [davor] [danach] {Schlüssel1,Schlüssel2,...}
```

Die Sternvarianten geben grundsätzlich die komplette Autorenliste aus. Zu beachten ist, dass bei Angabe von nur einem optionalen Arguments, sich dieses auf *danach* bezieht. Dem folgenden Beispiel kann außerdem entnommen werden, dass sich das Makro `\cite` aufgrund der internen Umdefinition durch `natbib` wie `\citet` oder `\citep` verhält, je nach verwendetem Bibliografiestil.

Goossens et al. [2008]
[Goossens et al., 2008]
Goossens et al. [2008, Kap. 5]
[Goossens et al., 2008]
[Goossens et al., 2008, Kap. 7]
[siehe Goossens et al., 2008]
[siehe Goossens et al., 2008, S. 2]
Goossens, Mittelbach, Rahtz, Roegel, and Voß [2008]
[Goossens, Mittelbach, Rahtz, Roegel, and Voß, 2008]

```
\usepackage{natbib}

\citet{Goossens:2008:LGC}\\
\citep{Goossens:2008:LGC}\\
\citet[Kap.~5]{Goossens:2008:LGC}\\
\citep{Goossens:2008:LGC}\\
\citep[Kap.~7]{Goossens:2008:LGC}\\
\citep[siehe][]{Goossens:2008:LGC}\\
\citep[siehe][S.~2]{Goossens:2008:LGC}\\
\citet*{Goossens:2008:LGC}\\
\citep*{Goossens:2008:LGC}
```

02-07-1

Mehrfache Verweise sind als kommaseparierte Liste einzugeben, die dann ebenfalls eine durch Komma getrennte Liste der Verweise ergibt, die bei den Sternvarianten sehr lang werden kann. Das Paket überprüft dabei die Autoren und gibt sie im Wiederholungsfall nur einmal aus. Voraussetzung ist eine identische Schreibweise der Autoren! `Vo\ss` und `Vo{\ss}` sind für `natbib` zwei verschiedene Namen! Empfohlen wird die geklammerte Schreibweise.

Goossens et al. (2008); Voß (2010b)
Goossens et al. (2008); Voß (2010b)
Goossens et al. (2008); Voß (2010b, Kap. 5)
(Goossens et al., 2008; Voß, 2010b)
(Goossens et al., 2008; Voß, 2010b, Kap. 7)
(siehe Voß, 2010a,b)
(siehe Voß, 2010a,b, S. 2)
Voß (2010a,b)
(Voß, 2010a,b)

```
\usepackage{natbib}

\cite{Goossens:2008:LGC,voss:pstricks}\\
\citet{Goossens:2008:LGC,voss:pstricks}\\
\citet[Kap.~5]{Goossens:2008:LGC,voss:pstricks}\\
\citep{Goossens:2008:LGC,voss:pstricks}\\
\citep[Kap.~7]{Goossens:2008:LGC,voss:pstricks}\\
\citep[siehe][]{voss:referenz,voss:pstricks}\\
\citep[siehe][S.~2]{voss:referenz,voss:pstricks}\\
\citet*{voss:referenz,voss:pstricks}\\
\citep*{voss:referenz,voss:pstricks}
```

02-07-2

Kurzform Mit der Paketoption `longnamesfirst` kann das wiederholte Ausgeben von gleichen Autoren in der Bibliografie unterdrückt werden; sie erscheinen nur beim ersten Verweis. Das folgende Beispiel zeigt zusätzlich die Anwendung der Option `round`. Die beiden letzten Sternversionen zeigen keine Wirkung, da durch `longnamesfirst` bereits das erste `\citet` als Sternversion interpretiert wird und dann alle folgenden nur noch in der Kurzform erscheinen.

02-07-3

Erster Verweis (Goossens, Mittelbach, Rahtz, Rogel, and Voß, 2008; Voß, 2010a,b)
Zweiter Verweis (Goossens et al., 2008; Voß, 2010a,b)

```
\usepackage[longnamesfirst,round]{natbib}

Erster Verweis~\citep{Goossens:2008:LGC,%
  voss:pstricks,voss:referenz}\\
Zweiter Verweis~\citep{Goossens:2008:LGC,%
  voss:pstricks,voss:referenz}\\
```

Alternative Makros werden durch \citealt und \citealtp definiert, die jeweils Verweise ohne Klammern erzeugen.

\citealt * [davor] [danach] {*Schlüssel1,Schlüssel2,...*}
\citealp * [davor] [danach] {*Schlüssel1,Schlüssel2,...*}
\citetext{*Text*}
\citenum{*Schlüssel1,Schlüssel2,...*}

Mit \citetext lassen sich geklammerte, erweiterte Verweise erzeugen.

```
\usepackage{natbib}

[\ldots] interessante Büch zum Thema Grafik~\citetext{siehe auch
  \citealp{Goossens:2008:LGC} und insbesondere \citealt{voss:pstricks}} [\ldots]
```

02-07-4

[...] interessante Büch zum Thema Grafik (siehe auch Goossens et al., 2008 und insbesondere Voß 2010) [...]

Das Makro \citenum ist nur für die Paketoption super von Interesse, da dieses Makro den Verweis nicht als hochgestellte Ziffer (superscript) liefert und somit im normalen Text verwendet werden kann.

02-07-5

Erster Verweis[1;2;3]; Zweiter Verweis 1;2;3

```
\usepackage[super]{natbib}

Erster Verweis~\citep{Goossens:2008:LGC,%
  voss:pstricks,voss:referenz};
Zweiter Verweis~\citenum{Goossens:2008:LGC,%
  voss:pstricks,voss:referenz}\\
```

\citeauthor * [davor] [danach] {*Schlüssel1,Schlüssel2,...*}
\citeyear{*Schlüssel1,Schlüssel2,...*}
\citeyearpar{*Schlüssel1,Schlüssel2,...*}
\citefullauthor{*Schlüssel1,Schlüssel2,...*}

Das Makro \citefullauthor ist identisch zur Sternform \citeauthor*. Obige Makros ermöglichen die Ausgabe von jeweils nur Autor(en) oder Jahr. Alle Makros unterstützen zwei optionale Argumente und die Sternversion, es ist aber teilweise mit seltsamen Ausgaben zu rechnen, wenn sie bei anderen als \citeauthor angewendet werden.

Goossens et al.
Goossens, Mittelbach, Rahtz, Roegel, and Voß
2010a, 2010b
[2008]
Goossens, Mittelbach, Rahtz, Roegel, and Voß

```
\usepackage{natbib}

\citeauthor{Goossens:2008:LGC}\\
\citeauthor*{Goossens:2008:LGC}\\
\citeyear{voss:pstricks,voss:referenz}\\
\citeyearpar{Goossens:2008:LGC}\\
\citefullauthor{Goossens:2008:LGC}
```

02-07-6

Für den Fall, dass Verweise mit einem Großbuchstaben beginnen sollen, auch wenn der eigentliche Eintrag klein geschrieben wurde, beispielsweise »van Zandt», können die bisher gezeigten Makros in der Version mit großem »C« angewendet werden, um in der Ausgabe »Van Zandt« zu erreichen.

```
\Citet * [davor] [danach] {Schlüssel1,Schlüssel2,...}
\Citep * [davor] [danach] {Schlüssel1,Schlüssel2,...}
\Citealt * [davor] [danach] {Schlüssel1,Schlüssel2,...}
\Citealp * [davor] [danach] {Schlüssel1,Schlüssel2,...}
\Citeauthor * [davor] [danach] {Schlüssel1,Schlüssel2,...}
```

Normaler Verweis. van Zandt (2004) und in groß. (Van Zandt, 2004)

Literatur

van Zandt, T. (2004). *The multido package*. URL CTAN://graphics/pstricks/generic/, (besucht am 6.7.2010).

```
\usepackage{natbib}

Normaler Verweis.~\citet{multido} und
in groß.~\Citep{multido}

{\raggedright
\bibliographystyle{deChicago}
\bibliography{bibA}}
```

02-07-7

2.7.1 Verweisformatierung

Die äußere Form des Verweises kann über das Makro `\setcitestyle` verändert werden, wobei die in der folgenden Aufstellung angegeben Parameter modifiziert werden können:

Verweismodus Dieser kann durch Angabe eines der drei Modi `authoryear`, `numbers` oder `super` festgelegt werden.

Klammern Allgemeine Festlegung durch Angabe von `round` oder `square`. Eine individuelle Festlegung ist über die Optionen `open=`<*Zeichen*>, `close=`<*Zeichen*>.

Trennzeichen

- ▷ Wird zwischen Verweisen mit `semicolon`, `comma` oder `citesep=`<*Zeichen*> festgelegt.
- ▷ Wird zwischen Autor und Jahr mit `aysep=`<*Zeichen*> festgelegt.
- ▷ Wird zwischen Jahren eines gleichen Autors mit `yysep=`<*Zeichen*> festgelegt.

Optionaler Text Mit `notesep=`*Text* kann *Text* vor einer abschließenden optionalen *post note* angegeben werden.

Das folgende Beispiel zeigt zu dem die Anwendung des Makros `\setcitestyle`, um andere als die standardmäßigen Parameter `authoryear`, `round`, `comma`, `aysep=;`, `yysep={,}`, `notesep={, }` zu setzen. Ein Komma ist hierbei grundsätzlich mit geschweiften Klammern anzugeben, da es ansonsten nicht von der normalen Aufzählung unterschieden werden kann.

02-07-8

von Bechtolsheim <1993>
Von Bechtolsheim <1993>
<Von Bechtolsheim, 1993>
<siehe Von Bechtolsheim, 1993>
<siehe Von Bechtolsheim, 1993; S. 2>

```
\usepackage{natbib}
\setcitestyle{notesep=; ,open=<,close=>,
   aysep={},yysep=;}

\citet{Bechtolsheim:TP93a}\\
\Citet{Bechtolsheim:TP93a}\\
\Citep{Bechtolsheim:TP93a}\\
\Citep[siehe][]{Bechtolsheim:TP93a}\\
\Citep[siehe][S.~2]{Bechtolsheim:TP93a}\\
```

Für Anwendungsfälle, in denen statt des normalen Verweises ein Ersetzungstext sinnvoller ist, kann das Makro `\defcitealias` entsprechend definiert werden. Statt des normalen Verweises durch eine Nummer oder den Autorennamen wird dann der Ersetzungstext ausgegeben.

`\defcitealias`{*Schlüssel*}{*Ersetzungstext*}
`\citetalias` [davor] [danach] {*Schlüssel1,Schlüssel2,...*}
`\citepalias` [davor] [danach] {*Schlüssel1,Schlüssel2,...*}

02-07-9

DANTE-Edition
(DANTE-Edition)
DANTE-Edition, S. 12
(siehe DANTE-Edition, Kap. 2)

```
\usepackage{natbib}
\defcitealias{voss:referenz}{DANTE-Edition}

\citetalias{voss:referenz}\\
\citepalias{voss:referenz}\\
\citetalias[S.~12]{voss:referenz}\\
\citepalias[siehe][Kap.~2]{voss:referenz}
```

Mit `\citenumfont` kann der Font für numerische Verweise eingestellt werden, beispielsweise auf `\itshape`, wohingegen `\bibnumfmt` für die Labels in der Bibliografieliste zuständig ist. Das Makro erwartet einen Parameter und ist standardmäßig leer definiert und wird ohne eine Neudefinition durch den Anwender durch `\biblabel` ersetzt. Die beiden Längen `\bibhang` und `\bibsep` steuern zum einen den Einzug nach der ersten Zeile und zum anderen den Abstand zwischen einzelnen Literaturangaben. Beide Parameter sind über den Befehl `\setlength` zu ändern und sind standardmäßig auf 1em und `\itemsep+\parsep` gesetzt. *Einzug und Abstand*

Normalerweise ist der Verweisstil bindend für das ganze Dokument. `natbib` erlaubt jedoch durch das Makro `\citestyle` an jeder beliebigen Stelle des Dokuments den Stil für die Verweise zu ändern. Der Stil für die Bibliografie bleibt davon unberührt; dieser ist durch `\bibliographystyle` festgelegt. Im folgenden zweiten Beispiel erfolgt der Verweis im `nature`-Stil, sodass sich gegenüber dem ersten Beispiel andere Verweise ergeben. Die Bibliografie, die hier aus Platzgründen nicht angegeben wurde, wird jedoch bei beiden ähnlich zum vorhergehenden Beispiel gesetzt.

| Quellen: Voß (2010a) (Voß, 2010b)

```
\usepackage{natbib}

Quellen: \citet{voss:referenz} \citep{voss:pstricks}
```

02-07-10

| Quellen: Voß [1 2]

```
\usepackage{natbib}
\citestyle{nature}

Quellen: \citet{voss:referenz} \citep{voss:pstricks}
```

02-07-11

Immer dann, wenn zusätzliche Pakete keine Formatierung der Verweise vornehmen, nimmt natbib seine internen Befehle für die Formatierung. Eigene Anpassungen sollten nur in einer Konfigurationsdatei natbib.cfg vorgenommen werden und bestehen dann prinzipiell nur aus einem Makro. Das folgende Beispiel zeigt die interne Definition für das Magazin *Nature*.

```
\newcommand\bibstyle@nature{%
  \bibpunct{}{}{,}{s}{}{\textsuperscript{,}}%
  \renewcommand\bibnumfmt[1]{##1.}}
```

natbib hat bereits die folgenden Verweisstile definiert, wovon der Autor einige nicht in der Dokumentation erwähnt, da er sie als nur für seine eigenen Bedürfnisse angegeben hat:

```
\newcommand\bibstyle@chicago{\bibpunct{(}{)}{;}{a}{,}{,}}
\newcommand\bibstyle@named{\bibpunct{[}{]}{;}{a}{,}{,}}
\newcommand\bibstyle@agu{\bibpunct{[}{]}{;}{a}{,}{,~}}%Amer. Geophys. Union
\newcommand\bibstyle@copernicus{\bibpunct{(}{)}{;}{a}{,}{,}}%Copernicus Publications
\let\bibstyle@egu=\bibstyle@copernicus
\let\bibstyle@egs=\bibstyle@copernicus
\newcommand\bibstyle@agsm{\bibpunct{(}{)}{,}{a}{}{,}\gdef\harvardand{\&}}
\newcommand\bibstyle@kluwer{\bibpunct{(}{)}{,}{a}{}{,}\gdef\harvardand{\&}}
\newcommand\bibstyle@dcu{\bibpunct{(}{)}{;}{a}{;}{,}\gdef\harvardand{and}}
\newcommand\bibstyle@aa{\bibpunct{(}{)}{;}{a}{}{,}} %Astronomy & Astrophysics
\newcommand\bibstyle@pass{\bibpunct{(}{)}{;}{a}{,}{,}}%Planet. & Space Sci
\newcommand\bibstyle@anngeo{\bibpunct{(}{)}{;}{a}{,}{,}}%Annales Geophysicae
\newcommand\bibstyle@nlinproc{\bibpunct{(}{)}{;}{a}{,}{,}}%Nonlin.Proc.Geophys.
\newcommand\bibstyle@cospar{\bibpunct{/}{/}{,}{n}{}{}\gdef\bibnumfmt##1{##1.}}
\newcommand\bibstyle@esa{\bibpunct{(Ref.~}{)}{,}{n}{}{}%
    \gdef\bibnumfmt##1{##1.\hspace{1em}}}
\newcommand\bibstyle@nature{\bibpunct{}{}{,}{s}{}{\textsuperscript{,}}%
    \gdef\bibnumfmt##1{##1.}}
\newcommand\bibstyle@plain{\bibpunct{[}{]}{,}{n}{}{,}}
\let\bibstyle@alpha=\bibstyle@plain
\let\bibstyle@abbrv=\bibstyle@plain
\let\bibstyle@unsrt=\bibstyle@plain
\newcommand\bibstyle@plainnat{\bibpunct{[}{]}{,}{a}{,}{,}}
\let\bibstyle@abbrvnat=\bibstyle@plainnat
\let\bibstyle@unsrtnat=\bibstyle@plainnat
```

Das Makro \bibpunct erwartet einen optionalen und sechs verpflichtende Parameter. Optional ist die Angabe der Zeichenfolge, die dem optionalen Parameter der \citeXXX-Befehle vorangehen, die ihr Argument an den Verweis anhängen (post note). Standardmäßig ist dies das Komma, gefolgt von einem Leerzeichen. Die Bedeutung der anderen Parameter ist:

1. Das öffnende Klammersymbol mit (als Vorgabe
2. Das schließende Klammersymbol mit) als Vorgabe
3. Satzzeichen zwischen mehrfachen Verweisen mit ; als Vorgabe
4. Der Stil 'n' für numerisch oder 's' für Superscript, anderenfalls ist es automatisch das Autor-Jahr-Schema (Vorgabe)
5. Satzzeichen zwischen Autor und Jahr (keine Vorgabe)
6. Satzzeichen zwischen Jahren oder Nummern, wenn die Autorenliste unterdrückt wird,mit dem Komma als Vorgabe

```
\usepackage[sort]{natbib}\citestyle{Nature}
\begin{filecontents*}{natbib.cfg}
\newcommand\bibstyle@Nature{\bibpunct{}{}{;}{s}{}{\textsuperscript{;}}%
  \renewcommand\bibnumfmt[1]{##1.}}
\end{filecontents*}
```

```
Quellen: \cite{voss:referenz,voss:pstricks,symbollist} und
    auch~\cite{Notes,graetzer07}
```

02-07-12 Quellen:[3;4;5] und auch[1;2]

2.7.2 Zusammenfassen von Verweisen

Das Paket mcite (merge cities) sollte nicht zusammen mit natbib genutzt werden; die Paketoption merge leistet das Gleiche. Mit dem Voranstellen eines Sterns vor den Schlüsselwörtern erreicht man ein Zusammenfassen zu einer einzigen Literaturangabe im Verzeichnis. Im folgenden Beispiel gibt es nur zwei Einträge im Verzeichnis, obwohl insgesamt vier Verweise existieren, von denen drei durch die *-Form zusammengefasst wurden. Voraussetzung dafür ist allerdings eine Stildatei der »American Physical Society«, beispielsweise apsrev4-1 aus dem revtex-Projekt; nur diese unterstützen die merge-Option. Diese Stildateien sind standardmäßig in TEX Live 2010 enthalten. *merge*

```
\usepackage[numbers,merge]{natbib}
\renewcommand\bibfont{\small\raggedright}
```

```
Quelle:~\citep{voss:referenz,*voss:pstricks,*voss:tabellen}
und eine weitere.~\citep{graetzer07}

\bibliographystyle{apsrev4-1}
\bibliography{buch2}
```

Quelle: [1] und eine weitere. [2]

02-07-13

Literatur

[1] H. Voß, *Die LaTeX Referenz*, 2nd ed. (DANTE – Lob.media, Heidelberg/Berlin, 2010); H. Voß, *PSTricks – Grafik für TeX und LaTeX*, 6th ed. (DANTE – Lob.media, Heidelberg/Berlin, 2010); H. Voß, *Tabellen mit LaTeX*, 2nd ed. (DANTE – Lob.media, Heidelberg/Berlin, 2010).

[2] G. Grätzer, *More Math into LaTeX*, forth ed. (Springer (originally by Birkhäuser Boston), 2007).

Mit der Paketoption `elide` wird ebenfalls die Option `merge` aktiviert, zusätzlich erfolgt eine Kontrolle der Autorennamen, um Wiederholungen zu vermeiden.

elide

```
\usepackage[numbers,elide]{natbib}
\renewcommand\bibfont{\small\raggedright}

Quelle:~\citep{voss:referenz,*voss:pstricks,*voss:tabellen} und eine
weitere.~\citep{graetzer07}

\bibliographystyle{apsrev4-1}  \bibliography{buch2}
```

Quelle: [1] und eine weitere. [2]

02-07-14

Literatur

[1] H. Voß, *Die LaTeX Referenz*, 2nd ed. (DANTE – Lob.media, Heidelberg/Berlin, 2010); *PSTricks – Grafik für TeX und LaTeX*, 6th ed. (DANTE – Lob.media, Heidelberg/Berlin, 2010); *Tabellen mit LaTeX*, 2nd ed. (DANTE – Lob.media, Heidelberg/Berlin, 2010).

[2] G. Grätzer, *More Math into LaTeX*, forth ed. (Springer (originally by Birkhäuser Boston), 2007).

2.7.3 Verweisindex

Sollen die Verweise automatisch in einen Index aufgenommen werden, so kann dies mit `\citeindextrue` automatisiert werden und mit `\citeindexfalse` wieder abgeschaltet werden. Die eigentliche Erstellung des Index bleibt dem Anwender überlassen; `natbib` formuliert lediglich die entsprechenden `\index`-Befehle.

```
\usepackage{makeidx}\makeindex
\usepackage{natbib} \citeindextrue

Quellen: \citet{voss:referenz}\newpage\citep{voss:pstricks}\newpage
\citet{symbollist}\newpage\citet{Notes}\citep{graetzer07}\citep{harvard} \ldots
\bibliographystyle{deChicago} \bibliography{buch2}  \printindex
```

02-07-15

Literatur

Downes, M. (1999). *Technical Notes on the amsmath package.* American Mathematical Society.

Grätzer, G. (2007). *More Math into LaTeX* (forth Aufl.). Springer (originally by Birkhäuser Boston).

Kuhn, R., R. Scott und L. Andreev (2007). *An Introduction to using LaTeX in the Harvard Mathematics Department.* Harvard University, Department of Mathematics.

Pakin, S. (2008). *The Comprehensive LaTeX Symbol list.* CTAN.

Voß, H. (2010a). *Die LaTeX Referenz* (2. Aufl.). Heidelberg/Berlin: DANTE – Lob.media.

Voß, H. (2010b). *PSTricks – Grafik für TeX und LaTeX* (6. Aufl.). Heidelberg/Berlin: DANTE – Lob.media.

Index

2.7.4 Datenbankeinträge

natbib unterstützt mit seinen .bst-Dateien neben den standardmäßigen Feldern von Einträgen in BibTeX-Datenbanken noch die folgenden Schlüsselwörter:

isbn	International Standard Book Number
issn	International Standard Serial Number
url	Uniform Resource Locator
doi	Digital Object Identifer
eid	Electronic ID

```
\usepackage{natbib,url}  \bibliographystyle{natdin}
Zitiert nach~\citet[S.~77]{Bechtolsheim:TP93a}.    \bibliography{bibB}
```

02-07-16

Zitiert nach von Bechtolsheim (1993, S. 77).

Literatur

[von Bechtolsheim 1993] Bechtolsheim, Stephan von: *TeX in Practice: Basics.* Bd. 1. Berlin, Germany / Heidelberg, Germany / London, UK / etc. : Springer-Verlag, 1993 http://www.springer.de. – ISBN 0-387-97595-0

Insbesondere die Felder ISBN und URL sind heutzutage sehr nützliche Angaben. Notwendig ist dann noch ein Bibliografiestil (.bst-Datei), der diese Felder auch unterstützt, wie beispielsweise natdin, welches auch ein Feld lastchecked für das letzte Zugriffsdatum ermöglicht, welches allerdings nur für den Typ Booklet ausgewertet wird. Damit die

Onlinequelle auch sinnvoll umbrochen werden kann, sollte bei Nutzung des `url`-Feldes das gleichnamige Paket `url` geladen werden.

2.7.5 Bibliografieverzeichnis

Die Ausgabe der Bibliografie erfolgt meistens in der nach `\part` folgenden Ebene, entweder `\chapter` oder `\section`. Die Formatierung der eigentlichen Einträge wird von der verwendeten Stildatei bestimmt. `natbib` unterstützt durch einige Makros die formalen Randbedingungen, wie Ebene der Überschrift, einleitende Anmerkungen, usw., die intern von `natbib` benutzt werden und vom Anwender durch Überschreiben geändert werden können.

Über die Dokumentenoption `sectionbib` kann für eine Dokumentenklasse `book` eine Ausgabe der Überschrift auf `\section`-Ebene erzwungen werden, was im Zusammenhang mit dem Paket `chapterbib` sinnvoll ist (siehe Abschnitt 2.3 auf Seite 19). Das Makro `\bibsection` gibt die Ebene vor, in der die Überschrift der Bibliografie gesetzt wird. Nach dieser Überschrift wird das Makro `\bibpreamble` ausgeführt, mit dem man einen Prolog vor das eigentliche Literaturverzeichnis setzen kann. Damit sich eventuelle Makros, die sich auf die Fontgröße beziehen, nicht auf die folgende Bibliografie auswirken, sollte die Präambel am Ende grundsätzlich mit einem `\par`-Befehl abgeschlossen werden. Mit `\bibfont` lässt sich das gesamte Verzeichnis auf eine Schriftgröße einstellen, wobei hier auch der Befehl `\raggedright` oder `\RaggedRight` (siehe Abschnitt 1.1) zusätzlich eingesetzt werden kann, da `\bibfont` ohne Überprüfung seines Inhalts ausgeführt wird.

```
\usepackage[numbers]{natbib}
\renewcommand\bibsection{\subsection*{\bibname\markboth{}{}}}
\renewcommand\bibfont{\small\raggedright}
\renewcommand\bibpreamble{\small\itshape Die DANTE-Edition ist eine Reihe
in Zusammenarbeit von DANTE e.\,V. mit Lehmanns Media.\par\normalfont}
\renewcommand\bibnumfmt[1]{\textbf{#1.}}
\setlength\bibhang{1.5em}  \setlength\bibsep{1ex plus2pt minus 1pt}

\citet{voss:referenz} und \citep{voss:pstricks}
\bibliographystyle{deChicago} \bibliography{buch2}
```

Voß [1] und [2] 02-07-17

Literaturverzeichnis

Die DANTE-Edition ist eine Reihe in Zusammenarbeit von DANTE e. V. mit Lehmanns Media.

1. Voß, H. (2010a). *Die LaTeX Referenz* (2. Aufl.). Heidelberg/Berlin: DANTE – Lob.media.

2. Voß, H. (2010b). *PSTricks – Grafik für TeX und LaTeX* (6. Aufl.). Heidelberg/Berlin: DANTE – Lob.media.

Die Bibliografiestile sind primär für die Formatierung des Verzeichnisses zuständig, können aber auch durch Makros die Verweise in ihrer äußeren Form beeinflussen. Das Paket `natbib` unterstützt mehrere Bibliografiestile mit entsprechenden Stilen für

Verweise. Die notwendigen `.bst`-Dateien müssen allerdings nicht unbedingt Teil einer jeden TeX-Distribution sein:

plain, **alpha**, **abbrv**, **unsort**: Die Basisstile in den Varianten »square braces, numerical, commas «;
plainnat, **abbrvnat**, **unsrtnat**: Mit Varianten »square braces, author–year, commas«;
agu: American Geophysical Union, Mit Varianten »square, author–year, semicolon«;
egu: European Geosciences Union, Mit Varianten »round, author–year, semicolon«;
agms, **dcu**, **kluwer**: Harvard set, mit Varianten »round, author–year;
cospar: Committe on Space Research, mit Varianten «slashes, numerical, comma»;
nature: Nur mit «superscripts».

Bibliografie- und Verweisstil plainnat

```
\usepackage{natbib}  \citestyle{plainnat}
```

```
Quellen: \citet{Notes}\citep{harvard,graetzer07}
\bibliographystyle{plainnat} \bibliography{buch2}
```

02-07-18

Quellen: Downes [1999][Kuhn et al., 2007, Grätzer, 2007]

Literatur

Michael Downes. *Technical Notes on the amsmath package.* American Mathematical Society, 1999.

George Grätzer. *More Math into LaTeX.* Springer (originally by Birkhäuser Boston), forth edition, 2007. ISBN 978-0-387-32289-6.

R. Kuhn, R. Scott, and L. Andreev. *An Introduction to using LaTeX in the Harvard Mathematics Department.* Harvard University, Department of Mathematics, 2007.

Bibliografie- und Verweisstil abbrvnat

```
\usepackage{natbib}  \citestyle{abbrvnat}
```

```
Quellen: \citet{Notes}\citep{harvard,graetzer07}
\bibliographystyle{abbrvnat} \bibliography{buch2}
```

02-07-19

Quellen: Downes [1999][Kuhn et al., 2007, Grätzer, 2007]

Literatur

M. Downes. *Technical Notes on the amsmath package.* American Mathematical Society, 1999.

G. Grätzer. *More Math into LaTeX.* Springer (originally by Birkhäuser Boston), forth edition, 2007. ISBN 978-0-387-32289-6.

R. Kuhn, R. Scott, and L. Andreev. *An Introduction to using LaTeX in the Harvard Mathematics Department.* Harvard University, Department of Mathematics, 2007.

Bibliografie- und Verweisstil unsrtnat

```
\usepackage{natbib}  \citestyle{unsrtnat}
```

```
Quellen: \citet{Notes}\citep{harvard,graetzer07}
\bibliographystyle{unsrtnat} \bibliography{buch2}
```

Quellen: Downes [1999][Kuhn et al., 2007, Grätzer, 2007] 02-07-20

Literatur

Michael Downes. *Technical Notes on the amsmath package.* American Mathematical Society, 1999.

R. Kuhn, R. Scott, and L. Andreev. *An Introduction to using LaTeX in the Harvard Mathematics Department.* Harvard University, Department of Mathematics, 2007.

George Grätzer. *More Math into LaTeX.* Springer (originally by Birkhäuser Boston), forth edition, 2007. ISBN 978-0-387-32289-6.

Bibliografie- und Verweisstil agu

```
\usepackage{natbib}  \citestyle{agu}
```

```
Quellen: \citet{Notes}\citep{harvard,graetzer07}
\bibliographystyle{agu} \bibliography{buch2}
```

Quellen: *Downes* [1999][*Kuhn et al.*, 2007; *Grätzer*, 2007] 02-07-21

Literatur

Downes, M., *Technical Notes on the amsmath package*, American Mathematical Society, 1999.

Grätzer, G., *More Math into LaTeX*, forth ed., Springer (originally by Birkhäuser Boston), 2007.

Kuhn, R., R. Scott, and L. Andreev, *An Introduction to using LaTeX in the Harvard Mathematics Department*, Harvard University, Department of Mathematics, 2007.

Bibliografie- und Verweisstil egu

```
\usepackage{natbib}  \citestyle{egu}
```

```
Quellen: \citet{Notes}\citep{harvard,graetzer07}
\bibliographystyle{egu} \bibliography{buch2}
```

02-07-22

Quellen: Downes (1999)(Kuhn et al., 2007; Grätzer, 2007)

Literatur

Downes, M.: Technical Notes on the amsmath package, American Mathematical Society, 1999.

Grätzer, G.: More Math into LaTeX, Springer (originally by Birkhäuser Boston), forth edn., 2007.

Kuhn, R., Scott, R., and Andreev, L.: An Introduction to using LaTeX in the Harvard Mathematics Department, Harvard University, Department of Mathematics, 2007.

Bibliografie- und Verweisstil kluwer

```
\usepackage{natbib}  \citestyle{kluwer}
```

```
Quellen: \citet{Notes}\citep{harvard,graetzer07}
\bibliographystyle{kluwer} \bibliography{buch2}
```

02-07-23

Quellen: Downes (1999)(Kuhn et al. 2007, Grätzer 2007)

Literatur

Downes, M.: 1999, *Technical Notes on the amsmath package*, American Mathematical Society.

Grätzer, G.: 2007, *More Math into LaTeX*, forth edn, Springer (originally by Birkhäuser Boston).

Kuhn, R., Scott, R. and Andreev, L.: 2007, *An Introduction to using LaTeX in the Harvard Mathematics Department*, Harvard University, Department of Mathematics.

Kapitel 3

Bibliografien mit biblatex

Das Prinzip der mit biblatex erzeugten Bibliografie zeigt Abbildung 3.1 auf der nächsten Seite, welches sich sehr von dem Verfahren aus Abschnitt 4.1 auf Seite 145 unterscheidet. Trotz der vielen Bibliografiestile, die für BibTeX zur Verfügung stehen, gelten Anfragen in Newsgroups und Foren häufig der Darstellung von Literaturverweisen und Bibliografien, die einer bestimmten Vorgabe folgen sollen. Mit jurabib [4] und natbib [6] stehen zwei Pakete bereit, die so flexibel sind, dass sich viele Anforderungen bereits erfüllen lassen. Außerdem ist es mit Hilfe von custom-bib (makebst) [5] mit geringem Aufwand möglich, eigene .bst-Dateien zu erstellen. Häufig sind dennoch kleine Anpassungen erforderlich, für die dann Kenntnisse in der nicht gerade trivialen Programmierung von BibTeX-Stildateien nötig sind.

Hier setzt das Paket biblatex [15] von Philipp Lehman an. Das Erscheinungsbild der Bibliografie und der Verweise wird ausschließlich durch LaTeX-Befehle gesteuert, während BibTeX (Abbildung 3.1 auf der nächsten Seite) oder Biber (Abbildung 3.2 auf der nächsten Seite) nur für die Sortierung der Bibliografie herangezogen wird. Gegenüber BibTeX

[1]Teile dieses Kapitels wurden von Dominik Waßenhoven verfasst und beruhen auf den Ausführungen in [26].

erweitert biblatex aber auch die verfügbaren bibliografischen Kategorien, stellt also mehr Felder und Eintragstypen zur Verfügung (mehr dazu auf Seite 85) und unterstützt vor allen Dingen erheblich mehr Sprachen, die alle in Tabelle 3.1 auf der nächsten Seite zusammengefasst sind.

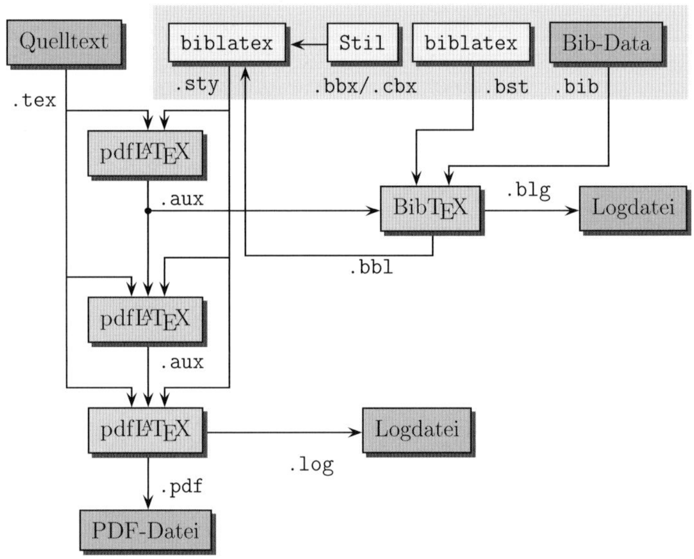

Abbildung 3.1: Prinzip der Erzeugung des Literaturverzeichnisses mit dem Paket biblatex und dem Programm BibTeX.

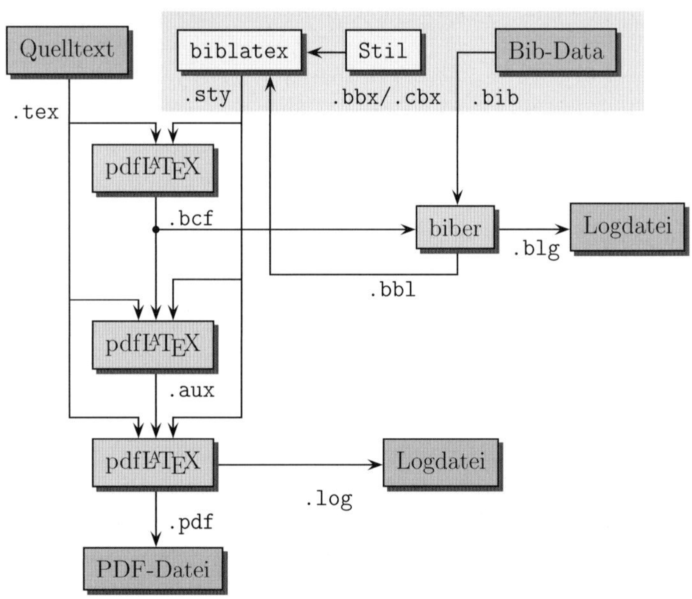

Abbildung 3.2: Prinzip der Erzeugung des Literaturverzeichnisses mit dem Paket biblatex und dem Programm Biber.

Die Beschreibung der folgenden Abschnitte bezieht sich auf die derzeit aktuelle Version 1.1a von biblatex.

Sprache	*Region/Dialekt*	*Babel Schlüsselwort*
Danish	Dänemark	danish
Dutch	Niederlande	dutch
English	USA	american
	Großbritannien	british
	Canada	canadian
	Australien	australian
	Neuseeland	newzealand
Finnish	Finnland	finnish
French	Frankreich, Canada	french
German	Deutschland	german
	Österreich	austrian
(new)German	Deutschland	ngerman
	Österreich	naustrian
Greek	Griechenland	greek
Italian	Italien	italian
Norwegian	Norwegen	norwegian
Portuguese	Brasilien	brazilian
	Portugal	portuguese
Spanish	Spanien	spanish
Swedish	Schweden	swedish

Tabelle 3.1: Zusammenstellung der von biblatex unterstützten Sprachen.

3.1 Paketoptionen

Ein Großteil der Optionen wird in der üblichen Weise über das optionale Argument von \usepackage dem Paket biblatex mitgegeben und kann daher auch nur in der Präambel des Dokumentes erscheinen. Alternativ kann das Setzen von Optionen auch durch eine Konfigurationsdatei erfolgen (siehe Abschnitt 3.2 auf Seite 56) oder nach dem Laden des Paketes über das Makro \ExecuteBibliographyOptions, welches ebenfalls ein Aktivieren oder Deaktivieren erlaubt. Die Zahl der möglichen Optionen ist sehr groß und wird im folgenden in verschiedenen Tabellen angegeben, die jeweils Optionen gleichen Typs zusammenstellen, was den Ort betrifft, wo diese auftreten dürfen, beispielsweise nur in der Präambel oder nur bei einem Bibliografieeintrag.

Tabelle 3.2: Optionen für das Paket biblatex, die nur über das optionale Argument von \usepackage zur Verfügung stehen.

Name	*Werte/Bedeutung*	*Vorgabe*
style	⟨*Datei*⟩ Lädt den Bibliografiestil Datei.bbx und den Verweisstil Datei.cbx, die in der aktuellen TEX-Distribution vorhanden sein müssen. Standardmäßig werden numeric.bbx und numeric.cbx geladen.	numeric
bibstyle	⟨*Datei*⟩ Lädt nur den Bibliografiestil Datei.bbx.	numeric
citestyle	⟨*Datei*⟩ Lädt nur den Verweisstil Datei.cbx.	numeric

Fortsetzung...

... Fortsetzung

Name	*Werte/Bedeutung*	*Vorgabe*
natbib	true, false Stellt einen natbib-kompatiblen Stil zur Verfügung.	false

Tabelle 3.3: Optionen für das Paket biblatex, die als Option von \usepackage, als Teil einer Konfigurationsdatei oder als Parameter im Makro \ExecuteBibliographyOptions auftreten können.

Name	*Werte/Bedeutung*	*Vorgabe*
sorting	nty, nyt, nyvt, anyt, anyvt, ynt, ydnt, debug, none Die Reihenfolge der Bibliografieeinträge. Sofern nicht anders angegeben, sind die Einträge in aufsteigender Reihenfolge sortiert. **nty** Sortierung nach Name, Titel, Jahr. **nyt** Sortierung nach Name, Jahr, Titel. **nyvt** Sortierung nach Name, Jahr, Jahrgang (volume), Titel. **anyt** Sortierung nach alphabetischem Label, Name, Jahr, Titel. **anyvt** Sortierung nach alphabetischem Label, Name, Jahr, Jahrgang (volume), Titel. **ynt** Sortierung nach Jahr, Name, Titel. **ydnt** Sortierung nach Jahr (absteigend – descending), Name, Titel. **debug** Sortierung nach dem Schlüssel (key). Sinnvoll nur für eine Fehleranalyse. **none** Keine Sortierung anwenden, Einträge werden in der Reihenfolge ihres Auftretens bearbeitet. Jede Sortierung nach dem alphabetischen Label macht nur Sinn in Verbindung mit einem Stil, der diese Label auch ausgibt. Zu beachten ist noch, dass Bibliografiestile den hier angegebenen Standardwert überschreiben können.	nty
sortcase	true, false Angabe, ob für die Bibliografie und die Liste der »shorthands« (.los) eine Groß-/Kleinschreibung signifikant ist. Die Option gilt nur für die Programme BIBTEX8 und Biber; für Standard-BIBTEX wird grundsätzlich nicht zwischen Groß-/Kleinschreibung unterschieden.	true
sortupper	true, false Die Option korrespondiert zur Befehlszeilenoption --sortupper von Biber und sortiert zuerst nach Groß- und danach nach Kleinbuchstaben. Sie ist nicht für BIBTEX wirksam.	true
sortlocale	*Locale* Die Option korrespondiert zur Befehlszeilenoption --sortlocale von Biber und definiert die Sprachlokalisation für die Sortierung.	–
sortlos	bib, los Die Reihenfolge der Liste der Abkürzungen, wobei bib der Sortierung analog zu der der Bibliografie und los der nach der Abkürzung entspricht.	los

Fortsetzung ...

... Fortsetzung

Name	*Werte/Bedeutung*	*Vorgabe*
`sortcites`	`true`, `false` Angabe, ob die Verweise sortiert werden sollen, wenn mehrere in einem `\cite`-Makro erscheinen. Ist die Option aktiviert (`true`), dann werden Namen und Label analog zur Bibliografie sortiert. Diese Option arbeitet mit allen Verweisstilen.	`false`
`maxnames`	⟨*Zahl*⟩ Ein Schwellenwert der für alle Listen von Namen (Autor, Herausgeber, etc.) gilt. Wird die Anzahl der Einträge überschritten, werden alle folgenden ignoriert.	3
`minnames`	⟨*Zahl*⟩ Ein Schwellenwert der für alle Listen von Namen (Autor, Herausgeber, etc.) gilt. Wird die Anzahl größer als `maxnames`, so wird die Liste automatisch auf `minnames` für die Namen in Verweisen und Bibliografieeinträgen verkürzt. Der Wert muss kleiner gleich `maxnames` sein.	1
`maxitems`	⟨*Zahl*⟩ Analog zu `maxnames`, jedoch relevant für die Listen von »publisher«, »location«, usw.	3
`minitems`	⟨*Zahl*⟩ Analog zu `minnames`, jedoch relevant für die Listen von »publisher«, »location«, usw.	1
`autocite`	`plain`, `inline`, `footnote`, `superscript` Diese Option steuert das Verhalten des `\autocite`-Befehls. Der Wert `plain` macht `\autocite` identisch zu `\cite`, `inline` identisch zu `\parencite`, `footnote` identisch zu `\footcite` und `superscript` identisch zu `\supercite`. Die Werte `plain`, `inline` und `footnote` stehen immer zur Verfügung, `superscript` nur für die numerischen Zitierstile. Die Standardeinstellung dieser Option hängt von dem gewähltem Zitierstil ab.	
`autopunct`	`true`, `false` Diese Option kontrolliert, ob der Verweis den Text nach Satzzeichen untersuchen soll. Die bekannten Zeichen sind durch `\DeclareAutoPunctuation` definiert (`.,;:!?`) und können durch die Zuweisung `autopunct=false` nicht berücksichtigt werden.	`true`
`language`	`auto`, [*Sprache*] Mit der Standardvorgabe versucht `biblatex` die Sprache aus dem Paket `babel` zu ermitteln, wobei im Fehlerfall (wenn beispielsweise `babel` nicht geladen wurde) auf die Sprache `english` zurückgegriffen wird. Wird explizit eine Sprache angegeben, so wird diese benutzt und eventuelle Angaben von `babel` werden ignoriert. Die von `biblatex` unterstützten Sprachen sind in Tabelle 3.1 auf Seite 45 zusammengestellt.	`auto`
`babel`	none, hyphen, `other`, `other*` Diese Option steuert, welche Sprachumgebung genutzt werden soll, wenn das Paket `babel` geladen wurde und ein Bibliografiefeld vom Type `hyphenation` ist. Normalerweise orintiert sich `biblatex` an	none

Fortsetzung ...

... Fortsetzung

Name	*Werte/Bedeutung*	*Vorgabe*
	der Sprache des Dokuments, unabhängig davon, ob es ein- oder mehrsprachige Dokumente sind. Die Option babel legt daher nur fest, ob für einzelne Bibliografieeinträge anders verfahren soll. **none** Keine weitere Sprachunterstützung für Bibliografieeinträge. **hyphen** Der Bibliografieeintrag wird mit der angegebenen Sprache bearbeitet, wobei entsprechende Trennmuster geladen werden, so sie vorhanden sind. **other** Der Bibliografieeintrag wird in einer Umgebung otherlanguage behandelt, wodurch auch sprachabhängige Übersetzungen von Schlüsselwörtern wie »editor«, «volume« und auch das Datumsformat. **other*** Wie other, nur dass Übersetzungen von Schlüsselwörtern nicht beachtet werden.	
clearlang	true, false biblatex löscht automatisch einen eventuellen Eintrag im language-Feld, falls die Sprache der für babel vorgegebenen entspricht. Damit können Redundanzen vermieden werden. Das Makro \DeclareRedundantLanguages wertet die Option aus.	true
block	none, space,par, nbpar, ragged Diese Option kontrolliert den Abstand zwischen den logischen Blöcken eines Bibliografieeintrages. **none** Keinen zusätzlichen Abstand einfügen. **space** Fügt zusätzlichen horizontalen Abstand zwischen Blöcken ein, was dem Standardverhalten von LaTeX entspricht. **par** Beginnt einen neuen Absatz für jeden Block, was der Option openbib von Standard-LaTeX entspricht. **nbpar** Analog zu par, nur ohne Seitenumbrüche nach einem und innerhalb eines Blockes. **ragged** Einfügen von Strafpunkten (penalties), um Zeilenumbrüche an Blockgrenzen zu erlauben. Gleichzeitig wird die Bibliografie im rechtsseitigen Flattersatz gesetzt, was dem Befehl \raggedright entspricht. Das Makro \newblockpunct kann zusätzlich modifiziert werden.	none
notetype	foot+end, footonly, endonly Die Option kontrolliert das Verhalten der Makros \mkbibfootnote, \mkbibendnote und vergleichbare. **foot+end** Unterstützung von Fußnoten mit \mkbibfootnote und Endnoten mit \mkbibendnote. **footonly** Wandle \mkbibendnote in eine Fußnote um. **endonly** Wandle \mkbibfootnote in eine Endnote um.	foot+end
hyperref	true, false, auto Der Schalter legt fest, ob alle Verweise und Rückwärtsverweise in anklickbare Links gewandelt werden sollen, wozu das Paket hyperref geladen werden muss. Alle bislang bekannten Bibliografiepakete unterstützen die Verwendung von hyperref. Mit der Zuweisung	false

Fortsetzung ...

… Fortsetzung

Name	*Werte/Bedeutung*	*Vorgabe*
	von auto überprüft biblatex, ob hyperref schon geladen wurde, anderenfalls wird es intern veranlasst.	
backref	true, false Angabe, ob Rückwärtsreferenzen in der Bibliografie erstellt werden sollen. Diese sind eine Liste von von Seitenzahlen, die angeben, wo auf einen bestimmten Bibliografieeintrag verwiesen wurde. Hat das Dokument so genannte refsection-Umgebungen, dann sind die Rückwärtsreferenzen lokal zu dieser Umgebung. Der verwendete Bibliografiestil muss das Erstellen der Listen unterstützen, was bei den Standardstilen gegeben ist.	false
backrefstyle	none, three, two, two+, three+, all+ Die Option bestimmt die Ausgabe von aufeinanderfolgenden Seitenzahlen in der Liste der Rückwärtsreferenzen. **none** Die Liste wird nicht verändert. **three** Verändere eine Folge von mindestens drei aufeinanderfolgen-den Seiten in einen Bereich, beispielsweise wird die Liste »1, 11, 12, 13, 21, 22, 23, 24«' komprimiert zu »1, 11–13, 21–24«. **two** Dito, nur für zwei oder mehr aufeinanderfolgender Seiten. Ausgabe der obigen Liste als »1–2, 11–13, 21–24«. **two+** Dito, wobei genau zwei aufeinanderfolgender Seiten durch die Zeichenkette »sq.« (sequens) ersetzt werden. Obige Liste wird somit verändert zu »1 sq., 11–13, 21–24«. **three+** Dito, wobei genau drei aufeinanderfolgender Seiten durch die Zeichenkette »sqq.« (sequens) ersetzt werden. Obige Liste wird somit verändert zu »1 sq., 11 sqq., 21–24«. **all+** Dito, nur das alle Bereiche durch »sqq.« ersetzt werden, womit die obige Liste jetzt lautet: »1 sq., 11 sqq., 21 sqq.«. Alle Stile unterstützen sowohl die arabische als auch römische Zählung, wobei auch eine Kombination aus beiden möglich ist. Eine Liste »iii, iv, v, 6, 7, 8« wird verändert zu »iii–v, 6–8"', die Komprimierung findet nur innerhalb desselben Zahlentyps statt.	three
backrefsetstyle	setonly, memonly, setormem, setandmem, memandset, setplusmem Die Option bestimmt die Art und Weise, wie Rückwärtsreferenzen zu @set und ihren Einträgen (Mitgliedern) gehandhabt werden. **setonly** Alle Rückwärtsreferenzen werden zu @set-Eintrag addiert. Die pageref-Liste bleibt leer. **memonly** Rückwärtsreferenzen auf alle »set members« gleichermaßen anwenden. Die pageref-Liste bleibt leer. **setormem** Referenzen zum @set-Eintrag oder zum »set member«. **setandmem** dito, nur für beide. **memandset** Referenzen zum @set-Eintrag und allen »set members«. **setplusmem** Referenzen zu einem @set-Eintrag werden auf alle »set members« erweitert.	setonly
indexing	true, false, cite, bib Die Option kontrolliert, ob ein Index für die Verweise erstellt wird.	false

Fortsetzung …

... Fortsetzung

Name	*Werte/Bedeutung*	*Vorgabe*
	true Aktiviert die Indexerstellung. **false** Deaktiviert die Indexerstellung. **cite** Aktiviert die Indexerstellung nur für Verweise. **bib** Aktiviert die Indexerstellung nur für die Bibliografie. Voraussetzung ist die Ausführung des Befehls \makeindex.	
loadfiles	true, false Angabe, ob externe Dateien, die durch \printfile angefordert werden, geladen werden sollen.	false
refsection	none, part, chapter, section, subsection Mit der Option kann eine so genannte »reference section« für die angegebene Ebene erstellt werden. Diese Option ist identisch zum Makro \newrefsection.	none
refsegment	none, part, chapter, section, subsection Analog zur Option refsection, jedoch wird bei jeder ausgewählten Ebene eines neues Segment für Rückwärtsreferenzen gestartet. Die Option ist identisch zum Befehl \newrefsegment. Wird die Option zusammen mit refsection angewendet, so darf die gewählte Ebene nur unterhalb der von refsection gewählt werden	none
citereset	none, part, chapter, section, subsection Die Option erlaubt das automatische Ausführen des Befehl \citereset bei der angegebenen Ebene.	none
abbreviate	true, false Die Option legt fest, ob mit Abkürzungen in Verweisen und Bibliografieeinträgen gearbeitet werden soll, beispielsweise »Ed.« für »Editor«, wobei sprachspezifische Einstellungen beachtet werden, also »Hrsg.« statt »Herausgeber«.	true
date	short, long, terse, comp, iso8601 Die Ausgabe des Datums ist grundsätzlich sprachenabhängig und kann mit dieser Option in einem Kurzformat ausgegeben werden, falls der Monat normalerweise ausgeschrieben erscheinen würde. Beispielsweise für die Sprache »ngerman« statt »5. August 2010« dann »5. Aug. 2010«, falls die Option date aktiviert ist. terse entspricht der short-Form, fasst lediglich Bereiche noch einmal zusammen: 21–30/01/2010 und 01/21–01/30/2010. comp entspricht dagegen long, aber mit kompakten Bereichsangaben: 21st–30th January 2010 und January 21–30, 2010. iso8601 benutzt das erweiterte Format 2010-01-01 oder 2010-01-21/2010-01-30.	comp
origdate	short, long, terse, comp Dito, nur für das Feldelement origdate.	comp
eventdate	short, long, terse, comp Dito, nur für das Feldelement eventdate.	comp
urldate	short, long, terse, comp Dito, nur für das Feldelement urldate (Zugriffszeit einer Web-Adresse).	comp
alldates	short, long, terse, comp Dito, nur für alle Feldelemente mit einer Datumsangabe.	comp

Fortsetzung ...

… Fortsetzung

Name	*Werte/Bedeutung*	*Vorgabe*
`datezeros`	`true`, `false` Festlegung, ob bei kurzen Datumsangaben führende Nullen mit ausgegeben werden sollen.	`true`
`dateabbrev`	`true`, `false` Festlegung, ob ein Datum in Lang- oder Kurzform mit abgekürzten Monatsnamen ausgegeben werden soll.	`true`
`defernums`	`true`, `false` Bei numerischen Verweisen kann es zu Problemen bei der kontinuierlichen Zählung kommen, wenn die Bibliografie gesplittet wird. Mit Aktivieren dieser Option wird dies unterbunden werden, da das Feld »labelnumber« beim ersten Mal berücksichtigt wird.	`false`
`punctfont`	`true`, `false` Aktiviert einen erweiterten Mechanismus um bei anzugebenden Punkten den aktuellen Font zu berücksichtigen, beispielsweise Kursivschrift bei einem Titel. Der entsprechende Font kann auch mit `\setpunctfont` gesetzt werden.	`false`
`arxiv`	`abs`, `ps`, `pdf`, `format` »Path selector« für arXiv-Links. Wenn `hyperref` aktiviert ist, kann mit dieser Option das Verhalten der Links gesteuert werden: **`abs`** Link auf den Abstract der Seite; **`ps`** Link auf die PostScript-Version; **`pdf`** Link auf die PDF-Version; **`format`** Link auf den Formatselector.	`abs`
`backend`	`bibtex`, `bibtex8`, `bibtexu`, `biber` Spezifiziert das anzuwendende externe Programm für die Sortierung der Bibliografie. Normalerweise wird diese Option in einer Konfigurationsdatei gesetzt. Unterstützt werden: **`bibtex`** Standard BibTeX, bei der Sortierung der Bibliografieeinträge ist die Klein-/Großschreibung nicht signifikant. Unterstützung wird irgendwann eingestellt. **`bibtex8`** Analog zu BibTeX, nur mit Unterstützung aller 8-Bit-Zeichen. Die Sortierung ist »case sensitive«. **`bibtexu`** Eine BibTeX8-Variante, die einfaches Unicode unterstützt, jedoch sollte hier Biber bevorzugt werden, da es nicht einwandfrei arbeitet. **`biber`** Biber unterstützt ASCII, 8-bit-Kodierungen UTF, »on-the-fly«-Umkodierung, »Locale«- und »case-sensitive«-spezifische Sortierung. Die volle Unterstützung für UTF ist nur mit XeLaTeX oder LuaTeX möglich. pdfLaTeX kann im Zusammenhang mit dem Paket `inputenc` nicht alle Zeichen darstellen.	`bibtex`
`mincrossrefs`	⟨*Zahl*⟩ Setzt die Tiefe der zu beachtenden Querverweise in Bibliografieeinträgen der zugrunde liegenden Datenbank fest und entspricht der gleichnamigen Option in BibTeX. Diese Option ist jedoch für BibTeX nur dann wirksam, wenn es nicht von der Kommandoebene	2

Fortsetzung …

... Fortsetzung

Name	*Werte/Bedeutung*	*Vorgabe*
	aus manuell aufgerufen wird. Zu erwarten ist, dass LaTeX-Editoren zukünftig biblatex unterstützen werden, so dass manuelle Aufrufe nicht mehr nötig sein werden.	
bibencoding	auto, *Kodierung* Angabe der Kodierung der Bibliografiedatenbank. Die möglichen Werte sind: **auto** Wenn die Bibliografiedatenbank aufgrund ihres Aufbaus einer Kodierung zugeordnet werden kann. **Kodierung** Ist die Kodierung der Bibliografiedatenbank unterschiedlich zu der des Dokumentes, so muss sie explizit angegeben werden, wobei nur Kodierungen zulässig sind, die auch dem Paket inputenc bekannt sind. Zusätzlich müssen alle Makros, die in der Bibliografiedatenbank benutzt werden, robust sein, also ein vorangestelltes \protect aufweisen. Normalerweise wird dieselbe Kodierung gewählt, die sich aus der TeX-Quelldatei des Dokumentes ergibt.	auto
bibwarn	true, false Die standardmäßigen Warnungen können mit dieser Option unterdrückt werden.	true

Tabelle 3.4: Optionen für das Paket biblatex, die von den Standardstilen bereitgestellt werden und grundsätzlich in der Präambel festzulegen sind.

Name	*Werte/Bedeutung*	*Vorgabe*
isbn	true, false Angabe, ob die Felder isbn/issn/isrn ausgegeben werden sollen.	true
url	true, false Dito für das Feld url und das Feld für den Zugriffszeitpunkt. Dies betrifft nur BibTeX-Typen, bei denen das url-Feld optional ist. @online-Typen mit verpflichtender url-Angabe werden grundsätzlich ausgegeben.	true
doi	true, false Angabe, ob das Feld doi ausgegeben werden soll.	true
eprint	true, false Dito für das Feld eprint.	true

Tabelle 3.5: Optionen für das Paket biblatex, die im Feld »options« eines Datenbankeintrags erscheinen können.

Name	*Werte/Bedeutung*	*Vorgabe*
useauthor	true, false Angabe, ob der Autoreneintrag in Labels genutzt wird. Sinnvoll, wenn ein Autor vorhanden ist, der Verweis aber ohne diesen er-	true

Fortsetzung ...

… Fortsetzung

Name	*Werte/Bedeutung*	*Vorgabe*
	folgt. Die Angabe von `useauthor=false` bedeutet nicht, dass die Autorenangabe ignoriert wird; sie wird nur nicht in Labels genutzt und bleibt beim Sortieren unberücksichtigt. Stattdessen wird Der Herausgeber (editor) oder der Titel (title) herangezogen, wobei der Autor dann auch dem Titel ausgegeben wird.	
`useeditor`	`true`, `false` Angabe, ob ein Herausgeber (editor) eine eventuell fehlende Autorenangabe beim Label und bei der Sortierung ersetzen soll. Sinnvoll, wenn ein Bibliografieeintrag ein Herausgeberfeld aufweist, aber eigentlich nicht für einen Verweis benutzt wird. Die Angabe von `useeditor=false` bedeutet nicht, dass die Herausgeberangabe ignoriert wird; sie wird nur nicht als Ersatz für eine fehlende Autorenangabe berücksichtigt. Der Herausgeber wird dann nach dem Titel ausgegeben.	`true`
`usetranslator`	`true`, `false` Angabe, ob ein Übersetzer (translator) eine eventuell fehlende Autoren-/Herausgeberangabe beim Label und bei der Sortierung ersetzen soll. Die Angabe von `useeditor=true` bedeutet nicht, dass eine Autor-/Herausgeberangabe überschrieben wird; die Übersetzerangabe wird nur als Ersatz für eine fehlende Autor/Herausgeberangabe berücksichtigt oder alternativ, falls `useauthor=false` und `useeditor=false` gesetzt wurden. Soll ein Buch definitiv nach dem Übersetzer zitiert werden, auch wenn ein Autorfeld existiert, so ist dies mit folgendem Bibliografieeintrag möglich: (siehe Codebeispiel unten) Mit den Standardstilen wird ein Übersetzer grundsätzlich nach dem Titel ausgegeben.	false
`useprefix`	`true`, `false` Angabe, ob Namenszusätze wie »von, van, of, da, de, della, etc.« berücksichtigt werden sollen, wenn der Nachname ausgegeben wird. Dies beeinflusst ebenfalls die Sortierung als auch die Ausgabe der Label. »Ludwig van Beethoven« wird bei aktivierter Option zitiert als »van Beethoven« und ausgegeben als »Van Beethoven, Ludwig«.	`false`

```
@Book{...,
    options    = {useauthor=false,usetranslator=true},
    author     = {...},
    translator = {...},
    ...
```

Tabelle 3.6: Optionen für das Paket biblatex, die im Feld »options« eines Datenbankeintrags erscheinen können, aber nicht global wirken.

Name	*Werte/Bedeutung*	*Vorgabe*
`skipbib`	`true`, `false`	`false`

Fortsetzung…

… Fortsetzung

Name	*Werte/Bedeutung*	*Vorgabe*
	Eintrag kann zitiert werden, erscheint jedoch nicht in der Bibliografieliste.	
skiplos	true, false Angabe, ob der Eintrag in der Liste der Abkürzungen (list of shorthands) erscheinen soll.	false
skiplab	true, false Angabe, ob ein Label für den Eintrag erzeugt werden soll. Die Angabe ist mit Vorsicht zu genießen, da wegen des fehlenden Labels, falsche Zuordnungen die Folge sein können.	false
dataonly	true, false Diese Option ist nicht für den normalen Gebrauch bestimmt.	false

Tabelle 3.7: Optionen für biblatex, die in der Präambel gesetzt werden können. Sie sind vorrangig für den internen Gebrauch bestimmt.

Name	*Werte/Bedeutung*	*Vorgabe*
pagetracker	true, false, page, spread false Kontrolliert den Pagetracker, der von den Makros \ifsamepage und \iffirstonpage benötigt wird. Die Bedeutung der möglichen Werte: **true** Aktiviert den Tracker im automatischen Modus. Entspricht bei zweiseitigen Dokumenten dem Modus spread, andernfalls page. **false** Deaktiviert den Tracker. **page** Aktiviert den Tracker im page-Modus, bei jede Seite als eigenständiges Objekt behandelt wird. **spread** Aktiviert den Tracker im spread-Modus, bei dem jede Doppelseite als eigenständiges Objekt behandelt wird.. Innerhalb von Gleitumgebungen ist der Tracker deaktiviert.	
citetracker	true, false, context, strict, constrict Kontrolliert den »citation tracker«, welcher von \ifciteseen und \ifentryseen benötigt wird. Die Bedeutung der möglichen Werte: **true** Aktiviert den Tracker im globalen Modus. **false** Deaktiviert den Tracker. **context** Aktiviert den Tracker im »context-sensitiven« Modus. Verweise im Text und in Fußnoten werden unabhängig voneinander behandelt. **strict** Aktiviert den Tracker im »strict«-Modus, wobei Zitate nur berücksichtigt werden, wenn es in einem eigenen Verweis erscheint. **constrict** Kombiniert beide vorstehenden Modi. Innerhalb von Gleitumgebungen ist der Tracker deaktiviert.	false

Fortsetzung …

... Fortsetzung

Name	*Werte/Bedeutung*	*Vorgabe*
idemtracker	true, false, context, strict, constrict Kontrolliert den »idem«-Tracker, welcher vom Makro \ifciteidem benötigt wird. Die möglichen Werte haben dieselbe Bedeutung wie beim »ibid«-Tracker.	false
ibidtracker	true, false, context, strict, constrict Kontrolliert den »ibidem«-Tracker, welcher vom Makro \ifciteibid benötigt wird. Die möglichen Werte haben dieselbe Bedeutung wie beim »cite«-Tracker. Im Modus strict werden Konstrukte wie »Jones, Titel; Williams, Titel« mit einem darauffolgendem »ibidem« vermieden, um keine Zweifel aufkommen zu lassen, ob sich »ibidem« auf den letzten (Williams) oder auf beide Verweise bezieht.	false
opcittracker	true, false, context, strict, constrict Kontrolliert den »opcit«-Tracker, welcher von dem Makro \ifopcit benötigt wird und analog zum »ibidem«-Tracker arbeitet, mit der Änderung, dass Verweise auf der Autor/Herausgeber-Ebene bearbeitet werden. Die möglichen Werte haben dieselbe Bedeutung.	false
loccittracker	true, false, context, strict, constrict Die Angabe kontrolliert den so genannten »loccit«-Tracker, der vom Makro \ifloccit ausgewertet wird. Die Wirkung ist analog zu opcittracker, wobei zusätzlich das Feld postnote berücksichtigt wird. Die möglichen Werte bedeuten: **true** Aktiviert den Tracker im globalen Modus. **false** Deaktiviert den Tracker. **context** Aktiviert den Tracker im Kontext-sensitiven Modus; Verweise im Text und in Fußnoten werden getrennt untersucht. **constrict** Entspricht einer Kombination von context und strict. **strict** Aktiviert den Tracker im strict-Modus, bei dem mehrdeutige Referenzen unterdrückt werden. Zusätzlich wird das postnote-Feld überprüft, ob es numerisch ist (im Sinne von \ifnumerals). In Gleitumgebungen ist dieser Tracker grundsätzlich deaktiviert.	false
parentracker	true, false Angabe, ob Klammerebenen überwacht werden sollen. Die Informationen werden von den folgenden Makros ausgewertet: \parentext, \brackettext, \mkbibparens, \mkbibbrackets, \bibopenparen, \bibcloseparen, \bibopenbracket und \bibclosebracket.	true
maxparens	⟨*Zahl*⟩ Maximale Anzahl verschachtelter Klammerebenen.	3
terseinits	true, false Kontrolle aller durch biblatex generierten Initialen. Standardmäßig wird nach einem Initial ein Punkt eingefügt. Bei aktivierter	false

Fortsetzung...

… Fortsetzung

Name	*Werte/Bedeutung*	*Vorgabe*
	Option `terseinits` wird ein Kurzformat ohne Punkt Leerzeichen für Initiale benutzt. Beispielsweise würde dann die standardmäßige Abkürzung für Donald Ervin Knuth von »D. E.« zu »DE« verändert.	
`firstinits`	`true`, `false` Angabe, ob Vorname und Mittelname abgekürzt werden sollen, wobei eine Abfrage über das Makro `\iffirstinits` abgefragt werden kann.	`false`
`labelalpha`	`true`, `false` Angabe, ob die speziellen Felder `labelalpha` und `extraalpha` zur Verfügung stehen.	`false`
`labelnumber`	`true`, `false` Angabe, ob das spezielle Feld `labelnumber` zur Verfügung steht.	`false`
`labelyear`	`true`, `false` Angabe, ob das spezielle Feld `labelyear` zur Verfügung steht.	`false`
`singletitle`	`true`, `false` Angabe, ob das Makro `\ifsingletitle` eine Ausgabe liefern soll.	`false`
`uniquename`	`true`, `false`, `init` Die Option aktiviert den Zähler `uniquename`. Sie ist dort von Interesse, wo verschiedene Autoren denselben Nachnamen haben, so dass Initiale oder andere Bestandteile des Namens hinzugefügt werden, um eine eindeutige Ausgabe des Namens zu erhalten. Wenn ein Zitierstil bei Verweisen niemals den vollen Namen angibt, dann sollte man der Option `uniquename` den Wert `init` zuweisen und auf keinen Fall `true`; die Option beeinflusst auch die Setzung durch das Makro `\ifsingletitle`.	`false`
`openbib`	– Diese Option ist nur aus Kompatibilitätsgründen zu Standard-LaTeX vorhanden und kann alternativ auch im optionalen Teil der Dokumentenklasse erscheinen. Die Option ist ähnlich zu `block=par`.	

3.2 Konfigurationsdatei

Das Paket lädt eine Konfigurationsdatei `biblatex.cfg`, falls diese existiert. Dies erfolgt unmittelbar nachdem der Verweis- und der Bibliografiestil eingelesen wurden. Mit `biblatex` kommt bereits eine entsprechende Datei, die jedoch keine weiteren Einträge enthält.

```
% $Id: ch03-biblatex.tex 202 2011-01-12 21:00:26Z herbert $
\ProvidesFile{biblatex.cfg}
% Put your definitions here.
\endinput
```

3.3 Die Zitierstile

Ähnlich wie natbib unterstützt biblatex sowohl die numerische Zitierweise, die bei LaTeX der Standard ist, als auch das Autor-Jahr-Schema. Darüber hinaus bietet biblatex auch Stile für Autor-Titel-Verweise, wie sie mit dem jurabib-Paket möglich sind, und für alphanumerische Verweise ähnlich dem Stil alpha. Der gewünschte Stil wird als Paketoption an biblatex übergeben, also beispielsweise style=authoryear. Es lassen sich sogar unterschiedliche Zitierstile für die Literaturverweise und die Bibliografie einstellen. Dafür sind die Optionen citestyle und bibstyle zuständig, die anstelle von style benutzt werden können. Damit deckt biblatex einen Großteil der Zitierstile ab, für die bisher auf verschiedene Pakete zurückgegriffen werden musste. Einige der unterschiedlichen Zitierstile und ihre Ausgabe sind in Tabelle 3.8 angeführt.

Tabelle 3.8: Zusammenfassung der aktuellen Zitierstile von biblatex mit beispielhafter Ausgabe.

Zitierstil	*Verweisform*	*Beispiel*
numeric	[1,3,2,6]	03-03-1 auf Seite 58
numeric-comp	[1–3,6]	03-03-2 auf Seite 58
numeric-verb	[1]; [3]; [2]; [6]	03-03-3 auf Seite 59
alphabetic	[Ang02; GM04; Gee85; Spr50]	03-03-4 auf Seite 59
alphabetic-verb	[Ang02]; [GM04]; [Gee85]; [Spr50]	03-03-5 auf Seite 60
authoryear	Angenendt 2002	03-03-6 auf Seite 60
authoryear-comp	Angenendt 2002	03-03-7 auf Seite 61
authoryear-ibid	Angenendt 2002	03-03-8 auf Seite 61
authoryear-icomp	Angenendt 2002	03-03-9 auf Seite 62
authortitle	Angenendt, »In Honore Salvatoris«	03-03-10 auf Seite 62
authortitle-comp	Angenendt, »In Honore Salvatoris«	03-03-11 auf Seite 63
authortitle-terse	Angenendt, »In Honore Salvatoris«	03-03-12 auf Seite 63
authortitle-tcomp	Angenendt, »In Honore Salvatoris«	03-03-13 auf Seite 64
authortitle-icomp	Angenendt, »In Honore Salvatoris«	03-03-14 auf Seite 64
authortitle-ticomp	Angenendt, »In Honore Salvatoris«	03-03-15 auf Seite 65
authortitle-ibid	Angenendt, »In Honore Salvatoris«	03-03-16 auf Seite 65
verbose	Arnold Angenandt, »In Honore … «	03-03-17 auf Seite 66
verbose-ibid	Arnold Angenandt, »In Honore … «	03-03-18 auf Seite 67
verbose-note	Arnold Angenandt, »In Honore … «	03-03-19 auf Seite 67
verbose-inote	Arnold Angenandt, »In Honore … «	03-03-20 auf Seite 68
verbose-trad1	Arnold Angenandt, »In Honore … «	03-03-21 auf Seite 68
verbose-trad2	Arnold Angenandt, »In Honore … «	03-03-22 auf Seite 69
verbose-trad3	Arnold Angenandt, »In Honore … «	03-03-23 auf Seite 69
reading	Angenendt, »In Honore Salvatoris«	03-03-24 auf Seite 70
draft	angenendt;	03-03-25 auf Seite 70
debug	[cite key=angenendt, …	03-03-26 auf Seite 71

3.3.1 numeric

Dies ist der standardmäßige Zitierstil, der dem Stil `plain` bei Verwendung von BibTeX entspricht. Eine fehlende Angabe oder `style=numeric` sind daher identisch. Die standardmäßig gesetzten Paketoptionen sind `autocite=inline`, `labelnumber=true` und `subentry=false`. Das optionale Argument erlaubt Angaben in der Form `[5b]`, was einem Verweis auf das zweite Element in der Liste entspricht.

```
\usepackage[style=numeric,backend=biber]{biblatex} \bibliography{examples}
```

```
\ldots\ Verweis~\cite{angenendt,companion,geer,springer}
und~\cite{nietzsche:ksa,nietzsche:ksa1} \ldots
\nocite{vazques-de-parga}
\printbibliography
```

03-03-1

… Verweis [1, 3, 2, 6] und [4, 5] …

Literatur

[1] Arnold Angenendt. „In Honore Salvatoris – Vom Sinn und Unsinn der Patrozinienkunde“. In: *Revue d'Histoire Ecclésiastique* 97 (2002), S. 431–456, 791–823.

[2] Ingrid de Geer. „Earl, Saint, Bishop, Skald – and Music. The Orkney Earldom of the Twelfth Century. A Musicological Study“. Diss. Uppsala: Uppsala Universitet, 1985.

[3] Michel Goossens, Frank Mittelbach und Alexander Samarin. *The LaTeX Companion*. 1. Aufl. Reading, Mass.: Addison-Wesley, 1994. 528 S.

[4] Friedrich Nietzsche. *Sämtliche Werke. Kritische Studienausgabe*. Hrsg. von Giorgio Colli und Mazzino Montinari. 2. Aufl. 15 Bde. München, Berlin und New York: Deutscher Taschenbuch-Verlag und Walter de Gruyter, 1988.

[5] Friedrich Nietzsche. *Sämtliche Werke. Kritische Studienausgabe*. Bd. 1: *Die Geburt der Tragödie. Unzeitgemäße Betrachtungen I–IV. Nachgelassene Schriften 1870–1973*. Hrsg. von Giorgio Colli und Mazzino Montinari. 2. Aufl. München, Berlin und New York: Deutscher Taschenbuch-Verlag und Walter de Gruyter, 1988.

[6] Otto Springer. „Mediaeval Pilgrim Routes from Scandinavia to Ro-

3.3.2 numeric-comp

Dieser Stil ist eine kompakte Variante und hat lediglich eine Auswirkung auf die Sortierung; die Nummern der Verweise werden sortiert und gegebenenfalls zu von–bis-Bereichen zusammengefasst. Beispielsweise wird ein Verweis der Form `[1,3,2,6]` zu `[1-3,6]` zusammengefasst.

```
\usepackage[style=numeric-comp,backend=biber]{biblatex}
\bibliography{examples}
```

```
\ldots\ Verweis~\cite{angenendt,companion,geer,springer} und~\cite{nietzsche:ksa,%
nietzsche:ksa1} \ldots \nocite{vazques-de-parga}  \newpage\printbibliography
```

03-03-2 … Verweis [1–3, 6] und [4, 5] …

3.3.3 numeric-verb

Für `numeric-verb` ist die Bibliografieausgabe wieder identisch zum Standardstil `numeric`, jedoch wird jede Verweisangabe als eigenständiges Objekt behandelt, so dass jeweils nur eine Verweisnummer in Klammern gesetzt wird; eine kommaseparierte Auflistung oder Zusammenfassung gibt es nicht.

```
\usepackage[style=numeric-verb,backend=biber]{biblatex} \bibliography{examples}
```

```
\ldots\ Verweis~\cite{angenendt,companion,geer,springer} und~\cite{nietzsche:ksa,%
nietzsche:ksa1} \ldots \nocite{vazques-de-parga}  \newpage\printbibliography
```

03-03-3 … Verweis [1], [3], [2], [6] und [4], [5] …

3.3.4 alphabetic

Der Stil entspricht dem standardmäßigen `alpha` Stil bei der Verwendung von BibTeX. Die Verweise werden ähnlich zu der numerischen Zitierweise in Klammern gesetzt. Der Stil setzt automatisch die Paketoptionen `autocite=inline` und `labelalpha=true`.

```
\usepackage[style=alphabetic,backend=biber]{biblatex} \bibliography{examples}
```

```
Verweis~\cite{angenendt,companion,geer,springer}
und~\cite{nietzsche:ksa,nietzsche:ksa1} \ldots\ \nocite{vazques-de-parga}
\printbibliography
```

03-03-4

Verweis [Ang02; GMS94; Gee85; Spr50] und [Nie Nie88b] …

Literatur

[Ang02] Arnold Angenendt. „In Honore Salvatoris – Vom Sinn und Unsinn der Patrozinienkunde“. In: *Revue d'Histoire Ecclésiastique* 97 (2002), S. 431–456, 791–823.

[Gee85] Ingrid de Geer. „Earl, Saint, Bishop, Skald – and Music. The Orkney Earldom of the Twelfth Century. A Musicological Study“. Diss. Uppsala: Uppsala Universitet, 1985.

[GMS94] Michel Goossens, Frank Mittelbach und Alexander Samarin. *The LaTeX Companion*. 1. Aufl. Reading, Mass.: Addison-Wesley, 1994. 528 S.

[Nie88a] Friedrich Nietzsche. *Sämtliche Werke. Kritische Studienausgabe.* Hrsg. von Giorgio Colli und Mazzino Montinari. 2. Aufl. 15 Bde. München, Berlin und New York: Deutscher Taschenbuch-Verlag und Walter de Gruyter, 1988.

[Nie88b] Friedrich Nietzsche. *Sämtliche Werke. Kritische Studienausgabe.* Bd. 1: *Die Geburt der Tragödie. Unzeitgemäße Betrachtungen I–IV. Nachgelassene Schriften 1870–1973.* Hrsg. von Giorgio Colli und Mazzino Montinari. 2. Aufl. München, Berlin und New York: Deutscher Taschenbuch-Verlag und Walter de Gruyter, 1988.

[Spr50] Otto Springer. „Mediaeval Pilgrim Routes from Scandinavia to Rome“. In: *Mediaeval Studies* 12 (1950), S. 92–122.

[VLU93] Luis Vázques de Parga, José María Lacarra und Juan Uría Ríu. *Las Peregrinaciones a Santiago de Compostela.* 3 Bde. Ed. facs. de la realizada en 1948–49. Pamplona: Iberdrola, 1993.

3.3.5 alphabetic-verb

Jeder Literaturverweis wird als eigenständig betrachtet und entsprechend jeweils in Klammern ausgegeben. Eine Zusammenfassung als Liste erfolgt nicht. Die Bibliografie selbst ist identisch zum Stil `alphabetic`.

```
\usepackage[style=alphabetic-verb,backend=biber]{biblatex}
\bibliography{examples}
```

```
\ldots\ Verweis~\cite{angenendt,companion,geer,springer} und~\cite{nietzsche:ksa,%
nietzsche:ksa1} \ldots \nocite{vazques-de-parga}  \newpage\printbibliography
```

… Verweis [Ang02]; [GMS94]; [Gee85]; [Spr50] und [Nie88a]; [Nie88b] …

03-03-5

3.3.6 authoryear

Die Autor-Jahr-Zitierweise ist der Standard in vielen Bibliografiestilen und entsprechend weit verbreitet. Es werden standardmäßig die folgenden Paketoptionen `autocite=inline`, `labelyear=true` und `uniquename=true` geladen. Der Stil kann auch für Fußnotenzitate genutzt werden. Veröffentlichungen von gleichen Autoren in einem Jahr werden automatisch durch Anhängen eines Buchstabens an das Jahr unterschieden, beispielsweise »Voß 2010a; Voß 2010b«.

```
\usepackage[style=authoryear,backend=biber]{biblatex}  \bibliography{examples}
```

```
Verweis~\cite{angenendt,companion,geer,springer}
und~\cite{nietzsche:ksa,nietzsche:ksa1} \ldots \nocite{vazques-de-parga}
Verweise~\cite{voss:tabellen,voss:referenz} und nicht
zusammengefasst~\cite{voss:tabellen}\cite{voss:referenz}

Verweise~\footcite{voss:tabellen,voss:referenz}
und nicht zusammengefasste Verweise.\footcite{voss:tabellen}\footcite{voss:referenz}
\printbibliography
```

03-03-6

Verweis Angenendt 2002; Goossens, Mittelbach und Samarin 1994; Geer 1985; Springer 1950 und Nietzsche 1988a; Nietzsche 1988b … Verweise Voß 2010b; Voß 2010a und nicht zusammengefasst Voß 2010bVoß 2010a

Verweise[1] und nicht zusammengefasste Verweise.[2][3]

Literatur

Angenendt, Arnold (2002). „In Honore Salvatoris – Vom Sinn und Unsinn der Patrozinienkunde“. In: *Revue d'Histoire Ecclésiastique* 97, S. 431–456, 791–823.

[1] Voß 2010b; Voß 2010a.
[2] Voß 2010b.
[3] Voß 2010a.

Geer, Ingrid de (1985). „Earl, Saint, Bishop, Skald – and Music. The Orkney Earldom of the Twelfth Century. A Musicological Study“. Diss. Uppsala: Uppsala Universitet.

Goossens, Michel, Frank Mittelbach und Alexander Samarin (1994). *The LaTeX Companion*. 1. Aufl. Reading, Mass.: Addison-Wesley. 528 S.

Nietzsche, Friedrich (1988a). *Sämtliche Werke. Kritische Studienausgabe*. Hrsg. von Giorgio Colli und Mazzino Montinari. 2. Aufl. 15 Bde. München, Berlin und New York: Deutscher Taschenbuch-Verlag und Walter de Gruyter.

— (1988b). *Sämtliche Werke. Kritische Studienausgabe*. Bd. 1: *Die Geburt der Tragödie. Unzeitgemäße Betrachtungen I–IV. Nachgelassene Schriften 1870–1973*. Hrsg. von Giorgio Colli und Mazzino Montinari. 2. Aufl. München, Berlin und New York: Deutscher Taschenbuch-Verlag und Walter de Gruyter.

Springer, Otto (1950). „Mediaeval Pilgrim Routes from Scandinavia to Rome“. In: *Mediaeval Studies* 12, S. 92–122.

Vázques de Parga, Luis, José María Lacarra und Juan Uría Ríu (1993). *Las Peregrinaciones a Santiago de Compostela*. 3 Bde. Ed. facs. de la realizada en 1948–49. Pamplona: Iberdrola.

Voß, Herbert (2010a). *Die LaTeX Referenz*. 2. Heidelberg/Berlin: DANTE – Lob.media.

— (2010b). *Tabellen mit LaTeX*. 2. Heidelberg/Berlin: DANTE – Lob.media.

3.3.7 authoryear-comp

Eine kompakte Variante des Stils authoryear, wobei Wiederholungen von gleichen Autoren entfallen. Statt »Voß 2010a; Voß 2010b« wird »Voß 2010a,b« ausgegeben. Es werden standardmäßig die folgenden Paketoptionen autocite=inline, sortcities=true, labelyear=true und uniquename=true geladen. Die Ausgabe der Literaturliste ist identisch zu der vom Stil authoryear.

03-03-7

Verweise Angenendt 2002; Geer 1985; Goossens, Mittelbach und Samarin 1994; Springer 1950 und Nietzsche 1988a,b ... Verweise Voß 2010a,b und nicht zusammengefasste Voß 2010b und Voß 2010a. Fußnotenverweise[1] und einzelne Fußnotenverweise.[2][3]

[1] Voß 2010a,b.
[2] Voß 2010b.
[3] Voß 2010a.

```
\usepackage[style=authoryear-comp,
            backend=biber]{biblatex}
\bibliography{examples}

Verweise~\cite{angenendt,companion,%
geer,springer} und~\cite{nietzsche:ksa,%
nietzsche:ksa1} \ldots
\nocite{vazques-de-parga} Verweise~%
\cite{voss:tabellen,voss:referenz}
und nicht zusammengefasste~\cite%
{voss:tabellen} und \cite{voss:referenz}.
Fußnotenverweise~\footcite{%
voss:tabellen,voss:referenz} und
einzelne Fußnotenverweise.\footcite{%
voss:tabellen} \footcite{voss:referenz}
```

3.3.8 authoryear-ibid

Dies ist eine Variante des Stils authoryear, der wiederholte Verweise durch die Abkürzung ibidem, beziehungsweise der sprachspezifischen Variante, ersetzt. Ist es der erste Verweis auf der aktuellen Seite oder Doppelseite oder entsteht ein eventuell nicht eindeutiger Verweis, so wird automatisch die Langform gewählt. Der Stil setzt die folgenden Optionen: autocite=inline, labelyear=true, uniquename=true, ibidtracker=constrict und pagetracker=true. Dieser Stil bietet auch eine zusätzliche Präambeloption namens ibidpage, die standardmäßig auf false gesetzt wird.

03-03-8

Verweis Averroes 1982 und wieder ebd. und jetzt ein Verweis Voß 2010 und noch mal ebd.
Fußnote[1], wiederholt[2]

[1] Aristotle 1877.
[2] Ebd.

```
\usepackage[style=authoryear-ibid,
            backend=biber]{biblatex}
\bibliography{examples}

Verweis~\cite{averroes/bland} und wieder~%
\cite{averroes/bland} und jetzt ein Verweis~%
\cite{voss:referenz} und noch mal~%
\cite{voss:referenz}.

Fußnote\footcite{aristotle:rhetoric},
wiederholt\footcite{aristotle:rhetoric}
```

3.3.9 authoryear-icomp

Eine Kombination aus den Stilen authoryear-comp und authoryear-ibid. Es werden standardmäßig die folgenden Paketoptionen gesetzt: autocite=inline, ibidtracker=constrict, sortcities=true, labelyear=true und uniquename=true.

Verweis Averroes 1982 und wieder ebd. und jetzt ein Verweis Voß 2010a und noch mal Voß 2010a,b.
Fußnote[1], wiederholt[2]

[1] Aristotle 1877.
[2] Ebd.

03-03-9

```
\usepackage[style=authoryear-icomp,
            backend=biber]{biblatex}
\bibliography{examples}

Verweis~\cite{averroes/bland} und wieder~%
\cite{averroes/bland} und jetzt ein Verweis~%
\cite{voss:referenz} und noch mal~%
\cite{voss:referenz,voss:tabellen}.

Fußnote\footcite{aristotle:rhetoric},
wiederholt\footcite{aristotle:rhetoric}
```

3.3.10 authortitle

Die Autor-Titel-Zitierweise gibt im Verweis statt der Jahreszahl den Titel an. In der Bibliografie wird die Jahreszahl an das Ende eines Eintrages gesetzt. Der Stil aktiviert die Option autocite=footnote.

```
\usepackage[style=authortitle,backend=biber]{biblatex} \bibliography{examples}

Verweis~\cite{angenendt,geer,springer} und~\cite{nietzsche:ksa,nietzsche:ksa1} \ldots
\nocite{vazques-de-parga} Verweise~\cite{voss:tabellen,voss:referenz,voss:pstricks}
und nicht zusammengefasst~\cite{voss:tabellen}, \cite{voss:referenz}
Verweise~\footcite{voss:tabellen,voss:referenz,voss:pstricks}
und nicht zusammengefasste Verweise.\footcite{voss:tabellen}\footcite{voss:referenz}
\printbibliography
```

03-03-10

Verweis Angenendt, „In Honore Salvatoris“; Geer, „Earl, Saint, Bishop, Skald – and Music“; Springer, „Mediaeval Pilgrim Routes“ und Nietzsche, *Sämtliche Werke*; Nietzsche, *Sämtliche Werke I* … Verweise Voß, *Tabellen*; Voß, *Referenz*; Voß, *PSTricks* und nicht zusammengefasst Voß, *Tabellen*, Voß, *Referenz* Verweise[1] und nicht zusammengefasste Verweise.[2][3]

Literatur

Angenendt, Arnold. „In Honore Salvatoris – Vom Sinn und Unsinn der Patrozinienkunde“. In: *Revue d'Histoire Ecclésiastique* 97 (2002), S. 431–456, 791–823.

[1] Voß, *Tabellen*; Voß, *Referenz*; Voß, *PSTricks*.
[2] Voß, *Tabellen*.
[3] Voß, *Referenz*.

Geer, Ingrid de. „Earl, Saint, Bishop, Skald – and Music. The Orkney Earldom of the Twelfth Century. A Musicological Study“. Diss. Uppsala: Uppsala Universitet, 1985.

Nietzsche, Friedrich. *Sämtliche Werke. Kritische Studienausgabe.* Hrsg. von Giorgio Colli und Mazzino Montinari. 2. Aufl. 15 Bde. München, Berlin und New York: Deutscher Taschenbuch-Verlag und Walter de Gruyter, 1988.

— *Sämtliche Werke. Kritische Studienausgabe.* Bd. 1: *Die Geburt der Tragödie. Unzeitgemäße Betrachtungen I–IV. Nachgelassene Schriften 1870–1973.* Hrsg. von Giorgio Colli und Mazzino Montinari. 2. Aufl. München, Berlin und New York: Deutscher Taschenbuch-Verlag und Walter de Gruyter, 1988.

Springer, Otto. „Mediaeval Pilgrim Routes from Scandinavia to Rome“. In: *Mediaeval Studies* 12 (1950), S. 92–122.

Vázques de Parga, Luis, José María Lacarra und Juan Uría Ríu. *Las Peregrinaciones a Santiago de Compostela.* 3 Bde. Ed. facs. de la realizada en 1948–49. Pamplona: Iberdrola, 1993.

Voß, Herbert. *Die LaTeX Referenz.* 2. Heidelberg/Berlin: DANTE – Lob.media, 2010.

— *PSTricks – Grafik für TeX und LaTeX.* 6. Aufl. Heidelberg/Berlin: DANTE – Lob.media, 2010.

— *Tabellen mit LaTeX.* 2. Heidelberg/Berlin: DANTE – Lob.media, 2010.

3.3.11 authortitle-comp

Für das Kurztitelschema, das vornehmlich zur Verwendung in Fußnoten gedacht ist, stellt biblatex nicht nur einen, sondern insgesamt sechs Zitierstile zur Verfügung. Den Kurztitel holt sich biblatex aus dem Eintrag im shorttitle-Feld der BibTeX-Datenbank, sofern dieser existiert. Gibt es keinen shorttitle-Eintrag, wird der gesamte Titel als Kurztitel genutzt. In der kompakten Variante (authortitle-comp) wird der Autor nur einmal ausgegeben, sofern zwei Werke desselben Autors in einem Literaturverweis erscheinen.

03-03-11

Verweis Angenendt, "In Honore Salvatoris"; Geer, "Earl, Saint, Bishop, Skald – and Music"; Springer, "Mediaeval Pilgrim Routes" und Nietzsche, *Sämtliche Werke*, *Sämtliche Werke I* ... Verweise Voß, *Referenz*, *PSTricks*, *Tabellen* und nicht zusammengefasst Voß, *Tabellen*, Voß, *Referenz* Verweise[1] und nicht zusammengefasste Verweise.[2][3]

[1] Voß, *Referenz*, *PSTricks*, *Tabellen*.
[2] Voß, *Tabellen*.
[3] Voß, *Referenz*.

```
\usepackage[style=authortitle-comp,
            backend=biber]{biblatex}
\bibliography{examples}

Verweis~\cite{angenendt,geer,%
springer} und~\cite{nietzsche:ksa,%
nietzsche:ksa1} \ldots
\nocite{vazques-de-parga}
Verweise~\cite{voss:tabellen,%
 voss:referenz,voss:pstricks}
und nicht zusammengefasst~%
\cite{voss:tabellen},
\cite{voss:referenz}

Verweise~\footcite{voss:tabellen,%
voss:referenz,voss:pstricks}
und nicht zusammengefasste Verweise.%
\footcite{voss:tabellen}%
\footcite{voss:referenz}
```

3.3.12 authortitle-terse

Daneben gibt es zwei Varianten, die den Kurztitel nur ausgeben, sofern ein Autor mit mindestens zwei Werken vertreten ist. Daher wird in folgendem Beispiel nur für Nietzsche ein Kurztitel ausgegeben; dieser Autor wird zweimal zitiert.

03-03-12

Verweis[1] und[2] ... Verweise[3]

[1] Angenendt; Goossens, Mittelbach, and Samarin; Geer; Springer.
[2] Nietzsche, *Sämtliche Werke*; Nietzsche, *Sämtliche Werke I*.
[3] Voß.

```
\usepackage[style=authortitle-terse,
            backend=biber]{biblatex}
\bibliography{examples}

Verweis~\footcite{angenendt,companion,
geer,springer}
und~\footcite{nietzsche:ksa,%
nietzsche:ksa1} \ldots
Verweise~\footcite{voss:pstricks}
```

3.3.13 authortitle-tcomp

Dieser Stil sortiert die Zitate in den Fußnoten und fasst gleiche Autoren zusammen, ohne den Namen zu wiederholen. Der Stil setzt die Optionen autocite=footnote und sortcites=true.

Verweis[1] und[2] ... Verweise[3]

[1] Angenendt; Geer; Goossens, Mittelbach, and Samarin; Springer.

[2] Nietzsche, *Sämtliche Werke*, *Sämtliche Werke I*.

[3] Voß, *PSTricks*, *Tabellen*.

```
\usepackage[style=authortitle-tcomp,
            backend=biber]{biblatex}
\bibliography{examples}

Verweis\footcite{angenendt,companion,
geer,springer}
und\footcite{nietzsche:ksa,%
nietzsche:ksa1} \ldots
Verweise\footcite{voss:pstricks,%
voss:tabellen}
```

03-03-13

3.3.14 authortitle-icomp

Der Stil ist identisch zu authortitle-comp, aufeinander folgende Verweise werden durch »ibid.«, beziehungsweise dem sprachenabhängigen Kürzel ersetzt. Dies gilt jedoch nicht, falls das Zitat das erste auf einer Seite oder Doppelseite ist. Abhängig ist dies von der Option pagetracker, die die Werte false, page (einzelne Seite), spread (Doppelseite) oder true (automatische Erkennung von ein- oder zweiseitigem Layout) annehmen kann.

Verweis[1] und[2] ... Verweise[3] und[4] und[5]

[1] Angenendt, „In Honore Salvatoris“; Geer, „Earl, Saint, Bishop, Skald – and Music“; Goossens, Mittelbach und Samarin, *LaTeX Companion*; Springer, „Mediaeval Pilgrim Routes“.

[2] Nietzsche, *Sämtliche Werke*, *Sämtliche Werke I*.

[3] Voß, *PSTricks*.

[4] Ebd.

[5] Goossens, Mittelbach und Samarin, *LaTeX Companion*.

```
\usepackage[style=authortitle-icomp,
            backend=biber]{biblatex}
\bibliography{examples}

Verweis\footcite{angenendt,companion,
geer,springer}
und\footcite{nietzsche:ksa,%
nietzsche:ksa1} \ldots
Verweise\footcite{voss:pstricks}
und \footcite{voss:pstricks}
und\footcite{companion}
```

03-03-14

3.3.15 authortitle-ticomp

Der Stil kombiniert die Eigenschaften der Stile authortitle-icomp und authortitle-terse, ist also eine Variante von authortitle-tcomp mit der *ibidem*-Eigenschaft. Er kann sowohl im normalen Text als auch in Fußnoten angewendet werden. Er setzt die Paketoptionen autocite=inline, ibidtracker=constrict, pagetracker=true, sortcites=true, singletitle=true, uniquename=true. Der Stil unterstützt eine zusätzliche Präambeloption ibidpage.

03-03-15

Verweis[1] und[2] … Verweise[3] und[4] und[5]

[1] Angenendt; Geer; Goossens, Mittelbach und Samarin; Springer.

[2] Nietzsche, *Sämtliche Werke*, *Sämtliche Werke I*.

[3] Voß.

[4] Ebd.

[5] Goossens, Mittelbach und Samarin.

```
\usepackage[style=authortitle-ticomp,
            ibidpage,
            backend=biber]{biblatex}
\bibliography{examples}

Verweis\footcite{angenendt,companion,
geer,springer}
und\footcite{nietzsche:ksa,%
nietzsche:ksa1} \ldots
Verweise\footcite{voss:pstricks}
und \footcite{voss:pstricks}
und\footcite{companion}
```

3.3.16 authortitle-ibid

Im Gegensatz zum Stil authortitle-icomp werden die Zitate in den Fußnoten nicht sortiert. Das Ersetzen von Folgeverweisen wird wieder durch »ibid.« ersetzt, beziehungsweise dem sprachabhängigen Äquivalent.

03-03-16

Verweis[1] und[2] … Verweise[3] und[4] und[5]

[1] Angenendt, „In Honore Salvatoris“; Goossens, Mittelbach und Samarin, *LaTeX Companion*, Geer, „Earl, Saint, Bishop, Skald – and Music“; Springer, „Mediaeval Pilgrim Routes“.

[2] Nietzsche, *Sämtliche Werke*; Nietzsche, *Sämtliche Werke I*.

[3] Voß, *PSTricks*.

[4] Ebd.

[5] Goossens, Mittelbach und Samarin, *LaTeX Companion*.

```
\usepackage[style=authortitle-ibid,
            backend=biber]{biblatex}
\bibliography{examples}

Verweis\footcite{angenendt,companion,
geer,springer}
und\footcite{nietzsche:ksa,%
nietzsche:ksa1} \ldots
Verweise\footcite{voss:pstricks}
und \footcite{voss:pstricks}
und\footcite{companion}
```

3.3.17 verbose

Neben den oben angegebenen authortitle-Varianten gibt es auch ausführlichere Zitierstile des Kurztitelschemas, die so genannten verbose-Stile. verbose liefert beim ersten Verweis eine vollständige Literaturangabe und erst bei Folgezitaten die Ausgabe des Autors und des Kurztitels. Wenn das Feld shorthand definiert ist, wird die Kurzform im ersten Verweis zusätzlich ausgegeben und danach ausschließlich als Verweis-Kurzform benutzt. Dieser Stil kann insbesondere dann verwendet werden, wenn keine Liste von Referenzen und Abkürzungen ausgegeben wird, da alle bibliographischen Daten bereits beim ersten Verweis als Fußnote ausgegeben werden. Der Stil setzt die Optionen autocite=footnote, citetracker=context.

Aristoteles[1], Nietzsche[2] und Nietzsche[3] and Aristoteles.[4] …

[1] Aristotle. *The Rhetoric of Aristotle with a commentary by the late Edward Meredith Cope*. Hrsg. und komm. von Edward Meredith Cope. 3 Bde. Cambridge University Press, 1877.
[2] Friedrich Nietzsche. *Sämtliche Werke. Kritische Studienausgabe*. Hrsg. von Giorgio Colli und Mazzino Montinari. 2. Aufl. 15 Bde. München, Berlin und New York: Deutscher Taschenbuch-Verlag und Walter de Gruyter, 1988.
[3] Nietzsche, *Sämtliche Werke*.
[4] Aristotle, *Rhetoric*.

```
\usepackage[style=verbose,
            backend=biber]{biblatex}
\bibliography{examples}

Aristoteles~\footcite{aristotle:rhetoric},
Nietzsche~\footcite{nietzsche:ksa} und
Nietzsche~\footcite{nietzsche:ksa}
and Aristoteles.%
~\footcite{aristotle:rhetoric}
\ldots
```

03-03-17

In obigem Beispiel sieht man, dass beim ersten Verweis jeweils ein Vollzitat und beim folgenden zweiten und dann auch weiteren Verweis ein Kurzzitat als Fußnote ausgegeben wird. Eine gesonderte Ausgabe der Bibliografie am Ende des Dokumentes erübrigt sich daher in vielen Fällen.

3.3.18 verbose-ibid

Dieser Stil ist identisch zu verbose mit dem einzigen Unterschied, dass direkt aufeinanderfolgende gleiche Verweise beim zweiten und weiteren Auftreten durch ibid., beziehungsweise die sprachspezifische Variante, ausgegeben werden. Das erste Zitat auf einer Seite oder Doppelseite (je nach Vorgabe) wird grundsätzlich als Vollversion ausgegeben. Ergibt sich durch einen aktivierten Tracker ibidtracker=strict eine Zweideutigkeit, so wird wieder eine normale Kurzversion oder im Zweifel eine Vollversion des Eintrags ausgegeben. Der Stil setzt die Optionen autocite=footnote, citetracker=context, ibidtracker=constrict und pagetracker=true. Dieser Stil bietet auch eine zusätzliche Präambeloption ibidpage, die standardmäßig auf false gesetzt ist.

03-03-18

Aristoteles[1], Aristoteles[2], Nietzsche[3] und Nietzsche[4] and Aristoteles.[5] ...

[1] Aristotle. *The Rhetoric of Aristotle with a commentary by the late Edward Meredith Cope*. Hrsg. und komm. von Edward Meredith Cope. 3 Bde. Cambridge University Press, 1877.

[2] Ebd.

[3] Friedrich Nietzsche. *Sämtliche Werke. Kritische Studienausgabe*. Hrsg. von Giorgio Colli und Mazzino Montinari. 2. Aufl. 15 Bde. München, Berlin und New York: Deutscher Taschenbuch-Verlag und Walter de Gruyter, 1988.

[4] Ebd.

[5] Aristotle, *Rhetoric*.

```
\usepackage[style=verbose-ibid,
            backend=biber]{biblatex}
\bibliography{examples}

Aristoteles~\footcite{aristotle:rhetoric},
Aristoteles~\footcite{aristotle:rhetoric},
Nietzsche~\footcite{nietzsche:ksa} und
Nietzsche~\footcite{nietzsche:ksa}
and Aristoteles.%
~\footcite{aristotle:rhetoric}
\ldots
```

3.3.19 verbose-note

Dieser Stil ist identisch zu verbose mit dem einzigen Unterschied, dass Kurzformen als Verweis auf die Fußnote mit dem Vollzitat erfolgen. Wenn die Bibliografie mehr als nur eine Arbeit von dem jeweiligen Autor oder Herausgeber enthält, wird der Fußnotenverweis auch den Titel enthalten. Existiert in dem Bibliografieeintrag eine Kurztitelangabe, so wird diese verwendet. Der Stil setzt die Optionen `autocite=footnote`, `citetracker=context`, `singletitle=true`. Dieser Stil bietet auch eine zusätzliche Präambeloption `pageref`, welcher zusätzlich zum Verweis in der Fußnote auch einen Hinweis auf die Seite enthält, wo sich das Vollzitat befindet. Diese Option ist standardmäßig auf `false` gesetzt.

03-03-19

Aristoteles[1], Aristoteles[2], Nietzsche[3] und Nietzsche[4] and Aristoteles.[5] ...

[1] Aristotle. *The Rhetoric of Aristotle with a commentary by the late Edward Meredith Cope*. Hrsg. und komm. von Edward Meredith Cope. 3 Bde. Cambridge University Press, 1877.

[2] Aristotle, s. Anm. 1.

[3] Friedrich Nietzsche. *Sämtliche Werke. Kritische Studienausgabe*. Hrsg. von Giorgio Colli und Mazzino Montinari. 2. Aufl. 15 Bde. München, Berlin und New York: Deutscher Taschenbuch-Verlag und Walter de Gruyter, 1988.

[4] Nietzsche, s. Anm. 3.

[5] Aristotle, s. Anm. 1.

```
\usepackage[style=verbose-note,
            backend=biber]{biblatex}
\bibliography{examples}

Aristoteles~\footcite{aristotle:rhetoric},
Aristoteles~\footcite{aristotle:rhetoric},
Nietzsche~\footcite{nietzsche:ksa} und
Nietzsche~\footcite{nietzsche:ksa}
and Aristoteles.%
~\footcite{aristotle:rhetoric}
\ldots
```

3.3.20 verbose-inote

Eine Variante der verbose-Stils, der wiederholte Verweise durch die Abkürzung ibidem ersetzt, beziehungsweise Ebd. für die deutsche Sprache. Dem jeweiligen ersten Verweis auf einer Seite oder Doppelseite wird ein Vollzitat zugeordnet. Dies gilt auch dann, wenn der so genannte ibidtracker eine zweideutige Angabe feststellt. Dieser Stil ist ausschließlich für Zitate in Fußnoten bestimmt. Der Stil setzt die Optionen autocite=footnote, citetracker=context, ibidtracker=constrict, pagetracker=true und singletitle=true. Dieser Stil bietet auch zusätzliche Präambeloptionen pageref und ibidpage, welche standardmäßig auf false gesetzt sind.

Aristoteles[1], Aristoteles[2], Nietzsche[3] und Nietzsche[4] and Aristoteles.[5] ...

[1] Aristotle. *The Rhetoric of Aristotle with a commentary by the late Edward Meredith Cope.* Hrsg. und komm. von Edward Meredith Cope. 3 Bde. Cambridge University Press, 1877.

[2] Ebd.

[3] Friedrich Nietzsche. *Sämtliche Werke. Kritische Studienausgabe.* Hrsg. von Giorgio Colli und Mazzino Montinari. 2. Aufl. 15 Bde. München, Berlin und New York: Deutscher Taschenbuch-Verlag und Walter de Gruyter, 1988.

[4] Ebd.

[5] Aristotle, s. Anm. 1.

```
\usepackage[style=verbose-inote,
            backend=biber]{biblatex}
\bibliography{examples}

Aristoteles~\footcite{aristotle:rhetoric},
Aristoteles~\footcite{aristotle:rhetoric},
Nietzsche~\footcite{nietzsche:ksa} und
Nietzsche~\footcite{nietzsche:ksa}
and Aristoteles.%
~\footcite{aristotle:rhetoric}
\ldots
```

03-03-20

3.3.21 verbose-trad1

Die »traditionellen« Stile verbose-trad1, verbose-trad2 und verbose-trad3 gehören ebenfalls zu den ausführlichen Stilen und produzieren beim ersten Verweis Vollzitate, für die Folgeverweise kommen dann Abkürzungen zum Einsatz, beispielsweise für die deutsche Sprache Ebd und a.a.O.

Aristoteles[1], Aristoteles[2], Nietzsche[3] und Nietzsche[4] and Aristoteles.[5] ...

[1] Aristotle. *The Rhetoric of Aristotle with a commentary by the late Edward Meredith Cope.* Hrsg. und komm. von Edward Meredith Cope. 3 Bde. Cambridge University Press, 1877.

[2] Ebd.

[3] Friedrich Nietzsche. *Sämtliche Werke. Kritische Studienausgabe.* Hrsg. von Giorgio Colli und Mazzino Montinari. 2. Aufl. 15 Bde. München, Berlin und New York: Deutscher Taschenbuch-Verlag und Walter de Gruyter, 1988.

[4] Ebd.

[5] Aristotle, a. a. O.

```
\usepackage[style=verbose-trad1,
            backend=biber]{biblatex}
\bibliography{examples}

Aristoteles~\footcite{aristotle:rhetoric},
Aristoteles~\footcite{aristotle:rhetoric},
Nietzsche~\footcite{nietzsche:ksa} und
Nietzsche~\footcite{nietzsche:ksa}
and Aristoteles.%
~\footcite{aristotle:rhetoric}
\ldots
```

03-03-21

3.3.22 verbose-trad2

Ein weiterer traditioneller Bibliografiestil, der ähnlich zum Stil verbose ist, aber Abkürzungen wie *ibidem* und *idem* in wiederholten Zitaten verwendet, beziehungsweise die Entsprechungen in anderen Sprachen. Es werden standardmäßig die Paketoptionen autocite=footnote, citetracker=context, ibidtracker=constrict, idemtracker=constrict, singletitle=true gesetzt. Zusätzlich stehen die beiden Optionen ibidpage und strict zur Verfügung, die nur in der Präambel des Dokuments verwendet werden können. Im Gegensatz zum Stil verbose-trad1 wird bei einem Kurzzitat noch ein eventuell vorhandener Kurztitel ausgegeben.

03-03-22

Aristoteles[1], Aristoteles[2], Nietzsche[3] und Nietzsche[4] and Aristoteles.[5] …

[1] Aristotle. *The Rhetoric of Aristotle with a commentary by the late Edward Meredith Cope*. Hrsg. und komm. von Edward Meredith Cope. 3 Bde. Cambridge University Press, 1877.

[2] Ebd.

[3] Friedrich Nietzsche. *Sämtliche Werke. Kritische Studienausgabe*. Hrsg. von Giorgio Colli und Mazzino Montinari. 2. Aufl. 15 Bde. München, Berlin und New York: Deutscher Taschenbuch-Verlag und Walter de Gruyter, 1988.

[4] Ebd.

[5] Aristotle, *Rhetoric*, a. a. O.

```
\usepackage[style=verbose-trad2,
            backend=biber]{biblatex}
\bibliography{examples}

Aristoteles~\footcite{aristotle:rhetoric},
Aristoteles~\footcite{aristotle:rhetoric},
Nietzsche~\footcite{nietzsche:ksa} und
Nietzsche~\footcite{nietzsche:ksa}
and Aristoteles.%
~\footcite{aristotle:rhetoric}
\ldots
```

3.3.23 verbose-trad3

Der Bibliografiestil ist ähnlich zu verbose-trad2, benutzt aber die Abkürzungen *ibidem* und *op. cit.* in etwas anderer Weise. Es werden standardmäßig die Paketoptionen autocite=footnote, citetracker=context, ibidtracker=constrict und loccittracker=constrict geladen. Zusätzlich stehen die beiden Optionen strict und citepages zur Verfügung, die nur in der Präambel des Dokuments verwendet werden können.

03-03-23

Aristoteles[1], Aristoteles[2], Nietzsche[3] und Nietzsche[4] and Aristoteles.[5] …

[1] Aristotle. *The Rhetoric of Aristotle with a commentary by the late Edward Meredith Cope*. Hrsg. und komm. von Edward Meredith Cope. 3 Bde. Cambridge University Press, 1877.

[2] Aristotle, a. a. O.

[3] Friedrich Nietzsche. *Sämtliche Werke. Kritische Studienausgabe*. Hrsg. von Giorgio Colli und Mazzino Montinari. 2. Aufl. 15 Bde. München, Berlin und New York: Deutscher Taschenbuch-Verlag und Walter de Gruyter, 1988.

[4] Nietzsche, a. a. O.

[5] Aristotle, *Rhetoric*.

```
\usepackage[style=verbose-trad3,
            backend=biber]{biblatex}
\bibliography{examples}

Aristoteles~\footcite{aristotle:rhetoric},
Aristoteles~\footcite{aristotle:rhetoric},
Nietzsche~\footcite{nietzsche:ksa} und
Nietzsche~\footcite{nietzsche:ksa}
and Aristoteles.%
~\footcite{aristotle:rhetoric}
\ldots
```

3.3.24 reading

Mit reading wird in der Bibliografie jeweils eine Überschrift für einen neuen Autor ausgegeben. Die Verweise folgen der *Autor-Titel*-Methode.

```
\usepackage[style=reading,backend=biber]{biblatex}
\bibliography{examples}

Aristoteles\footcite{averroes/bland}\cite{aristotle:physics}
\footcite{aristotle:rhetoric}\cite[21]{averroes/bland}\footcite{aristotle:physics}
\cite[23]{aristotle:rhetoric}\footcite[23]{aristotle:rhetoric}
\cite[21]{averroes/bland}\footcite{aristotle:physics}

\cite[20]{voss:tabellen}\footcite{voss:pstricks}
\clearpage \printbibliography
```

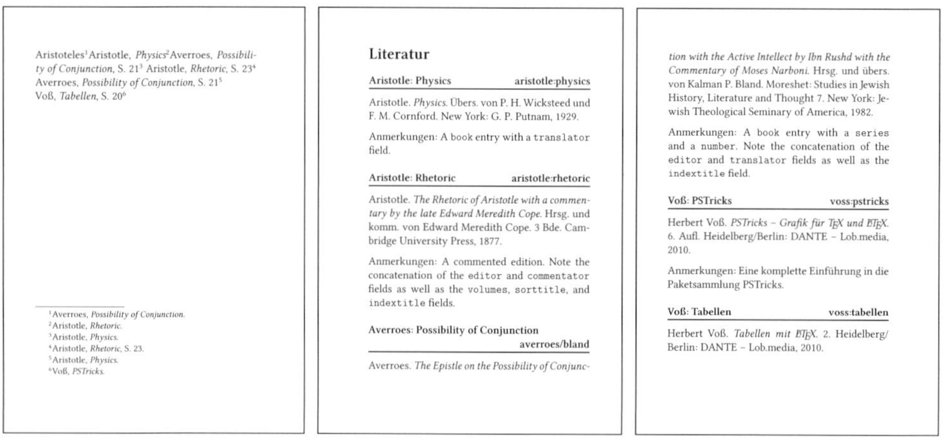

Aristoteles[1]Aristotle, *Physics*[2]Averroes, *Possibility of Conjunction*, S. 21[3] Aristotle, *Rhetoric*, S. 23[4] Averroes, *Possibility of Conjunction*, S. 21[5] Voß, *Tabellen*, S. 20[6]

[1]Averroes, *Possibility of Conjunction*.
[2]Aristotle, *Rhetoric*.
[3]Aristotle, *Physics*.
[4]Aristotle, *Rhetoric*, S. 23.
[5]Aristotle, *Physics*.
[6]Voß, *PSTricks*.

Literatur

Aristotle: Physics **aristotle:physics**

Aristotle. *Physics*. Übers. von P. H. Wicksteed und F. M. Cornford. New York: G. P. Putnam, 1929.

Anmerkungen: A book entry with a `translator` field.

Aristotle: Rhetoric **aristotle:rhetoric**

Aristotle. *The Rhetoric of Aristotle with a commentary by the late Edward Meredith Cope*. Hrsg. und komm. von Edward Meredith Cope. 3 Bde. Cambridge University Press, 1877.

Anmerkungen: A commented edition. Note the concatenation of the `editor` and `commentator` fields as well as the `volumes`, `sorttitle`, and `indextitle` fields.

Averroes: Possibility of Conjunction **averroes/bland**

Averroes. *The Epistle on the Possibility of Conjunction with the Active Intellect by Ibn Rushd with the Commentary of Moses Narboni*. Hrsg. und übers. von Kalman P. Bland. Moreshet: Studies in Jewish History, Literature and Thought 7. New York: Jewish Theological Seminary of America, 1982.

Anmerkungen: A `book` entry with a `series` and a `number`. Note the concatenation of the `editor` and `translator` fields as well as the `indextitle` field.

Voß: PSTricks **voss:pstricks**

Herbert Voß. *PSTricks – Grafik für TeX und LaTeX*. 6. Aufl. Heidelberg/Berlin: DANTE – Lob.media, 2010.

Anmerkungen: Eine komplette Einführung in die Paketsammlung PSTricks.

Voß: Tabellen **voss:tabellen**

Herbert Voß. *Tabellen mit LaTeX*. 2. Heidelberg/Berlin: DANTE – Lob.media, 2010.

03-03-24

3.3.25 draft

Mit draft werden die Verweise durch den Schlüssel des Bibliothekseintrages markiert. Die Option autocite=plain wird standardmäßig gesetzt.

```
\usepackage[style=draft,backend=biber]{biblatex}
\bibliography{examples}

Aristoteles\footcite{averroes/bland}\cite{aristotle:physics}
\footcite{aristotle:rhetoric}\cite[21]{averroes/bland}\footcite{aristotle:physics}
\cite[23]{aristotle:rhetoric}\footcite[23]{aristotle:rhetoric}
\cite[21]{averroes/bland}\footcite{aristotle:physics}
\clearpage \printbibliography
```

03-03-25

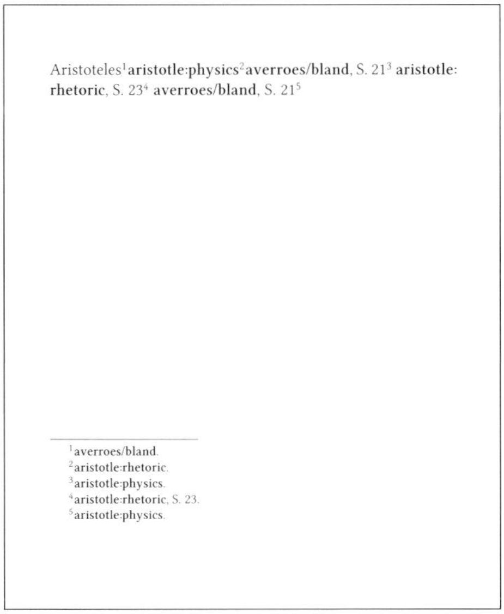

Aristoteles[1]**aristotle:physics**[2]**averroes/bland**, S. 21[3] **aristotle: rhetoric**, S. 23[4] **averroes/bland**, S. 21[5]

[1]**averroes/bland**.
[2]**aristotle:rhetoric**.
[3]**aristotle:physics**.
[4]**aristotle:rhetoric**, S. 23.
[5]**aristotle:physics**.

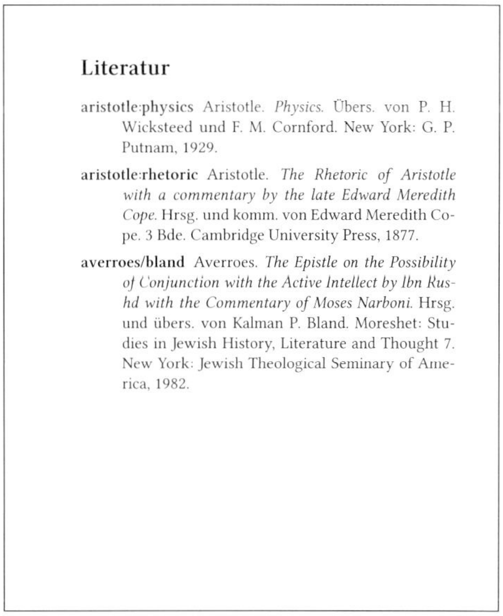

Literatur

aristotle:physics Aristotle. *Physics*. Übers. von P. H. Wicksteed und F. M. Cornford. New York: G. P. Putnam, 1929.

aristotle:rhetoric Aristotle. *The Rhetoric of Aristotle with a commentary by the late Edward Meredith Cope*. Hrsg. und komm. von Edward Meredith Cope. 3 Bde. Cambridge University Press, 1877.

averroes/bland Averroes. *The Epistle on the Possibility of Conjunction with the Active Intellect by Ibn Rushd with the Commentary of Moses Narboni*. Hrsg. und übers. von Kalman P. Bland. Moreshet: Studies in Jewish History, Literature and Thought 7. New York: Jewish Theological Seminary of America, 1982.

3.3.26 debug

Der Stil debug dient vorrangig der Fehlersuche. Statt eines Labels wird der Schlüssel ausgegeben. Die Option `autocite=plain` wird standardmäßig gesetzt.

```
\usepackage[style=debug,backend=biber]{biblatex}
\bibliography{examples}

Aristoteles\footcite{averroes/bland}\footcite{aristotle:physics}
\footcite{aristotle:rhetoric}\footcite[21]{averroes/bland}\footcite{aristotle:physics}
\footcite[23]{aristotle:rhetoric}\footcite[23]{aristotle:rhetoric}
\footcite[21]{averroes/bland}\footcite{aristotle:physics}
\printbibliography
```

03-03-26

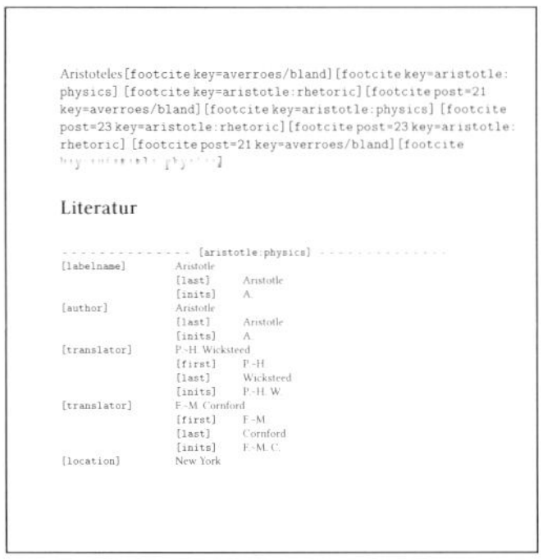

Aristoteles [footcite key=averroes/bland] [footcite key=aristotle:physics] [footcite key=aristotle:rhetoric] [footcite post=21 key=averroes/bland] [footcite key=aristotle:physics] [footcite post=23 key=aristotle:rhetoric] [footcite post=23 key=aristotle:rhetoric] [footcite post=21 key=averroes/bland] [footcite key=aristotle:physics]

Literatur

- - - - - - - - [aristotle:physics] - - - - - - - -
[labelname] Aristotle
[last] Aristotle
[inits] A.
[author] Aristotle
[last] Aristotle
[inits] A.
[translator] P.-H. Wicksteed
[first] P.-H.
[last] Wicksteed
[inits] P.-H. W.
[translator] F.-M. Cornford
[first] F.-M.
[last] Cornford
[inits] F.-M. C.
[location] New York

[publisher] G. P. Putnam
[entrykey] aristotle:physics
[entrytype] book
[hyphenation] american
[keywords] primary
[indextitle] Physics
[indexsorttitle] Physics
[labeltitle] Physics
[labelyear] 1929
[namehash] A2
[fullhash] A2
[year] 1929
[shorttitle] Physics
[sortinit] a
[title] Physics
[annotation] A \texttt {book} entry with a \texttt {translator} field
- -

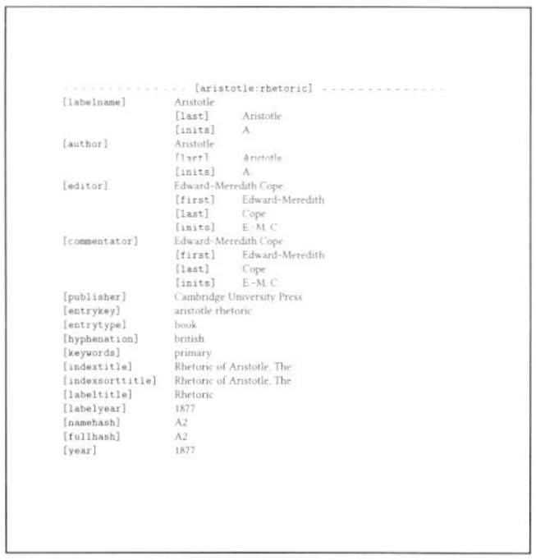

- - - - - - - - [aristotle:rhetoric] - - - - - - - -
[labelname] Aristotle
[last] Aristotle
[inits] A.
[author] Aristotle
[last] Aristotle
[inits] A.
[editor] Edward-Meredith Cope
[first] Edward-Meredith
[last] Cope
[inits] E.-M. C.
[commentator] Edward-Meredith Cope
[first] Edward-Meredith
[last] Cope
[inits] E.-M. C.
[publisher] Cambridge University Press
[entrykey] aristotle:rhetoric
[entrytype] book
[hyphenation] british
[keywords] primary
[indextitle] Rhetoric of Aristotle, The
[indexsorttitle] Rhetoric of Aristotle, The
[labeltitle] Rhetoric
[labelyear] 1877
[namehash] A2
[fullhash] A2
[year] 1877

Für eine ausführliche Erläuterung muss an dieser Stelle ein Hinweis auf die Beispiele genügen, die im examples-Ordner von biblatex enthalten sind und die Funktionsweise dieser Stile hinreichend illustrieren.

3.4 Die Verweise

Nahezu alle Verweisbefehle haben dieselbe Syntax, wobei lediglich der Schlüssel ein verpflichtendes Argument ist.

\⟨*Name*⟩ [*Präfix*] [*Suffix*] {*Schlüssel*} ⟨*Satzzeichen*⟩

Wird nur ein optionales Argument vor dem Schlüssel angegeben, so wird dies definitionsgemäß als Suffix interpretiert. Ein Präfix ohne Suffix muss daher von einem leeren Argument gefolgt werden: \cite[*Siehe*][]{*Schlüssel*}. Das Präfix ist in der Regel ein Zusatz wie »siehe« oder »vergleiche«, während das Suffix meistens eine Seitenzahl sein wird. Der Schlüssel kann eine oder mehrere, durch Komma getrennte, Angaben enthalten. Fehlt in der verwendeten Datenbank ein Eintrag unter dem angegebenen Schlüssel, so wird dies im Text durch die Ausgabe eines Fragezeichens oder Angabe des Schlüssels angezeigt.

3.4.1 Standardmakros für Verweise

\cite [*Präfix*] [*Suffix*] {*Schlüssel*} ⟨*Satzzeichen*⟩
\Cite [*Präfix*] [*Suffix*] {*Schlüssel*} ⟨*Satzzeichen*⟩
\parencite [*Präfix*] [*Suffix*] {*Schlüssel*} ⟨*Satzzeichen*⟩
\Parencite [*Präfix*] [*Suffix*] {*Schlüssel*} ⟨*Satzzeichen*⟩
\footcite [*Präfix*] [*Suffix*] {*Schlüssel*} ⟨*Satzzeichen*⟩
\footcitetext [*Präfix*] [*Suffix*] {*Schlüssel*} ⟨*Satzzeichen*⟩

Die Varianten mit einem großen Anfangsbuchstaben geben auch einen Namen grundsätzlich mit einem großen Anfangsbuchstaben aus. Dies ist meistens nur dann von Interesse, wenn man Namenszusätze, wie beispielsweise »von« als »Von...« zitiert haben möchte. Dies setzt allerdings voraus, dass der Bibliografiestil diese Namenszusätze auch ausgibt. Die Sternversionen werden von allen Autor-Jahr- und Autor-Titel-Stilen unterstützt; sie geben zusätzlich zum Namen das Jahr oder den Titel aus, je nach Stil.

Das folgende Beispiel kann nur einen unzureichenden Überblick über die Makros geben, da beispielsweise für Fußnotenverweise auch ein Stil verwendet werden sollte, der dies explizit unterstützt. Wegen der numerischen Zitierweise wird das im folgenden Beispiel nur exemplarisch gezeigt.

```
\usepackage[backend=biber]{biblatex}
\bibliography{examples}
```

```
Eins\cite{springer}, Zwei\parencite{aristotle:physics}, Drei \footcite[(Verweis auf
Eintrag)]{aristotle:rhetoric}, \stepcounter{footnote}% +1
Vier\footcitetext[(nur Fußnotentext, mit Verweis auf Eintrag)]{voss:pstricks},
\printbibliography
```

03-04-1

Eins[3], Zwei[1], Drei[1], Vier,

Literatur

[1] Aristotle. *Physics.* Übers. von P. H. Wicksteed und F. M. Cornford. New York: G. P. Putnam, 1929.

[2] Aristotle. *The Rhetoric of Aristotle with a commentary by the late Edward Meredith Cope.* Hrsg. und komm. von Edward Meredith Cope. 3 Bde. Cambridge University Press, 1877.

[3] Otto Springer. „Mediaeval Pilgrim Routes from Scandinavia to Rome". In: *Mediaeval Studies* 12 (1950), S. 92–122.

[4] Herbert Voß. *PSTricks – Grafik für TEX und LATEX.* 6. Aufl. Heidelberg/Berlin: DANTE – Lob.media, 2010.

[1] 2, (Verweis auf Eintrag).
[2] 4, (nur Fußnotentext, mit Verweis auf Eintrag).

3.4.2 Stilabhängige Makros

\cite* [*Präfix*] [*Suffix*] {*Schlüssel*} ⟨*Satzzeichen*⟩
\parencite* [*Präfix*] [*Suffix*] {*Schlüssel*} ⟨*Satzzeichen*⟩
\textcite [*Präfix*] [*Suffix*] {*Schlüssel*} ⟨*Satzzeichen*⟩
\Textcite [*Präfix*] [*Suffix*] {*Schlüssel*} ⟨*Satzzeichen*⟩
\supercite{*Schlüssel*}

```
\usepackage[style=alphabetic,backend=biber]{biblatex}
\bibliography{examples}
```

```
Eins\footcite[(Verweis auf Eintrag)]{aristotle:rhetoric},
\stepcounter{footnote}% Fußnotenzähler um +1 erhöhen
Zwei\footcitetext[(nur Fußnotentext, mit Verweis auf Eintrag)]{voss:pstricks},
Drei--\textcite{voss:tabellen}--, Vier\supercite{voss:referenz}.
\printbibliography
```

03-04-2

Eins[1], Zwei, Drei–Voß [Voß10c]–, Vier[Voß10a].

Literatur

[Ari77] Aristotle. *The Rhetoric of Aristotle with a commentary by the late Edward Meredith Cope*. Hrsg. und komm. von Edward Meredith Cope. 3 Bde. Cambridge University Press, 1877.

[Voß10a] Herbert Voß. *Die LaTeX Referenz*. 2. Heidelberg/Berlin: DANTE – Lob.media, 2010.

[Voß10b] Herbert Voß. *PSTricks – Grafik für TeX und LaTeX*. 6. Aufl. Heidelberg/Berlin: DANTE – Lob.media, 2010.

[Voß10c] Herbert Voß. *Tabellen mit LaTeX*. 2. Heidelberg/Berlin: DANTE – Lob.media, 2010.

[1] Ari77, (Verweis auf Eintrag).
[2] Voß10b, (nur Fußnotentext, mit Verweis auf Eintrag).

Das Makro `\footcite` erzeugt neben der Literaturangabe nicht nur eine Fußnote, sondern sorgt auch für die Großschreibung am Anfang, also beispielsweise »Ebd.« und »Ders.« (Abkürzung für »Derselbe«). Falls es sich um einen weiblichen Autor handelt, muss das Feld `gender={sf}` gesetzt sein, wobei `sf` für »single female« steht. Weitere Werte für `gender` werden in der `biblatex`-Dokumentation erläutert. Man kann Großschreibung aber auch mit jedem anderen Zitierbefehl erreichen, denn es gibt sie alle auch mit einem Großbuchstaben (also z. B. `\Cite`). Bei Namen fällt das normalerweise nicht auf, solange sie nicht ein »von« enthalten. Verwendet man einen Zitierbefehl mit Großbuchstaben, wird »von« zu »Von«, »ebd.« zu »Ebd.«, »ders.« zu »Ders.« usw.

Tabelle 3.9: Der Zitierbefehl `\parencite`: Die Ausgabe wurde mit der Anweisung `\parencite[121]{springer}` erzeugt. Für den Stil verbose wird die Ausgabe eines Folgezitates gezeigt.

Zitierstil	*Ausgabe*
`numeric`	[1, S. 121]
`alphabetic`	[Spr50, S. 121]
`authoryear`	(Springer 1950, S. 121)
`authortitle`	(Springer, »Mediaeval Pilgrim Routes«, S. 121)
`verbose`	(Springer, »Mediaeval Pilgrim Routes«, S. 121)

Neben `\cite` gibt es die Befehle `\parencite` für Verweise in Klammern (siehe Tabelle 3.9), `\textcite` für Verweise im Fließtext (siehe Tabelle 3.10) und `\footcite` für Literaturangaben in Fußnoten. Der `\textcite`-Befehl steht allerdings in den `verbose`-Stilen *nicht* zur Verfügung. Stattdessen wird auf den Befehl `\cite` zurückgegriffen. Bei `\footcite` wird dieselbe Ausgabe, die der `\cite`-Befehl erzeugt, in eine Fußnote gepackt, an deren Ende ein Punkt angefügt wird.

Neben diesen Befehlen, die je nach Zitierstil eine unterschiedliche Ausgabe erzeugen, gibt es auch Makros, die nur einen Teil der Literaturangabe ausgeben und für Verweise im Text gedacht sind. Die Befehle lauten `\citeauthor` für Autoren oder Herausgeber, `\citetitle` für Titel oder – sofern vorhanden – Kurztitel (`shorttitle`), `\citetitle*`

Zitierstil	*Ausgabe*
numeric	Springer [1, S. 121]
alphabetic	Springer [Spr50, S. 121]
authoryear	Springer (1950, S. 121)
authortitle	Springer (»Mediaeval Pilgrim Routes«, S. 121)

Tabelle 3.10: Der Zitierbefehl \textcite: Die Ausgabe wurde mit der Anweisung \textcite[121]{springer} erzeugt.

für den Inhalt des gesamten title-Feldes, auch wenn ein Kurztitel vorhanden ist, \citeyear für das Jahr und \citeurl für URLs.

```
\usepackage[style=authortitle,backend=biber]{biblatex}  \bibliography{examples}
\ldots\ schrieb er in \citetitle[121]{springer}.
```

03-04-3 … schrieb er in „Mediaeval Pilgrim Routes", S. 121.

Mit den Makros \citefield, \citename (author, editor) und \citelist (z. B. location) kann auf jedes Feld eines BIBTEX-Eintrags zurückgegriffen werden. Die Befehle haben zwei obligatorische Elemente, den key des Eintrags und den Namen des Felds, das ausgegeben werden soll. Auch \nocite für Literatur, die nicht zitiert wird, aber in der Bibliografie erscheinen soll, \fullcite für Vollzitate und \footfullcite für Vollzitate in Fußnoten werden von biblatex bereitgestellt. Alle diese Befehle (außer \nocite) können optionale Argumente mit einleitenden Angaben (prenote, also etwa »vgl.«) und abschließenden Angaben (postnote, beispielsweise eine Seitenzahl) enthalten.

```
\usepackage[style=authortitle,backend=biber]{biblatex}  \bibliography{examples}
\ldots\ schrieb \citename{springer}{author} in \citefield[121]{springer}{title}.
```

03-04-4 … schrieb Otto Springer in Mediaeval Pilgrim Routes from Scandinavia to Rome, S. 121.

Außerdem erkennt biblatex automatisch, ob im zweiten optionalen Argument eines \cite-Befehls eine Seitenangabe oder sonstiger Text steht und unterdrückt gegebenenfalls den Ausdruck »S.«, wie folgendes Beispiel mit dem Stil alphabetic demonstriert.

```
\usepackage[style=alphabetic,backend=biber]{biblatex}  \bibliography{examples}
\cite[Siehe dazu][10]{angenendt}, \cite[vgl.][im Vorwort]{companion}.
```

03-04-5 [Siehe dazu Ang02, S. 10], [vgl. GMS94, im Vorwort].

biblatex führt auch Befehle ein, mit denen man mehrere Werke auf einmal zitieren und ihnen dabei eigene optionale Argumente mitgeben kann. Das ist mit einem normalen \cite-Befehl nicht möglich, wie folgendes Beispiel verdeutlicht:

03-04-6 [Vgl. 1, 2, S. 433]

```
\usepackage[backend=biber]{biblatex}
\bibliography{examples}
\cite[Vgl.][433]{angenendt,springer}
```

Will man jedoch jeweils eigene Seitenangaben machen, kann man den Befehl `\cites` verwenden. Die Syntax ist etwas anders, denn die einzelnen Schlüssel werden nicht in einer kommaseparierten Liste im obligatorischen Argument angegeben, wie es bei `\cite` der Fall ist, sondern in jeweils eigenen, von geschweiften Klammern umgebenen Argumenten. Diesen Argumenten können jeweils eigene optionale Argumente vorangestellt werden:

```
\usepackage[backend=biber]{biblatex}  \bibliography{examples}

Ein Verweis~\cites[433]{angenendt}[vgl.][123]{springer}
```

| Ein Verweis [1, S. 433, vgl. 2, S. 123]

03-04-7

Es ist darüber hinaus auch möglich, `prenotes` und `postnotes` zum `\cites`-Befehl selbst hinzuzufügen, die in der Eingabe von runden Klammern eingeschlossen werden müssen. Das ist vor allem nützlich, wenn man `\parencites` oder `\footcites` benutzt.

```
\usepackage[style=alphabetic,backend=biber]{biblatex}  \bibliography{examples}

Ein Verweis~\parencites(siehe zum Ganzen)(vgl. auch Kap.~3)[43]%
  {angenendt}[vgl.][13]{springer}.
```

| Ein Verweis [siehe zum Ganzen Ang02, S. 43; vgl. Spr50, S. 13, vgl. auch Kap. 3].

03-04-8

Zur Unterstützung einiger Befehle, die aus den Paketen `jurabib` und `natbib` bekannt
natbib sind, gibt es die Option `natbib=true`. Damit können die von `natbib` eingeführten und von `jurabib` ebenfalls verwendeten Befehle zum Zitieren in Klammern (`\citep`) oder im Text (`\citet`) sowie die alternativen Befehle `\citealp` und `\citealt` weiterhin verwendet werden. Dieser `natbib`-Kompatibilitätsmodus hat den Vorteil, dass bestehende Dokumente ohne großen Aufwand auf die Benutzung von `biblatex` umgestellt werden können. Mit `biblatex` lässt sich auch die Funktionalität der `natbib`-Option `super` nutzen. Es stellt dafür die Befehle `\supercite` und `\supercites` bereit, die nur in den numerischen Zitierstilen verfügbar sind und die numerischen Verweise als hochgestellte Ziffern ohne Klammern darstellen. Der Befehl `\supercite` ignoriert alle optionalen Argumente.

Schließlich steht noch der Befehl `\autocite` zur Verfügung, der je nach Zitierstil unterschiedliche Ausgaben erzeugt. Das besondere dabei ist, dass Satzzeichen hinter dem Befehl je nach Bedarf verschoben werden und auch ein Leerzeichen vor dem Befehl entfernt wird.

```
\usepackage[style=numeric,backend=biber]{biblatex}  \bibliography{examples}

\ldots\ wenn es um \LaTeX{} geht \autocite{companion}.
```

| … wenn es um LaTeX geht [1].

03-04-9

Analog dazu sieht die Ausgabe bei `alphabetic` und `authoryear` aus, nur der Verweisstil ändert sich natürlich. Die Ausgabe mit `authortitle` sieht dagegen folgendermaßen aus:

```
\usepackage[style=authortitle,backend=biber]{biblatex}  \bibliography{examples}
\ldots\ wenn es um \LaTeX{} geht~\autocite{companion}.
```

03-04-10 … wenn es um LaTeX geht.[1]

[1] Goossens, Mittelbach und Samarin, *LaTeX Companion*.

Der Verweis wird dann in der Fußnote ausgegeben. Im zweiten Fall verschiebt biblatex also den Punkt des Satzendes vor das Fußnotenzeichen und löscht das vorangegangene Leerzeichen. Die Verweisstile setzen dazu einen Wert für die Option autocite, die das Verhalten steuert. Diese Option kann die Werte inline (wie im ersten Beispiel), footnote (wie im zweiten Beispiel), superscript (nur bei numerischer Zitierweise) und plain (wie ein normaler \cite-Befehl) annehmen. Will man beispielsweise das Autor-Jahr-Schema benutzen und bei \autocite-Befehlen die Literaturverweise in den Fußnoten ausgeben lassen, muss die Option autocite=footnote explizit angegeben werden. Ein letztes Beispiel soll die Kombination von numeric und autocite=superscript verdeutlichen:

```
\usepackage[style=numeric,autocite=superscript,backend=biber]{biblatex}
\bibliography{examples}
\ldots\ antike Klassiker \autocite{aristotle:rhetoric,averroes/bland,%
        aristotle:physics,aristotle:poetics}.
```

03-04-11 … antike Klassiker.[3,4,1,2]

3.5 Die Ausgabe des Literaturverzeichnisses

Anders als bei BibTeX definiert der Befehl \bibliography{*Datei*} nur die Datei, der die Informationen entnommen werden, wobei auch hier mehrere bib-Dateien angegeben werden können.

```
\printbibliography [Optionen]
```

Eine Ausgabe der Bibliografie wird hingegen mit dem Befehl \printbibliography erzeugt. Mit Hilfe von optionalen Parametern, die \printbibliography mitgegeben werden können, ist es so leicht möglich, mehrere Bibliografien in einem Dokument oder ein unterteiltes Literaturverzeichnis ausgeben zu lassen. Der bekannte Ablauf latex – bibtex – latex – latex zum Erzeugen des fertigen Dokuments ist um einen LaTeX-Lauf verkürzt, d. h. es reicht nach dem BibTeX-Lauf im Allgemeinen ein weiterer LaTeX-Lauf aus, um die Bibliografie und alle Literaturverweise zu erzeugen. Je nach speziellem Zitierstil sind jedoch weitere Läufe nötig, um beispielsweise die ibidem-Funktionalität zu gewährleisten. biblatex gibt im Logfile eine Warnung aus, falls ein weiterer LaTeX-Lauf nötig sein sollte.

Das Aussehen des Literaturverzeichnisses richtet sich nach dem Bibliografiestil, der für die Label verantwortlich ist. Bei den Stilen `numeric` und `alphabetic` wird das Label, das auch für die Verweise im Text angegeben wird, vor die bibliografischen Angaben geschrieben. Der Stil `authortitle` gibt dieselben Angaben ohne Label aus, während `authoryear` das Erscheinungsjahr in Klammern hinter den Autoren-/Herausgebernamen setzt.

Außerdem lässt sich das Erscheinungsbild der Bibliografie mit Hilfe einiger Optionen beim Laden des Pakets beeinflussen. Hier soll als Beispiel nur die Sortierung angeführt werden – für weitere Optionen sei auf die `biblatex`-Anleitung verwiesen. In der Standardeinstellung sortiert `biblatex` die einzelnen Einträge nach Autornamen, Titel und Jahr (in dieser Reihenfolge). Das entspricht der Paketoption `sorting=nty`. Nutzt man aber beispielsweise den Stil `alphabetic` und möchte zunächst nach Label, dann nach Autornamen, Jahr und Titel sortieren lassen, so geht das mit der Paketoption `sorting=anyt`. Die Option `sorting=none` gibt das Literaturverzeichnis hingegen in der Reihenfolge aus, in der die Einträge zitiert wurden. Darüber hinaus sind weitere Sortieroptionen möglich.

3.5.1 Unterteilte Literaturverzeichnisse

Gerade in den Geisteswissenschaften kommt es häufig vor, dass Bibliografien unterteilt werden, beispielsweise in ein Quellenverzeichnis und ein Verzeichnis der Sekundärliteratur. Bisher war man für solche Anforderungen auf zusätzliche Pakete angewiesen, nämlich `bibtopic`, `multibib` oder `splitbib`. Mit `biblatex`, welches zu diesen Paketen inkompatibel ist, sind dafür hingegen keine zusätzlichen Pakete nötig, stattdessen kann man dem Befehl `\printbibliography` entsprechende Optionen mitgeben.

Will man seine Bibliografie thematisch unterteilen, kann man das Feld `keywords` heranziehen. Braucht man etwa eine Unterteilung in deutsche und englische Literatur, kann man jedem Eintrag, der in den Abschnitt mit der deutschen Literatur aufgenommen werden soll, den Ausdruck `deutsch` mitgeben:

```
@book{...,
  keywords = {Stichwort1,Stichwort2,deutsch},
  ...
}
```

Diese Stichworte sind nicht als druckbarer Text anzusehen, sondern als »Label«. Es dürfen also nur Zeichen im ASCII -Format benutzt werden, keine LaTeX-Syntaxelemente oder aktive Zeichen. Außerdem sollte man beachten, dass zwischen Groß- und Kleinschreibung unterschieden wird; »`Deutsch`« ist also nicht dasselbe wie »`deutsch`«. Hat man seine bibliografischen Daten in dieser Form aufbereitet, braucht man `biblatex` nur noch mitzuteilen, das entsprechende Stichwort zu berücksichtigen:

```
\printbibliography[keyword=deutsch]
\printbibliography[keyword=english]
```

Mit Hilfe der Option notkeyword lassen sich alle zitierten Literaturangaben ausgeben, die nicht über das Stichwort *deutsch* verfügen. Damit reicht es aus, nur einen Teil der bibliografischen Daten entsprechend zu kennzeichnen.

```
\printbibliography[keyword=deutsch]
\printbibliography[notkeyword=deutsch]
```

Es lassen sich auch mehrere Stichworte miteinander kombinieren, falls man ein mehrfach untergliedertes Literaturverzeichnis benötigt. Wenn man die Bibliografie in dieser Weise teilt und mit den oben genannten \printbibliography-Befehlen aufruft, ergibt sich allerdings das Problem, dass beide Verzeichnisse mit der Standardüberschrift »Literatur« versehen werden. Man kann sich jedoch mit dem Befehl \defbibheading, der in der Präambel eines Dokumentes eingesetzt wird, eigene Überschriften definieren:

\defbibheading{*Name*}{*Code*}

Für obiges Beispiel mit sprachlich unterteilter Literatur wäre dann eine sinnvolle Angabe:

```
\defbibheading{de}{\section{Deutsche Literatur}}
\defbibheading{en}{\section{Englische Literatur}}
```

Das erste Argument von \defbibheading ist ein frei zu vergebender Name, mit dem man später auf die Überschrift zurückgreift. Das zweite Argument enthält den Code, der ausgeführt werden soll. Hierbei ist zu beachten, dass nicht nur der gewünschte Name angegeben wird, sondern auch der Gliederungsbefehl. Die so definierten Überschriften werden nun durch Angabe der Kennung beim Parameter heading im optionalen Argument von \printbibliography verwendet.

```
\chapter{Bibliografie}
\printbibliography[heading=de,keyword=deutsch]
\printbibliography[heading=en,keyword=english]
```

Damit würde die Bibliografie insgesamt als Kapitel, die einzelnen Verzeichnisse mit deutscher und englischer Literatur jeweils als Abschnitt ausgegeben und in das Inhaltsverzeichnis aufgenommen. Will man die Aufnahme in das Inhaltsverzeichnis verhindern, müsste man stattdessen die Stern-Varianten der Gliederungsbefehle verwenden, also \chapter* und beim Definieren der Überschriften \section*. Zu den vordefinierten Überschriften, die biblatex zur Verfügung stellt, siehe Seite 85.

```
\usepackage[style=numeric,defernums,autocite=superscript,backend=biber]{biblatex}
\defbibheading{en}{\section*{Englische Literatur}}
\defbibheading{de}{\section*{Deutsche Literatur}}
\bibliography{examples}
```

```
A~\footcite{westfahl:space} und B~\footcite{angenendt} und C~\footcite{springer} und
D~\footcite{baez/article} und E~\footcite{spiegelberg}.
\chapter*{Bibliografie}
\printbibliography[heading=en,keyword=english]
\printbibliography[heading=de,keyword=deutsch]
```

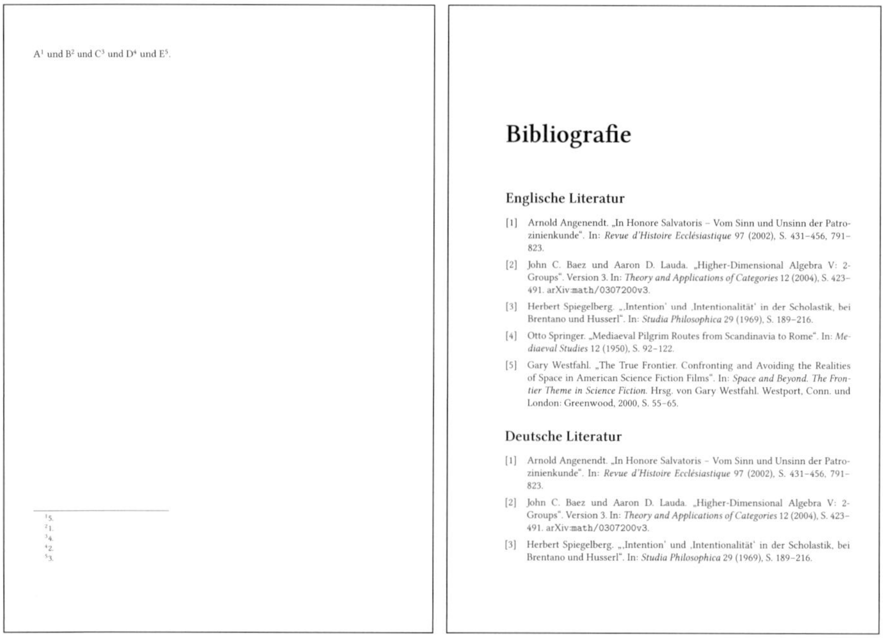
A[1] und B[2] und C[3] und D[4] und E[5].

[1] 5.
[2] 1.
[3] 4.
[4] 2.
[5] 3.

Bibliografie

Englische Literatur

[1] Arnold Angenendt. „In Honore Salvatoris – Vom Sinn und Unsinn der Patrozinienkunde“. In: *Revue d'Histoire Ecclésiastique* 97 (2002), S. 431–456, 791–823.

[2] John C. Baez und Aaron D. Lauda. „Higher-Dimensional Algebra V: 2-Groups“. Version 3. In: *Theory and Applications of Categories* 12 (2004), S. 423–491. arXiv:math/0307200v3.

[3] Herbert Spiegelberg. „‚Intention‘ und ‚Intentionalität‘ in der Scholastik, bei Brentano und Husserl“. In: *Studia Philosophica* 29 (1969), S. 189–216.

[4] Otto Springer. „Mediaeval Pilgrim Routes from Scandinavia to Rome“. In: *Mediaeval Studies* 12 (1950), S. 92–122.

[5] Gary Westfahl. „The True Frontier. Confronting and Avoiding the Realities of Space in American Science Fiction Films“. In: *Space and Beyond. The Frontier Theme in Science Fiction.* Hrsg. von Gary Westfahl. Westport, Conn. und London: Greenwood, 2000, S. 55–65.

Deutsche Literatur

[1] Arnold Angenendt. „In Honore Salvatoris – Vom Sinn und Unsinn der Patrozinienkunde“. In: *Revue d'Histoire Ecclésiastique* 97 (2002), S. 431–456, 791–823.

[2] John C. Baez und Aaron D. Lauda. „Higher-Dimensional Algebra V: 2-Groups“. Version 3. In: *Theory and Applications of Categories* 12 (2004), S. 423–491. arXiv:math/0307200v3.

[3] Herbert Spiegelberg. „‚Intention‘ und ‚Intentionalität‘ in der Scholastik, bei Brentano und Husserl“. In: *Studia Philosophica* 29 (1969), S. 189–216.

03-05-1

Möchte oder kann man die Daten in der bib-Datei nicht ändern, gibt es noch eine Alternative, denn biblatex bietet die Möglichkeit, die Bibliografie unter Verwendung der BIBTEX-Keys in Kategorien zu unterteilen; der Befehl dazu lautet \DeclareBibliographyCategory. Für die Ausgabe einer nach Kategorien unterteilten Bibliografie gibt es die Kurzform \bibbycategory.

```
\DeclareBibliographyCategory{Name}
\bibbycategory
\defbibheading{Name}{Code}
```

```
\usepackage[style=authortitle,backend=biber]{biblatex}
\DeclareBibliographyCategory{prim}
\DeclareBibliographyCategory{sec}
\addtocategory{prim}{aristotle:anima,aristotle:physics,averroes/bland}
\addtocategory{sec}{hyman,moraux,nussbaum,pines}
\bibliography{examples}
```

```
\chapter{Referenzen nach Kategorien}
Der Mensch Aristoteles\footcite{aristotle:anima} und der
Nussbaum\footcite{nussbaum}, sowie dieser Artikel\footcite{averroes/bland}
```

```
und ein weiter Artikel\footcite{hyman}. Die Physik von
Aristoteles\footcite{aristotle:physics} ist im Artikel\footcite{moraux}
und im Artikel\footcite{pines} beschrieben.

\defbibheading{prim}{\section*{Primärquellen}}
\defbibheading{sec}{\section*{Sekundärquellen}}
\chapter*{Bibliografie}
\bibbycategory
```

03-05-2

Kapitel 1

Referenzen nach Kategorien

Der Mensch Aristoteles[1] und der Nussbaum[2], sowie dieser Artikel[3] und ein weiter Artikel[4]. Die Physik von Aristoteles[5] ist im Artikel[6] und im Artikel[7] beschrieben.

[1] Aristotle, *De Anima*.
[2] Nussbaum, *Aristotle's „De Motu Animalium"*.
[3] Averroes, *Possibility of Conjunction*.
[4] Hyman, „Aristotle's Theory of the Intellect".
[5] Aristotle, *Physics*.
[6] Moraux, „*De Anima* dans la tradition grecque".
[7] Pines, „Limitations of Human Knowledge".

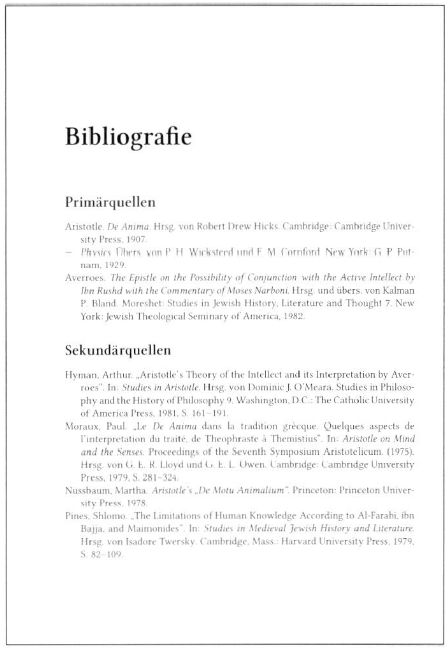

Bibliografie

Primärquellen

Aristotle. *De Anima*. Hrsg. von Robert Drew Hicks. Cambridge: Cambridge University Press, 1907.
— *Physics*. Übers. von P. H. Wickstеed und F. M. Cornford. New York: G. P. Putnam, 1929.
Averroes. *The Epistle on the Possibility of Conjunction with the Active Intellect by Ibn Rushd with the Commentary of Moses Narboni*. Hrsg. und übers. von Kalman P. Bland. Moreshet: Studies in Jewish History, Literature and Thought 7. New York: Jewish Theological Seminary of America, 1982.

Sekundärquellen

Hyman, Arthur. „Aristotle's Theory of the Intellect and its Interpretation by Averroes". In: *Studies in Aristotle*. Hrsg. von Dominic J. O'Meara. Studies in Philosophy and the History of Philosophy 9. Washington, D.C.: The Catholic University of America Press, 1981, S. 161–191.
Moraux, Paul. „Le *De Anima* dans la tradition grècque. Quelques aspects de l'interpretation du traité, de Theophraste à Themistius". In: *Aristotle on Mind and the Senses*. Proceedings of the Seventh Symposium Aristotelicum. (1975). Hrsg. von G. E. R. Lloyd und G. E. L. Owen. Cambridge: Cambridge University Press, 1979, S. 281–324.
Nussbaum, Martha. *Aristotle's „De Motu Animalium"*. Princeton: Princeton University Press, 1978.
Pines, Shlomo. „The Limitations of Human Knowledge According to Al-Farabi, ibn Bajja, and Maimonides". In: *Studies in Medieval Jewish History and Literature*. Hrsg. von Isadore Twersky. Cambridge, Mass.: Harvard University Press, 1979, S. 82–109.

Man muss also mit Hilfe des Befehls `\addtocategory` für jede Kategorie explizit angeben, welche Werke darin aufgelistet werden sollen. Der Befehl `\bibbycategory` gibt dann für jede Kategorie ein Verzeichnis aus und setzt die Überschrift darüber, die denselben Namen hat wie die Kategorie. Man darf also nicht vergessen, für jede Kategorie eine Überschrift zu definieren. Alternativ ist es auch möglich, die `\printbibliography`-Befehle dafür zu verwenden. Das hat – zumindest bei nur zwei Kategorien – den Vorteil, dass man nur für eine der beiden Kategorien die keys festlegen muss und die andere mit der Angabe `notcategory` im optionalen Argument des `\printbibliography`-Befehls aufrufen kann:

```
\chapter{Bibliografie}
\printbibliography[heading=prim,category=primary]
\printbibliography[heading=sec,notcategory=primary]
```

Da es für längere Arbeiten trotzdem schnell unübersichtlich wird, wenn man die BibTeX-Keys einzeln angeben muss, kann man sich stattdessen einen eigenen Zitierbefehl erstellen, mit dem man den zitierten Titel automatisch einer Kategorie zuweist:

\citeCat<*Kategorie*> [Optionen] {*Key*}

Damit ist eine Benutzung analog zur Vorgehensweise von multibib möglich.

```
\usepackage[style=authortitle,backend=biber]{biblatex}  \bibliography{examples}
\makeatletter
\def\citeCat{\@ifnextchar<\citeCat@i\citeCat@iv}
\def\citeCat@i<#1>{\@ifnextchar[{\citeCat@ii{#1}}{\citeCat@iii{#1}}}
\def\citeCat@ii#1[#2]#3{\addtocategory{#1}{#3}\footcite[#2]{#3}}
\def\citeCat@iii#1#2{\addtocategory{#1}{#2}\footcite{#2}}
\newcommand*\citeCat@iv[2][]{\cite[#1]{#2}}
\makeatother
\DeclareBibliographyCategory{prim} \DeclareBibliographyCategory{sec}

\chapter{Referenzen nach Kategorien}
Der Mensch Aristoteles\citeCat<prim>{aristotle:anima} und der
Nussbaum\citeCat<sec>{nussbaum}, sowie dieser Artikel\citeCat<sec>{averroes/bland}
und ein weiter Artikel\citeCat<sec>{hyman}. Die Physik von
Aristoteles\citeCat<prim>{aristotle:physics} ist im Artikel\citeCat<sec>{moraux}
und im Artikel\citeCat<sec>{pines} beschrieben.

\defbibheading{prim}{\section*{Primärquellen}}
\defbibheading{sec}{\section*{Sekundärquellen}}
\chapter*{Bibliografie}
\bibbycategory
```

Kapitel 1

Referenzen nach Kategorien

Der Mensch Aristoteles[1] und der Nussbaum[2], sowie dieser Artikel[3] und ein weiter Artikel[4]. Die Physik von Aristoteles[5] ist im Artikel[6] und im Artikel[7] beschrieben.

[1] Aristotle, *De Anima*.
[2] Nussbaum, *Aristotle's „De Motu Animalium"*.
[3] Averroes, *Possibility of Conjunction*.
[4] Hyman, „Aristotle's Theory of the Intellect".
[5] Aristotle, *Physics*.
[6] Moraux, „*De Anima* dans la tradition grècque".
[7] Pines, „Limitations of Human Knowledge".

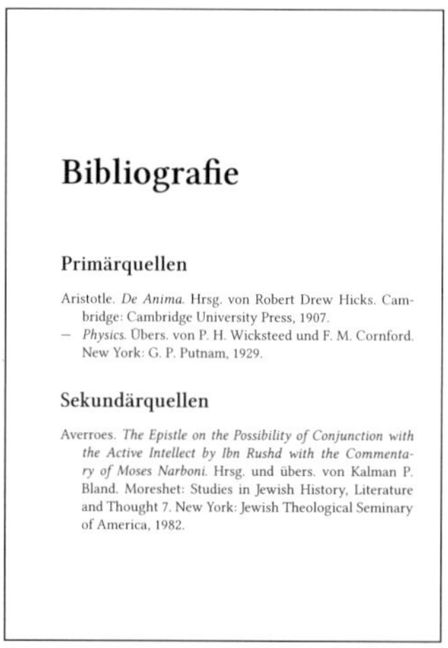

Bibliografie

Primärquellen

Aristotle. *De Anima*. Hrsg. von Robert Drew Hicks. Cambridge: Cambridge University Press, 1907.
— *Physics*. Übers. von P. H. Wicksteed und F. M. Cornford. New York: G. P. Putnam, 1929.

Sekundärquellen

Averroes. *The Epistle on the Possibility of Conjunction with the Active Intellect by Ibn Rushd with the Commentary of Moses Narboni*. Hrsg. und übers. von Kalman P. Bland. Moreshet: Studies in Jewish History, Literature and Thought 7. New York: Jewish Theological Seminary of America, 1982.

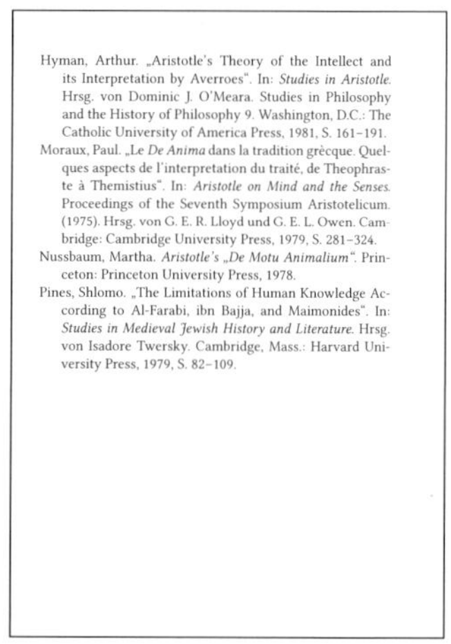

Hyman, Arthur. „Aristotle's Theory of the Intellect and its Interpretation by Averroes". In: *Studies in Aristotle*. Hrsg. von Dominic J. O'Meara. Studies in Philosophy and the History of Philosophy 9. Washington, D.C.: The Catholic University of America Press, 1981, S. 161–191.
Moraux, Paul. „Le *De Anima* dans la tradition grècque. Quelques aspects de l'interpretation du traité, de Theophraste à Themistius". In: *Aristotle on Mind and the Senses*. Proceedings of the Seventh Symposium Aristotelicum. (1975). Hrsg. von G. E. R. Lloyd und G. E. L. Owen. Cambridge: Cambridge University Press, 1979, S. 281–324.
Nussbaum, Martha. *Aristotle's „De Motu Animalium"*. Princeton: Princeton University Press, 1978.
Pines, Shlomo. „The Limitations of Human Knowledge According to Al-Farabi, ibn Bajja, and Maimonides". In: *Studies in Medieval Jewish History and Literature*. Hrsg. von Isadore Twersky. Cambridge, Mass.: Harvard University Press, 1979, S. 82–109.

03-05-3

Nach demselben Prinzip wie die keywords-Unterscheidung funktioniert auch eine Unterteilung nach Typen, wenn man beispielsweise Internetquellen separat angeben möchte. Die Anweisung lautet in diesem Fall type bzw. nottype:

```
...
\defbibheading{online}{\subsection*{Online-Quellen}}
\defbibheading{offline}{\subsection{Literatur}}
```

```
...
\section*{Literaturverzeichnis}
\printbibliography[heading=online,type=online]
\printbibliography[heading=offline,nottype=online]
```

Alle zitierten Einträge der `.bib`-Datenbank vom Typ `@online` landen hier also im ersten Verzeichnis, das mit der Überschrift »Online-Quellen« versehen wird. Ebenso könnte man auch nach Zeitschriftenartikeln und Tagungsbänden einerseits sowie nach Büchern und Sammelbänden andererseits unterscheiden:

```
\printbibliography[type=article,incollection,inproceedings]
\printbibliography[type=book,collection,proceedings]
```

3.5.2 Mehrere Bibliografien in einem Dokument

Neben unterteilten Literaturverzeichnissen werden auch immer wieder mehrere Bibliografien in einem Dokument benötigt, etwa beim Publizieren eines Tagungsbandes. Die Pakete `chapterbib` oder `bibunits` benötigt man nicht mit `biblatex`; sie sind inkompatibel. Stattdessen benutzt man die Umgebung `refsection`, um sein Dokument in verschiedene Bereiche einzuteilen.

```
\begin{refsection}... \end{refsection}
```

`biblatex` erzeugt dann für jede `refsection` eine eigene aux-Datei und benennt sie »⟨*Datei*⟩1-blx.aux«, »⟨*Datei*⟩2-blx.aux« usw. Für jede dieser `.aux`-Dateien muss man einen eigenen BibTeX-Lauf durchführen, beispielsweise:

```
latex   Datei
bibtex  Datei1-blx
bibtex  Datei2-blx
....
latex   Datei
```

Im einfachsten Fall, wenn am Ende jedes Bereiches das Verzeichnis ausgegeben werden soll, reicht ein simples `\printbibliography` *vor* dem Ende der Umgebung `refsection`. Stimmen die Bereiche mit der Gliederung des Dokumentes überein, gibt es sogar die Möglichkeit, mit der Paketoption `refsection` die Umgebungen für jeden Abschnitt automatisch erstellen zu lassen. Diese Option kann die Werte none, `part`, `chapter`, `section` und `subsection` annehmen.

Soll die Bibliografie hingegen ganz am Ende erscheinen und nach den einzelnen, im Dokument festgelegten Umgebungen `refsection` unterteilt werden, benutzt man das Makro `\bibbysection`, welches alle Umgebungen ausgibt, in denen Verweise vorkommen, und solche ohne Verweise überspringt.

`biblatex` gibt jeder Umgebung `refsection` ein Label mit, das den Namen »refsection:« und die fortlaufende Nummer hinter dem Doppelpunkt erhält. Dadurch kann auf die einzelnen refsection-Umgebungen verwiesen werden. Die Abschnitte der Bibliografie würden in diesem Fall also mit der Überschrift »Literatur zu Abschnitt 1« usw. versehen. Man kann auch auf den Namen des jeweiligen Abschnitts verweisen, wenn man das Paket nameref [21] einbindet. Die Definition für die Überschrift könnte dann folgendermaßen aussehen:

```
\usepackage{nameref}
\defbibheading{bibliography}{\section*{Literatur zum Kapitel \enquote{%
      \nameref{refsection:\therefsection}}}}
```

Das folgende Beispiel zeigt eine Anwendung dieser Definition.

```
\usepackage[style=authoryear,backend=biber]{biblatex}  \bibliography{examples}
\usepackage{nameref}
\defbibheading{bibliography}{\section*{Literatur zum Kapitel \therefsection:
    \nameref{refsection:\therefsection}}}
\chapter{Ein Beispiel}
\begin{refsection}
Ein Verweis mit \texttt{parencite}~\parencite{westfahl:space}. Und noch ein
weiterer.~\parencite{nietzsche:ksa}.
\end{refsection}
\chapter{Noch ein Beispiel}
\begin{refsection}
Ein Verweis mit \texttt{parencite}~\parencite{nietzsche:historie}.
Und noch ein weiterer.~\parencite{westfahl:frontier}.
\end{refsection}
\chapter{Das letzte}
\begin{refsection}
Ein Verweis mit \texttt{parencite}~\parencite{aristotle:anima}.
Und noch ein weiterer.~\parencite{averroes/bland}.
\end{refsection}
\chapter*{Referenzen}  \bibbysection
```

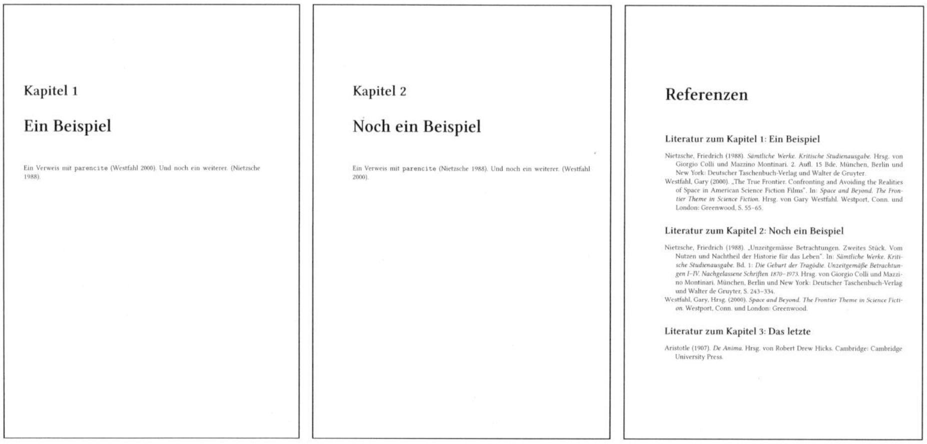
Kapitel 1

Ein Beispiel

Ein Verweis mit parencite (Westfahl 2000). Und noch ein weiterer. (Nietzsche 1988).

Kapitel 2

Noch ein Beispiel

Ein Verweis mit parencite (Nietzsche 1988). Und noch ein weiterer. (Westfahl 2000).

Referenzen

Literatur zum Kapitel 1: Ein Beispiel

Nietzsche, Friedrich (1988). *Sämtliche Werke. Kritische Studienausgabe.* Hrsg. von Giorgio Colli und Mazzino Montinari. 2. Aufl. 15 Bde. München, Berlin und New York: Deutscher Taschenbuch-Verlag und Walter de Gruyter.

Westfahl, Gary (2000). „The True Frontier. Confronting and Avoiding the Realities of Space in American Science Fiction Films". In: *Space and Beyond. The Frontier Theme in Science Fiction.* Hrsg. von Gary Westfahl. Westport, Conn. und London: Greenwood, S. 55–65.

Literatur zum Kapitel 2: Noch ein Beispiel

Nietzsche, Friedrich (1988). „Unzeitgemässe Betrachtungen. Zweites Stück. Vom Nutzen und Nachtheil der Historie für das Leben". In: *Sämtliche Werke. Kritische Studienausgabe.* Bd. 1: *Die Geburt der Tragödie. Unzeitgemäße Betrachtungen I–IV. Nachgelassene Schriften 1870–1973.* Hrsg. von Giorgio Colli und Mazzino Montinari. München, Berlin und New York: Deutscher Taschenbuch-Verlag und Walter de Gruyter, S. 243–334.

Westfahl, Gary, Hrsg. (2000). *Space and Beyond. The Frontier Theme in Science Fiction.* Westport, Conn. und London: Greenwood.

Literatur zum Kapitel 3: Das letzte

Aristotle (1907). *De Anima.* Hrsg. von Robert Drew Hicks. Cambridge: Cambridge University Press.

03-05-4

Das Makro \bibbysection ist eine Abkürzung für:

```
\printbibliography[section=1]
\printbibliography[section=2]
\printbibliography[section=3]
```

Je nach Zitierstil ist für eine unterteilte Gesamtbibliografie die Umgebung refsegment der oben angegebenen Umgebung refsection vorzuziehen. Der Unterschied besteht darin, dass die Label, die biblatex für jedes zitierte Werk generiert, für refsection lokal sind, während sie mit refsegment global für das gesamte Dokument gelten. Bei numerischer Zitierweise fangen die Label also bei jeder Umgebung refsection wieder bei »[1]« an. Aber auch bei der Verwendung des Stils authoryear kann es sinnvoll sein, die Umgebung refsegment einzusetzen, weil nur damit gewährleistet ist, dass im gesamten Dokument nicht zweimal dasselbe Label vergeben wird, sondern beispielsweise »Meier 2000a« und »Meier 2000b«.

Die Umgebungen refsection und refsegment können nicht weiter verschachtelt werden, man kann aber innerhalb einer refsection-Umgebung mehrere refsegment definieren, um beispielsweise für die Literaturverzeichnisse einzelner Artikel in einem Tagungsband jeweils eine thematische Untergliederung zu ermöglichen.

3.5.3 Vordefinierte Überschriften

Normalerweise wird ein Literaturverzeichnis als nicht nummerierter Abschnitt (oder Kapitel) ausgegeben. Will man die Bibliografie in das Inhaltsverzeichnis übernehmen, kann man auf vordefinierte Überschriften für den heading-Parameter im optionalen Argument des \printbibliography-Befehls zurückgreifen. Wie man sich eigene Überschriften definiert wurde bereits in Beispiel 03-05-2 auf Seite 80 und den folgenden gezeigt. Der Standard nennt sich bibliography, das heißt, dass \printbibliography[*heading=bibliography*] nichts anderes bewirkt als derselbe Befehl ohne optionales Argument. Will man die Literaturangaben im Text und im Inhaltsverzeichnis eine Gliederungsebene tiefer haben (beispielsweise \subsection* bei Artikel-Dokumentenklassen, \section* bei Buch-Klassen), so gibt es subbibliography. Mit bibintoc oder subbibintoc wird die Bibliografie in das Inhaltsverzeichnis aufgenommen. Eine zusätzliche Nummerierung erreicht man mit bibnumbered bzw. subbibnumbered.

3.6 Der Aufbau der Datenbank

Der Aufbau einer Datenbank, die mit biblatex verwendet wird, unterscheidet sich von einer herkömmlichen BibTeX-Datenbank grundsätzlich nicht. Im Folgenden wird deshalb nur auf einige Besonderheiten eingegangen, während die Grundlagen hinreichend in Abschnitt 4.1 auf Seite 145 beschrieben sind.

biblatex führt eine ganze Reihe neuer Felder ein, die entweder von den mitgelieferten Stilen bereits verwendet werden oder zur Verfügung stehen, um sie in angepassten Stilen einzusetzen (siehe Tabelle 3.11). Das reicht von redactor für Bearbeiter eines Werkes über shorthand für abgekürzt zitierte Literatur bis hin zu subtitle für Untertitel oder bookauthor für den Fall, dass der Autor eines Aufsatzes und der Buchautor (nicht der Herausgeber) übereinstimmen. Als Beispiel wäre hier an die gesammelten Aufsätze eines Autors zu denken, wobei man nur einen Aufsatz zitieren will, nicht aber das gesamte Buch. Dieser Fall konnte bisher mit BIBTEX nicht zufriedenstellend gelöst werden; mit biblatex gibt man den Autor (in den Feldern author und bookauthor), den Titel des Aufsatzes (title) und den Buchtitel (booktitle) an und erhält eine passende Ausgabe. In den mitgelieferten Stilen wird die Nennung des Buchautors unterdrückt. Mit modifizierten Stilen ließe er sich aber ausgeben oder durch »Ders.« ersetzen. Weiterhin gibt es die Felder origlanguage, origlocation, origtitle und origyear, die für übersetzte oder nachgedruckte Werke benutzt werden können, um die Angaben des Originalwerks in die Bibliografie aufzunehmen. Bis auf origlanguage werden diese Felder zwar nicht von den Standardstilen genutzt, sie lassen sich aber in angepassten Stilen verwenden.

Tabelle 3.11: Zusammenstellung der von biblatex unterstützten Typen für Datenbankeinträge. Angaben wie volume/number bedeuten volume oder number.

Name	*Typ*	*Felder*	*optionale Felder*
article	Zeitung oder Zeitschrift	author, title, journal, year/date	translator, annotator, commentator, subtitle, titleaddon, editor, editora, editorb, editorc, journalsubtitle, issuetitle, issuesubtitle, language, origlanguage, series, volume, number, eid, issue, month, pages, version, note, issn, addendum, pubstate, doi, eprint, eprintclass, eprinttype, url, urldate
periodical	ähnlich zu article	editor, title, year/date	editora, editorb, editorc, subtitle, issuetitle, issuesubtitle, language, series, volume, number, issue, date, month, year, note, issn, addendum, pubstate, doi, eprint, eprintclass, eprinttype, url, urldate
suppperiodical	wie periodical		
book	Buch	author, title, year/date	editor, editora, editorb, editorc, translator, annotator, commentator, introduction, foreword, afterword, subtitle, titleaddon, maintitle, mainsubtitle, maintitleaddon, language, origlanguage, volume, part, edition, volumes, series, number, note, publisher, location, isbn, chapter, pages, pagetotal, addendum, pubstate, doi, eprint, eprintclass, eprinttype, url, urldate

Fortsetzung ...

... Fortsetzung

Name	*Typ*	*Felder*	*optionale Felder*
inbook	Teil eines Buches	author, title, booktitle, year/date	bookauthor, editor, editora, editorb, editorc, translator, annotator, commentator, introduction, foreword, afterword, subtitle, titleaddon, maintitle, mainsubtitle, maintitleaddon, booksubtitle, booktitleaddon, language, origlanguage, volume, part, edition, volumes, series, number, note, publisher, location, isbn, chapter, pages, addendum, pubstate, doi, eprint, eprintclass, eprinttype, url, urldate
bookinbook	wie inbook		–
suppbook	wie inbook		–
booklet	Gebundenes Druckwerk	author/editor, title, year/date	subtitle, titleaddon, language, howpublished, type, note, location, chapter, pages, pagetotal, addendum, pubstate, doi, eprint, eprintclass, eprinttype, url, urldate
collection	Sammelband	editor, title, year/date	editora, editorb, editorc, translator, annotator, commentator, introduction, foreword, afterword, subtitle, titleaddon, maintitle, mainsubtitle, maintitleaddon, language, origlanguage, volume, part, edition, volumes, series, number, note, publisher, location, isbn, chapter, pages, pagetotal, addendum, pubstate, doi, eprint, eprintclass, eprinttype, url, urldate
incollection	Teil eines Sammelbands	author, editor, title, booktitle, year/date	editora, editorb, editorc, translator, annotator, commentator, introduction, foreword, afterword, subtitle, titleaddon, maintitle, mainsubtitle, maintitleaddon, booksubtitle, booktitleaddon, language, origlanguage, volume, part, edition, volumes, series, number, note, publisher, location, isbn, chapter, pages, addendum, pubstate, doi, eprint, eprintclass, eprinttype, url, urldate
suppcollection	ähnlich zu incollection		
reference	wie collection		–
inreference	wie incollection		–

Fortsetzung...

... Fortsetzung

Name	*Typ*	*Felder*	*optionale Felder*
proceedings	Konferenz-bericht	editor, title, year/date	subtitle, titleaddon, maintitle, mainsubtitle, maintitleaddon, eventtitle, eventdate, venue, language, volume, part, volumes, series, number, note, organization, publisher, location, month, isbn, chapter, pages, pagetotal, addendum, pubstate, doi, eprint, eprintclass, eprinttype, url, urldate
inproceedings	Teil eines proceedings	author, editor, title, booktitle, year/date	subtitle, titleaddon, maintitle, mainsubtitle, maintitleaddon, booksubtitle, booktitleaddon, eventtitle, eventdate, venue, language, volume, part, volumes, series, number, note, organization, publisher, location, month, isbn, chapter, pages, addendum, pubstate, doi, eprint, eprintclass, eprinttype, url, urldate
conference	wie inproceedings		
manual	Technische Dokumenta-tion	author/editor, title, year/date	subtitle, titleaddon, language, edition, type, series, number, version, note, organization, publisher, location, isbn, chapter, pages, pagetotal, addendum, pubstate, doi, eprint, eprintclass, eprinttype, url, urldate
misc	beliebig	author/editor, title, year/date	subtitle, titleaddon, language, howpublished, type, version, note, organization, location, date, month, year, addendum, pubstate, doi, eprint, eprintclass, eprinttype, url, urldate
online	WEB-Dokument	author/editor, title, year/date, url	subtitle, titleaddon, language, version, note, organization, date, month, year, addendum, pubstate, urldate
electronic	wie online		–
www	wie online		–
patent	Patent	author, title, number, year/date	holder, subtitle, titleaddon, type, version, location, note, date, month, year, addendum, pubstate, doi, eprint, eprintclass, eprinttype, url, urldate

Fortsetzung ...

... Fortsetzung

Name	*Typ*	*Felder*	*optionale Felder*
thesis	Doktorarbeit	author, title, type, institution, year/date	subtitle, titleaddon, language, note, location, month, chapter, pages, pagetotal, addendum, pubstate, doi, eprint, eprintclass, eprinttype, url, urldate
masterthesis	wie thesis ohne type		-
phdthesis	wie masterthesis		-
report	Institutsbericht	author, title, type, institution, year/date	subtitle, titleaddon, language, number, version, note, location, month, isrn, chapter, pages, pagetotal, addendum, pubstate, doi, eprint, eprintclass, eprinttype, url, urldate
techreport	wie report ohne type		-
unpublished	unveröffentlicht	author, title, year/date	subtitle, titleaddon, language, howpublished, note, location, date, month, year, addendum, pubstate, url, urldate
set	Veröffentlichungsliste	entryset	alle

biblatex unterscheidet verschiedene Arten von Feldern:

- ▷ Wortgetreue Felder wie title, deren Inhalt ausgegeben wird, wie er ist,
- ▷ Bereichsfelder wie page oder year, bei denen ein einfacher Divis (-) durch einen Halbgeviertstrich (LaTeX-Eingabe: --, Ausgabe: –) ersetzt wird,
- ▷ Zahlfelder wie edition oder month, die entweder als Ordinalzahl ausgegeben oder durch ein Wort ersetzt werden können,
- ▷ Datumsfelder wie date oder urldate, die ein bestimmtes Eingabeformat erfordern, nämlich JJJJ-MM-TT, also z. B. 2008-01-25 für den 25. Januar 2008, sowie
- ▷ Verbatim-Felder wie url oder doi, deren Inhalt bestimmte Sonderzeichen enthalten kann, z. B. Unterstriche (_) oder die Tilde (~).

Hinzu kommen noch Key-Felder, die einen bestimmten, festgelegten Wert enthalten können. Ein Beispiel für ein solches Feld ist pagination, in das man die Werte page, column, line, verse, paragraph und none eintragen kann. Dieses Feld bestimmt dann den Paginierungstyp, der beim Zitieren eines Werks benutzt wird. Normalerweise sind das Seiten (page), aber beispielsweise werden manche Lexika nach Spalten (column) gezählt. In Gedichtbänden könnte ein Verweis auf Verse sinnvoll sein, in kritischen Editionen auf Zeilennummern (line) oder in juristischen Werken auf Paragraphen. Stellt man pagination entsprechend ein, wird die Angabe im optionalen Argument des \cite-Befehls durch die sprachabhängige Bezeichnung oder ihr Kürzel (im Deutschen: S., Sp., Z., V., §) eingeleitet. Wählt man none aus, wird keine Paginierungsangabe gemacht.

Neben den genannten Feldern gibt es noch Listenfelder, die aus mehreren Einheiten bestehen, getrennt jeweils durch ein and. In traditionellem BibTeX ist diese Art von Feld lediglich bei author und editor gegeben; das entspricht in biblatex den Namenslisten (name lists), die in vier Teile zerlegt werden können: Vorname, Namenspräfix (z. B. »von«), Nachname und Namenssuffix (z. B. »senior«). biblatex führt aber noch eine weitere Art von Listenfeldern ein, die literal lists. Felder dieser Art sind sozusagen eine eingeschränkte Version der Namenslisten, die lediglich am »and« getrennt werden. Die Felder publisher, institution (bzw. school), organization und location (bzw. address) sind solche literal lists. Man sollte also den Ort einer Publikation folgendermaßen angeben:

```
location = {New York and Toronto and Berlin and Tokyo and Madrid},
```

Das hat den Vorteil, dass man mit den Paketoptionen maxitems und minitems die Zahl der auszugebenden Orte (Verlage, Institutionen usw.) eingrenzen kann. Die Standardwerte sind »3« für maxitems sowie »1« für minitems. Das obige Beispiel würde in der Standardeinstellung also »New York u. a.« ergeben. biblatex gibt das Feld auch aus, wenn die Orte durch Kommata getrennt sind, allerdings ist die maxitems/minitems-Funktionalität damit nicht mehr möglich. Für Namenslisten (Autoren/Herausgeber) heißen die entsprechenden Optionen maxnames und minnames. Sie können sowohl global (für alle Bibliografien in einem Dokument) als auch separat für jedes einzelne Verzeichnis definiert werden.

Neben neuen Feldern gibt es auch Eintragstypen, die beim Standard-BibTeX nicht dabei sind. Dies sind beispielsweise:

- ▷ collection für Bücher mit mehreren eigenständigen Beiträgen, die (normalerweise) keinen Autor, sondern einen oder mehrere Herausgeber haben; Beispiele sind Sammelbände oder Lexika.
- ▷ online für Internetquellen; die Typen electronic und www können synonym gebraucht werden. Das Feld url ist auch in anderen Eintragstypen verfügbar, das heißt, dass ein Artikel, der auch online erschienen ist, mit article erfasst werden sollte, während online eher für Webseiten, Blogs usw. gedacht ist.
- ▷ patent für Patente.
- ▷ periodical für Einzelausgaben von Zeitschriften (z. B. Sonderausgaben). Wenn sie einen eigenen Titel haben, kann er im Feld issuetitle angegeben werden. Damit wird dieser Eintragstyp anders verwendet als bei jurabib, wo periodical für Aufsätze in Zeitschriften gedacht war, die nach Bandzählung zitiert werden, nicht nach Jahreszählung. Das ist bei biblatex aber genauso mit article-Einträgen möglich.

Daneben definiert biblatex eine ganze Reihe von Eintragstypen, ohne sie in den Standardstilen einzusetzen. Das heißt, sie werden entweder ignoriert oder verweisen auf einen anderen Eintragstyp. Als Beispiel seien reference und inreference genannt, die Lexika bzw. Lexikonartikel repräsentieren. In den Standardstilen werden diese Eintragstypen wie collection bzw. incollection ausgegeben. In eigenen Bibliografiestilen lassen sich solche Eintragstypen dann nutzen und anpassen. Eine vollständige Liste dieser Eintragstypen findet sich in der biblatex-Dokumentation. [15]

Außerdem werden einige Typen anders verwendet als bei traditionellem BibTeX. Dazu gehören phdthesis und mastersthesis, die nur als Alias für den allgemeineren Eintragstyp thesis dienen. Dieser Eintragstyp hat wiederum ein Feld type, in dem die Art der Arbeit festgelegt werden kann. Vordefiniert sind phdthesis für Doktorarbeiten und mathesis für Magisterarbeiten. Wenn man nun phdthesis benutzt, wird eigentlich thesis mit type={phdthesis} verwendet. Die als Alias unterstützten Eintragstypen wie phdthesis können jedoch nicht für die Definition von unterteilten Literaturverzeichnissen aufgrund des Eintragstyps verwendet werden, d. h. in \printbibliography[nottype=phdthesis] bliebe die angegebene Option ohne Wirkung, während \printbibliography[nottype=thesis] auch die Einträge mit phdthesis ausschließt.

Auch inbook wird anders behandelt. Es ist kein Kapitel eines Buches, sondern ein selbständiger Beitrag in einem Buch und verhält sich damit zu book wie incollection zu collection. Wenn man überhaupt Buchkapitel in das Literaturverzeichnis aufnehmen möchte, kann man dafür die Felder chapter und pages heranziehen.

Obwohl biblatex für viele Probleme, die beim Umstieg von anderen Paketen wie natbib oder jurabib auftreten können, bereits Lösungen bereithält, wird man zumindest dann nicht umhinkommen, seine .bib-Dateien anzupassen, wenn man die Flexibilität von biblatex voll ausschöpfen möchte. Das sei noch kurz an einem Beispiel erläutert, nämlich der Handhabung von mehrbändigen Werken. Ein Werk in drei Bänden, das man als Ganzes zitieren möchte, gibt man etwa folgendermaßen an:

```
@Book{TP93-1,
  sorttitle = {TEX in Practice},
  author    = {von Bechtolsheim, Stephan},
  title     = {{\TeX} in Practice},
  subtitle  = {Basics},
  volume    = {1},
  volumes   = {4},
  publisher = {Springer-Verlag},
  location  = {New York and Berlin and Heidelberg and London},
  date      = 1993,
  isbn      = {0-387-97595-0}}
```

03-06-1

St. v. Bechtolsheim. [1]

Literatur

[1] Stephan von Bechtolsheim. *TEX in Practice. Basics.* Bd. 1. 4 Bde. New York u. a.: Springer-Verlag, 1993. ISBN: 0-387-97595-0.

```
\usepackage[backend=biber]{biblatex}
\bibliography{demo4}

St.\,v.\,Bechtolsheim.~\cite{TP93-1}

\printbibliography
```

Das Feld volumes gibt also die Gesamtzahl der Bände an, der Ausdruck »Bde.« richtet sich nach der Spracheinstellung. Will man nun lediglich den zweiten Band dieses Werkes zitieren, bräuchte man ja zwei title-Felder, eins für den Werktitel, das zweite für den Titel des Bandes. In diesem Fall wird der Werktitel mit maintitle gesetzt:

```
@book{voss:PST:2010,
  author   = {Herbert Voß},
  maintitle= {DANTE-Edition},
  title    = {PSTricks -- Grafik mit PostScript für {\TeX} und {\LaTeX}},
  volume   = {2},
  location = {Berlin},
  year     = {2010}
}
```

Herbert Voß. [1]

Literatur

[1] Herbert Voß. *DANTE-Edition*. Bd. 2: *PSTricks – Grafik mit PostScript für TEX und LATEX*. Berlin, 2010.

```
\usepackage[backend=biber]{biblatex}
\bibliography{demo5}

Herbert Voß.~\cite{voss:PST:2010}

\printbibliography
```

03-06-2

Das volumes-Feld ist in diesem Fall nicht gesetzt, sondern lediglich das Feld volume (Singular), das die Nummer des Einzelbandes angibt. Damit lassen sich also für viele Fälle flexible Lösungen finden, wie an einem weiteren Beispiel demonstriert werden soll:

```
@BOOK{Christiansen1980a,
  author          = {{Saxo Grammaticus}},
  title           = {Books X, XI, XII and XIII},
  location        = {Oxford},
  year            = {1980},
  gender          = {sm},
  series          = {BAR International Series},
  number          = {84},
  mainsubtitle    = {Books X--XVI},
  maintitle       = {Danorum Regum Heroumque Historia},
  maintitleaddon  = {The text of the first edition with translation and commentary
                     in three volumes},
  translator      = {Eric Christiansen},
  volume          = {1}
}
```

…[1]

Literatur

[1] Saxo Grammaticus. *Danorum Regum Heroumque Historia. Books X–XVI.* The text of the first edition with translation and commentary in three volumes. Bd. 1: *Books X, XI, XII and XIII.* Übers. von Eric Christiansen. BAR International Series 84. Oxford, 1980.

```
\usepackage[backend=biber]{biblatex}
\bibliography{demo6}

\ldots\cite{Christiansen1980a}

\printbibliography
```

03-06-3

Die obigen Beispiele zeigen aber nicht nur die Flexibilität von biblatex, die eine Anpassung der bibliografischen Daten erfordern, sondern lassen auch erkennen, dass man sich gut überlegen sollte, ob sich der Aufwand, die eigenen .bib-Dateien umzustellen, lohnt. Denn hat man seine Daten einmal umgestellt, sind sie unter Umständen nicht mit anderen, »herkömmlichen« Bibliografiestilen verwendbar, ohne die Anpassungen wieder rückgängig zu machen. Dennoch überwiegen eindeutig die Vorteile von biblatex und aus Sicherheitsgründen kann man von bestehenden Datenbanken eine Sicherheitskopie anlegen, bevor man sie auf eine Anwendung mit biblatex umstellt.

3.6.1 URLs und Besuchsdatum

Die zunehmende Zahl an Onlinequellen impliziert in der Regel auch eine Angabe des letzten Datums, bei der die Quelle noch vorhanden war. biblatex unterstützt dies mit dem Feldeintrag urldate, welches eine Angabe in der so genannten Tagebuchnotation YYYY-MM-TT erwartet.

```
@Online{biblatex,
 sorttitle  = {biblatex package},
 author     = {Lehman, Philipp},
 title      = {The \texttt{biblatex} package},
 subtitle   = {Programmable bibliographies and citations},
 version    = {1.1a},
 date       = {2011-01-08},
 url        = {http://mirror.ctan.org/macros/latex/biblatex/doc/biblatex.pdf},
 urldate    = {2011-01-08},
 annotation = {The official \texttt{biblatex} documentation.}
}
```

03-06-4

... biblatex. [1]

Literatur

[1] Philipp Lehman. *The biblatex package. Programmable bibliographies and citations.* Version 1.1a. 8. Jan. 2011. URL: http://mirror.ctan.org/macros/latex/biblatex/doc/biblatex.pdf (besucht am 08. 01. 2011).

```
\usepackage[backend=biber]{biblatex}
\bibliography{demo11}

\ldots\
\texttt{biblatex}.~\cite{biblatex}

\printbibliography
```

3.6.2 Sigel

Eine sehr nützliche Funktion von biblatex ist die Handhabung von Sigeln, also von Abkürzungen für häufig zitierte Literatur. Diese Sigel sind in den Geisteswissenschaften recht häufig anzutreffen. Als Beispiel sei hier ein Lexikon angeführt:

```
@COLLECTION{LMA,
  title     = {Lexikon des Mittelalters},
  address   = {München and Zürich},
  year      = {1980-1999},
```

```
  volumes   = {10},
  shorthand = {LexMA}
}
```

Sobald ein shorthand definiert ist, wird es für den Literaturverweis herangezogen. Es wird also bei numerischer Zitierweise keine Zahl ausgegeben, sondern »[LexMA]«. Das Gleiche gilt für die alphabetische Zitierweise. Bei authoryear und authortitle wird entsprechend »LexMA« ausgegeben. Bei den verbose-Stilen hingegen, bei denen der erste Verweis ja ein Vollzitat ist, wird die entsprechende Information angehängt.

... [*Lexikon des Mittelalters.* 10 Bde. München und Zürich, 1980-1999 (im Folgenden zit. als LexMA)] und nun nochmal zitiert. [LexMA]

Literatur

Lexikon des Mittelalters. 10 Bde. München und Zürich, 1980-1999.

```
\usepackage[style=verbose,
            backend=biber]{biblatex}
\bibliography{demo7}

\ldots\ [\cite{LMA}] und
nun nochmal zitiert.~[\cite{LMA}]
\printbibliography
```

03-06-5

Nutzt man solche Kürzel, sind sie bei Autor-Jahr- und Autor-Titel-Zitierweise nicht mehr einfach im Literaturverzeichnis aufzufinden. Bei numerischer und alphabetischer Zitierweise werden in der Bibliografie die Label vor die Literaturangabe geschrieben, so dass das Auffinden dort kein Problem darstellt. Man kann sich aber mit dem Befehl \printshorthands an beliebiger Stelle im Dokument eine Liste dieser Kürzel ausgeben lassen. Analog zu den vordefinierten Überschriften (siehe Seite 85) kann man dieses Sigelverzeichnis auch mit den Befehlen \printshorthands[heading=losintoc] und \printshorthands[heading=losnumbered] in das Inhaltsverzeichnis aufnehmen und im zweiten Fall nummerieren.

3.7 Anpassungen

Immer wieder ist es nötig, kleinere Anpassungen an der Darstellungsweise vorzunehmen. Solche Anpassungen können nicht über Paketoptionen eingestellt werden. Stattdessen werden die entsprechenden Befehle in der Präambel umdefiniert. Man kann diese Änderungen sowie die Paketoptionen auch in die Datei biblatex.cfg auslagern; sie gelten dann global und müssen nicht in jedem Dokument definiert werden. Die Definitionen finden sich allesamt in der Datei biblatex.def und den Dateien mit der Endung .bbx, .cbx oder .lbx.

3.7.1 Einzelne Elemente anders darstellen

Als Beispiel sollen die Titel von Zeitschriftenartikeln nicht von Anführungszeichen umschlossen werden. Für die Titel in den Verweisen ist das Feldformat »citetitle« verantwortlich. In biblatex.def sind diese Feldformate folgendermaßen definiert:

```
\DeclareFieldFormat{citetitle}{\mkbibemph{#1}}
\DeclareFieldFormat[article]{citetitle}{\mkbibquote{#1}}
\DeclareFieldFormat[book]{title}{\textsc{#1}}
```

Titel in Verweisen werden also kursiv gesetzt, Titel von Literaturangaben des Typs `article` werden dagegen in Anführungszeichen gesetzt. Der Befehl `\mkbibemph` hebt den Text wie `\emph` hervor; das Makro `\mkbibquote` aus dem Paket `biblatex` baut auf `\enquote` aus dem Paket `csquotes` [14] auf, das für die Benutzung von `biblatex` dringend empfohlen wird. Im folgenden Beispiel wird der Titel im Verweis kursiv gesetzt, *csquotes* wenn er sich nicht auf einen Artikel bezieht; in diesem Fall wird der Titel in Anführungsstriche gesetzt. Im Literaturverweis wird dagegen ein Buchtitel in Kapitälchen gesetzt, anderenfalls in der Form, wie sie durch den Stil vorgegeben ist.

03-07-1

foo Nietzsche, *Sämtliche Werke I*, bar Bertram und Wentworth, „Gromov invariants“

Literatur

Bertram, Aaron und Richard Wentworth. „Gromov invariants for holomorphic maps on Riemann surfaces“. In: *J. Amer. Math. Soc.* 9.2 (1996), S. 529–571.

Nietzsche, Friedrich. *Sämtliche Werke. Kritische Studienausgabe.* Bd. 1: DIE GEBURT DER TRAGÖDIE. UNZEITGEMÄSSE BETRACHTUNGEN I–IV. NACHGELASSENE SCHRIFTEN 1870–1973. Hrsg. von Giorgio Colli und Mazzino Montinari. 2. Aufl. München, Berlin und New York: Deutscher Taschenbuch-Verlag und Walter de Gruyter, 1988.

```
\usepackage[backend=biber,
  style=authortitle]{biblatex}
\DeclareFieldFormat{citetitle}%
  {\mkbibemph{#1}}
\DeclareFieldFormat[article]%
  {citetitle}{\mkbibquote{#1}}
\DeclareFieldFormat[book]%
  {title}{\textsc{#1}}
\bibliography{examples}

foo~\cite{nietzsche:ksa1},\quad% Buch
bar~\cite{bertram}% Artikel
\printbibliography
```

Die Befehle lassen sich nahezu beliebig abändern, so dass die Kursivierung bzw. das Einschließen in Anführungszeichen auch entfallen kann:

```
\DeclareFieldFormat{citetitle}{#1\isdot}
\DeclareFieldFormat[article]{citetitle}{#1\isdot}
```

Analog zu `article` kann man auch die »citetitle« anderer Typen anpassen. Für die Darstellung im Literaturverzeichnis sind dagegen andere Feldformate zuständig, die sich natürlich ebenfalls ändern lassen:

```
\DeclareFieldFormat{title}{#1\isdot}
\DeclareFieldFormat[article]{title}{#1\isdot}
```

Genauso lässt sich die Darstellung von allen anderen Feldern beeinflussen, wobei nicht für jedes Feld eine Unterscheidung zwischen Literaturverweisen und Bibliografie getroffen wird.

3.7.2 Darstellung und Reihenfolge von Namen

Anders als bei den übrigen Feldern eines BibTeX-Eintrags wird die Formatierung der Namen nicht durch \DeclareFieldFormat eingestellt. Das ist vor allem der Komplexität der Darstellung von Namen geschuldet, die ja in insgesamt vier Bestandteile zerlegt werden können, für deren Darstellung es jeweils einen eigenen Befehl gibt. Die oben angesprochenen Autorennamen in Kapitälchen erreicht man mit der Anweisung

```
\renewcommand*{\mkbibnamelast}[1]{\textsc{#1}}
```

Analog zum Nachnamen (\mkbibnamelast) lassen sich auch Vornamen (\mkbibnamefirst), der so genannte von-Teil des Namens (\mkbibnameprefix) sowie ein nachgestellter Teil (\mkbibnameaffix), beispielsweise der in amerikanischen Namen vorkommende »Jr.«, anpassen.

Will man die Reihenfolge der Namen ändern, etwa »Nachname, V.« statt »Vorname Nachname« in Verweisen, muss man sich die Namensformate ansehen. Für die Verweise ist das Namensformat »labelname« zuständig:

```
\DeclareNameFormat{labelname}{%
  \ifcase\value{uniquename}%
    \usebibmacro{name:last}{#1}{#3}{#5}{#7}%
  \or
    \ifuseprefix
      {\usebibmacro{name:first-last}{#1}{#4}{#5}{#8}}
      {\usebibmacro{name:first-last}{#1}{#4}{#6}{#8}}%
  \or
    \usebibmacro{name:first-last}{#1}{#3}{#5}{#7}%
  \fi
  \usebibmacro{name:andothers}}
```

Alle Einzelheiten können in diesem Rahmen nicht behandelt werden, aber es ist ersichtlich, dass hier verschiedene Makros aufgerufen werden. Aus den Namen (»name:last« und »name:first-last«, dazu gibt es noch »name:last-first«) lässt sich schon ableiten, dass sie für die Reihenfolge der Namen zuständig sind. An diese Makros werden insgesamt vier Argumente übergeben, wobei die folgenden acht Argumente in Frage kommen:

#1 Nachname
#2 Nachname (Initialen)
#3 Vorname
#4 Vorname (Initialen)
#5 Namenspräfix
#6 Namenspräfix (Initialen)
#7 Namensaffix
#8 Namensaffix (Initialen)

Will man nun in den Literaturverweisen die Reihenfolge umdrehen und die Vornamen nur abgekürzt ausgeben lassen (also »Nachname, V.«), kann man folgende Definition verwenden:

```
\DeclareNameFormat{labelname}{%
 \ifuseprefix
        {\usebibmacro{name:last-first}{#1}{#4}{#5}{#8}}
        {\usebibmacro{name:last-first}{#1}{#4}{#6}{#8}}%
 \usebibmacro{name:andothers}}
```

In der Bibliografie wird das Namensformat »sortname« verwendet, in allen anderen Fällen wird auf das Namensformat »default« zurückgegriffen, so im Sigelverzeichnis und bei den Erstzitaten der verbose-Stile. Die Namensformate sind wie auch die Feldformate in der Datei `biblatex.def` definiert, beziehungsweise in den jeweils verwendeten Stildateien, wo auch Neudefinitionen der Standardvorgaben zu finden sind.

3.8 Erstellen eigener Stile

Ein Verweisstil für `biblatex` besteht immer aus mindestens zwei Dateien, von denen eine für die Bibliografie zuständig ist (Endung `.bbx`) und die andere für das Aussehen der Literaturangaben im Text (Endung `.cbx`) und eventuell eine dritte für sprachspezifische Anpassungen (Endung `.lbx`). Dazu kommen dann noch die eigentliche Paketdatei von `biblatex` und allgemeine Definitionen (`biblatex.def`), die auch innerhalb der Stildateien umdefiniert werden können. Beim Erstellen eines neuen Stils gibt es grundsätzlich zwei sinnvolle Vorgehensweisen. Die erste Möglichkeit ist, einen bestehenden Stil einzubinden. Dazu stellt `biblatex` die Befehle `\RequireBibliographyStyle` und `\RequireCitationStyle` zur Verfügung. Will man etwa einen Stil kreieren, dessen Verweise im Text genauso aussehen wie beim `biblatex`-Stil »authoryear«, erstellt man eine `.cbx`-Datei, beispielsweise mit dem Namen `meinstil.cbx`, mit folgendem Inhalt:

```
\ProvidesFile{meinstil.cbx}[2011/01/01 v1.0 Kurzbeschreibung]
\RequireCitationStyle{authoryear}
\endinput
```

Damit werden alle Informationen aus `authoryear.cbx` übernommen, man muss lediglich eigene Anpassungen ergänzen oder Befehle umdefinieren. Der Nachteil dieser Vorgehensweise ist die Abhängigkeit von Änderungen an dem zugrunde liegenden Stil. Will man diese vermeiden, empfiehlt sich eine Neudefinition, die dann lediglich von den Definitionen im Paket `biblatex` selbst abhängig ist.

3.8.1 Sprachabhängige Definitionen

Als Vorlage für eine eigene Sprachdatei kann man eine der zahlreichen vorhandenen Dateien benutzen und im Wesentlichen nur das Makro `\DeclareBibliographyStrings` modifizieren. Das Makro bekommt als Parameter eine Key/Value-Liste der vorgegebenen Schlüssel und der zugeordneten Übersetzung, jeweils in Lang- und Kurzform:

```
\DeclareBibliographyStrings{%
  bibliography     = {{Literaturverzeichnis}{Literatur}},
  references       = {{Literaturverzeichnis}{Literatur}},
  shorthands       = {{Sigelverzeichnis}{Sigel}},
[...]
  idem             = {{derselbe}{ders\adddot}},
  idemsf           = {{dieselbe}{dies\adddot}},
  ibidem           = {{ebenda}{ebd\adddot}},
[...]
  january          = {{Januar}{Jan\adddot}},
  february         = {{Februar}{Feb\adddot}},
[...]
```

Wegen der Vielzahl der bereits vorhandenen Sprachdateien, empfiehlt es sich, die bereits bestehenden zu übernehmen und lediglich die notwendigen Änderungen durch Überschreiben vorzusehen:

```
\ProvidesFile{demo.lbx}[ demo.lbx, v 1.0 2010/11/27 ]

\InheritBibliographyExtras{german}
\DeclareBibliographyStrings{%
  inherit    = {ngerman},
  references = {{Literatur und Software}{Literatur/Software}},
}
\endinput
```

Durch `\InheritBibliographyExtras` können bestehende Definitionen geladen und dann mit `\DeclareBibliographyStrings` erweitert oder geändert werden. Mit dem Parameter `inherit` ist dabei dem Makro mitzuteilen, dass sich die folgenden Zuordnungen auf eine zu vererbende Sprachdefinition `ngerman` beziehen. Die bei den TeX-Distributionen bereits existierende `ngerman.lbx` ist faktisch identisch zur Datei `german.lbx`. Das folgende Beispiel zeigt die Anwendung der Sprachdatei `demo.lbx`, wobei zwingend eine Zuordnung der dem Paket `babel` bekannten Sprache `ngerman` und der eigenen `demo.lbx` vorgenommen werden muss. Dieses »Mapping« erfolgt über das Makro `\DeclareLanguageMapping`.

… [2] und [1].

Literatur/Software

[1] Aaron Bertram und Richard Wentworth. „Gromov invariants for holomorphic maps on Riemann surfaces“. In: *J. Amer. Math. Soc.* 9.2 (1996), S. 529–571.

[2] M. A. Kastenholz und Philippe H. Hünenberger. „Computation of methodology-independent ionic solvation free energies from molecular simulations. I. The electrostatic potential in molecular liquids“. In: *J. Chem. Phys.* 124, 124106 (2006). DOI: 10.1063/1.2172593.

03-08-1

```
\usepackage[ngerman]{babel}
\usepackage[style=demo,
            backend=biber]{biblatex}
\DeclareLanguageMapping{ngerman}{demo}
\bibliography{examples}

\ldots~\cite{kastenholz}
und \cite{bertram}.
\printbibliography
```

3.8.2 Verweise

Die Form der Verweise wird in einer Datei mit der Endung .cbx (Cite-BiblateX) festgelegt. Die Vorgehensweise soll hier am Beispiel des Makros \cite gezeigt werden.

```
\newbibmacro*{cite}{%
  \printtext{\printfield{prefixnumber}\printfield{labelnumber}}}

\DeclareCiteCommand{\cite}[\mkbibbrackets]
  {\usebibmacro{prenote}}
  {\usebibmacro{citeindex}\usebibmacro{cite}}
  {\multicitedelim}
  {\usebibmacro{postnote}}
```

Mit dem Makro \newbibmacro können analog zu \newcommand neue Befehle definiert werden, auf die man später mit \usebibmacro zugreifen kann. Der Name kann hier im Gegensatz zu \newcommand auch Ziffern und Sonderzeichen enthalten, beispielsweise *autor+verlag* und darf nicht mit einem Backslash beginnen..

\newbibmacro{*Name*} [n] [Standard] {*Definition*}
\newbibmacro*{*Name*} [n] [Standard] {*Definition*}
\renewbibmacro{*Name*} [n] [Standard] {*Definition*}
\renewbibmacro*{*Name*} [n] [Standard] {*Definition*}
\providebibmacro{*Name*} [n] [Standard] {*Definition*}
\providebibmacro*{*Name*} [n] [Standard] {*Definition*}
\DeclareCiteCommand\⟨*Makro*⟩ [Wrapper] {*Präfix*}{*Verweise*}{*Trenner*}{*Postfix*}
\DeclareCiteCommand*\⟨*Makro*⟩ [Wrapper] {*Präfix*}{*Verweise*}{*Trenner*}{*Postfix*}

Eine einfache Variante für eine Stildatei für Verweisbefehle wäre beispielsweise:

```
\ProvidesFile{test.cbx}[ 2011/01/01 v1.0 biblatex citation style ]
\DeclareCiteCommand{\cite}[\mkbibbrackets]{}{\usebibmacro{cite}}{}{}
\DeclareCiteCommand{\parencite}[\mkbibparens]{}{\usebibmacro{cite}}{}{}
\DeclareCiteCommand{\textcite}{}{\usebibmacro{cite}}{}{}
\endinput
```

Die beiden Makros \mkbibbrackets und \mkbibparens sind bereits intern mit einem Parameter definiert, können aber bei Bedarf überschrieben werden, wobei allerdings eine Definition eines eigenen Makros sinnvoller ist, um nicht in Konflikt mit internen Befehlen von biblatex zu kommen. Die beiden Befehle setzen den übergebenen Parameter in eckige, beziehungsweise in runde Klammern. Im folgenden Beispiel wird zur Demonstration das Makro \mkbibangles definiert und dem Befehl \cite zugeordnet.

Das optionale Argument bei der ersten Anwendung von \cite bleibt unberücksichtigt, da die Definition durch \DeclareCiteCommand dies nicht vorsieht.

```
\begin{filecontents*}{test.bbx}
\ProvidesFile{test.bbx}[ 2011/01/01 v1.0 biblatex bib style ]
% muss als Datei existieren, auch wenn sie hier leer ist
\endinput
\end{filecontents*}
\begin{filecontents*}{test.cbx}
\ProvidesFile{test.cbx}[ 2011/01/01 v1.0 biblatex citation style ]
\ExecuteBibliographyOptions{labelnumber}
\newbibmacro*{cite}{\printtext{\printfield{labelnumber}}}
\newcommand\mkbibangles[1]{$\langle$#1$\rangle$}
\DeclareCiteCommand{\cite}[\mkbibangles]{}{\usebibmacro{cite}}{}{}
\DeclareCiteCommand{\parencite}[\mkbibparens]{}{\usebibmacro{cite}}{}{}
\DeclareCiteCommand{\textcite}{}{\usebibmacro{cite}}{}{}
\endinput
\end{filecontents*}
\usepackage[style=test,backend=biber]{biblatex}
\bibliography{examples}
```

```
Normale Verweise~\cite[S.\,7]{kastenholz} und \cite{bertram}.
\ldots~\parencite{kastenholz} und \parencite{bertram}.
\ldots~\textcite{kastenholz} und \textcite{bertram}.
```

Normale Verweise ⟨2⟩ und ⟨1⟩. … (2) und (1). … 2 und 1. 03-08-2

Sollen auch Präfixe und Postfixe bei den Verweisbefehlen möglich sein, so müssen diese entsprechend beachtet werden:

```
\begin{filecontents*}{test.cbx}
\ProvidesFile{test.cbx}[ 2011/01/01 v1.0 biblatex citation style ]
\ExecuteBibliographyOptions{labelnumber}
\newbibmacro*{cite}{\printtext{\printfield{labelnumber}}}
\DeclareCiteCommand{\cite}[\mkbibbrackets]
                          {\usebibmacro{prenote}}
                          {\usebibmacro{citeindex}\usebibmacro{cite}}
                          {\multicitedelim}
                          {\usebibmacro{postnote}}
\endinput
\end{filecontents*}
%
\usepackage[style=test,backend=biber]{biblatex}
\bibliography{examples}
```

```
Normale Verweise~\cite[S.\,77]{kastenholz} und \cite{bertram}.\qquad
\ldots~\cite[siehe][77--99]{kastenholz} und \cite{kastenholz,bertram}.
```

Normale Verweise [2, S. 77] und [1].   … [siehe 2, S. 77–99] und [2; 1]. 03-08-3

Sollen statt der numerischen Verweise solche mit einem alphabetischen Kürzel erstellt werden, so muss lediglich das Paket biblatex mit der Option labelalpha geladen werden, beziehungsweise in der Stildatei test.bbx eine entsprechende Anweisung vorhanden sein und eine Neudefinition des Bibmakros cite vorgenommen werden.

```
\begin{filecontents*}{test.cbx}
\ProvidesFile{test.cbx}[ 2011/01/01 v1.0 biblatex citation style ]
\ExecuteBibliographyOptions{labelalpha}
\newbibmacro*{cite}{\printtext{\printfield{labelalpha}}}
\DeclareCiteCommand{\cite}[\mkbibbrackets]
                         {\usebibmacro{prenote}}
                         {\usebibmacro{citeindex}\usebibmacro{cite}}
                         {\multicitedelim}
                         {\usebibmacro{postnote}}
\endinput
\end{filecontents*}
%
\usepackage[style=test,backend=biber]{biblatex}
\bibliography{examples}
```

```
\ldots~\cite[S.\,77]{kastenholz} und \cite{bertram}.\qquad
\ldots~\cite[siehe][77--99]{kastenholz} und \cite{kastenholz,bertram}.
```

03-08-4 … [KH06, S. 77] und [BW96]. … [siehe KH06, S. 77–99] und [KH06; BW96].

3.8.3 Bibliografieliste

Die Formatierung und Ausgabe der Bibliografie wird von der .bbx-Datei gesteuert. Diese muss für jeden zulässigen Literaturtyp (siehe Tabelle 3.11 auf Seite 86 eine entsprechende Definition bereitstellen.

Spezielle Felder

Zeitschriftenartikel erfordern heutzutage sehr oft folgende Angaben:

- ISSN (International Standard Series Number), die bei Zeitschriften anstelle der ISBN anzuwenden ist.
- URL, da häufig Beiträge auch Online verfügbar sind.
- DOI (Digital Object Identifier), die für Onlineartikel verwendet wird.
- EPrint, eine ausschließlich bei Google in digitaler Form vorliegende Zeitschrift beziehungsweise ein Buch.

Diese Angaben sind aber nicht immer in Bibliografieverzeichnissen erwünscht, sodass sie über Paketoptionen verfügbar gemacht werden sollen. In biblatex werden boolsche Variablen mit dem Befehl \newtoggle definiert.

```
\newtoggle{bbx:issn}\newtoggle{bbx:url}\newtoggle{bbx:doi}\newtoggle{bbx:eprint}
%
\DeclareBibliographyOption{issn}[true]{\settoggle{bbx:issn}{#1}}
```

```
\DeclareBibliographyOption{url}[true]{\settoggle{bbx:url}{#1}}
\DeclareBibliographyOption{doi}[true]{\settoggle{bbx:doi}{#1}}
\DeclareBibliographyOption{eprint}[true]{\settoggle{bbx:eprint}{#1}}
```

Damit können sie mit dem Makro `\ExecuteBibliographyOptions` beliebig zu- oder abgeschaltet werden, oder auch über die Paketoption geladen werden.

Makro \printbibliography

Die Ausgabe der Bibliografie durch `\printbibliography` setzt eine Umgebung `bibliography` voraus, die als normale LaTeX-Liste definiert werden kann. Lediglich die Ausgabe des Labels über das Makro `\printtext` ist gesondert zu beachten:

```
\DeclareFieldFormat{labelnumberwidth}{\mkbibbrackets{#1}}
\defbibenvironment{bibliography}
  {\list{\printtext[labelnumberwidth]{\printfield{labelnumber}}}
        {\setlength\labelwidth{\labelnumberwidth}%
         \setlength\leftmargin{\labelwidth}\setlength\labelsep{\biblabelsep}%
         \addtolength\leftmargin{\labelsep}\setlength\itemsep{\bibitemsep}%
         \setlength\parsep{\bibparsep}}%
    \renewcommand*\makelabel[1]{\hss##1}}
  {\endlist}{\item}
```

Die Längen `\labelnumberwidth`, `\labelwidth`, `\biblabelsep`, `\bibitemsep` und `\bibparsep` sind bereits durch das Paket `biblatex` definiert.

Ausgabetreiber

Jeder Bibliografietyp erfordert seinen eigenen Treiber, wobei `biblatex` bereits für alle in Tabelle 3.11 auf Seite 86 aufgeführte Typen Treiber definiert hat. Diese stehen zur Verfügung, sobald man einen der mitgelieferten Stile benutzt. Hier soll zur Demonstration nur ein Treiber für den Typ `article` entwickelt werden. Die Vorgehensweise ist für alle Typen identisch und folgt immer demselben »Strickmuster«. Soweit die benutzten Befehle über `\newbibmacro` definiert wurden, sind sie durch `\usebibmacro` verfügbar. Aus Tabelle 3.11 auf Seite 86 kann man die verpflichtenden und optionalen Felder eines `article`-Eintrages entnehmen. Im Allgemeinen wird man nicht alle optionalen Elemente für eine Ausgabe vorsehen wollen und überlässt es daher bei einigen Optionen dem Anwender, den Treiber dann entsprechend zu erweitern.

```
\newbibmacro*{finentry}{\finentry}
%
\DeclareBibliographyDriver{article}{\usebibmacro{bibindex}%
  \usebibmacro{author/translator+others}\setunit{\labelnamepunct}\newblock% Autor
  \usebibmacro{title}\newunit                                   % Titel
  \usebibmacro{in:}\usebibmacro{journal+issuetitle}\newunit     % Zeitschrift
  \usebibmacro{note+pages}\newunit\newblock                     % Note und Seiten
  \iftoggle{bbx:issn}{\printfield{issn}}{}\newunit\newblock     % ISSN
  \usebibmacro{doi+eprint+url}\newunit\newblock                 % DOI, EPrint, URL
  \usebibmacro{finentry}}
```

Da der Autor bei Zeitschriftenartikeln manchmal nicht eindeutig feststeht, wird das durch biblatex definierte Makro {*author/translator+others*} benutzt. Die Definition kann man der Datei biblatex.def entnehmen:

```
\newbibmacro*{author/translator+others}{%
  \ifboolexpr{ test \ifuseauthor and not test {\ifnameundef{author}}}
    {\usebibmacro{author}}
    {\usebibmacro{translator+others}}}
\newbibmacro*{translator+others}{%
  \ifboolexpr{ test \ifusetranslator and not test {\ifnameundef{translator}}}
    {\printnames{translator}\setunit{\addcomma\space}%
     \usebibmacro{translator+othersstrg}\clearname{translator}}
    {}}
\newbibmacro*{translator+othersstrg}{%
  \ifboolexpr{ test {\ifnumgreater{\value{translator}}{1}} or
       test {\ifandothers{translator}}}
    {\def\abx@tempa{translators}}
    {\def\abx@tempa{translator}}%
  \ifnamesequal{translator}{commentator}
    {\appto\abx@tempa{co}\clearname{commentator}}
    {\ifnamesequal{translator}{annotator}%
       {\appto\abx@tempa{an}\clearname{annotator}}{}}%
  \ifnamesequal{translator}{introduction}
    {\appto\abx@tempa{in}\clearname{introduction}}
    {\ifnamesequal{translator}{foreword}{\appto\abx@tempa{fo}\clearname{foreword}}
       {\ifnamesequal{translator}{afterword}%
          {\appto\abx@tempa{af}\clearname{afterword}}{}}}%
  \bibstring{\abx@tempa}}
```

Für den Fall, dass der Autorenname benutzt werden soll (\ifuseauthor) *und* das Autorfeld *nicht* undefiniert ist (\ifnameundef{author}), wird der Autorname ausgegeben, anderenfalls wird in das Makro translator+others verzweigt. Hier erfolgt eine ähnliche Abfrage; existiert ein Übersetzer, so wird dieser ausgegeben, das Makro translator+othersstrg aufgerufen und danach das Feld translator gelöscht, anderenfalls wird nichts ausgegeben. Das letzte Makro gibt den Ausdruck »Übers.« (und gegebenenfalls Varianten) aus, wobei zwischen Singular und Plural unterschieden wird.

Da bei einem Zeitschriftenartikel faktisch immer ein Titel vorliegt, kann hier eine einfachere Variante genommen werden. Es ist lediglich ein Test auf einen Untertitel (subtitle) nötig. Beide werden in signifikanter Klein-/Großschreibung ausgegeben.

```
\newbibmacro*{title}{%
  \ifboolexpr{ test {\iffieldundef{title}} and test {\iffieldundef{subtitle}}}
    {}{\printtext[title]{\printfield[titlecase]{title}\setunit{\subtitlepunct}%
       \printfield[titlecase]{subtitle}}\newunit}%
  \printfield{titleaddon}}
```

Die folgenden Makros müssen alle neu definiert werden, da diese für biblatex unbekannt sind

```
\newbibmacro*{doi+eprint+url}{%
  \iftoggle{bbx:doi}{\printfield{doi}}{}\newunit\newblock
  \iftoggle{bbx:eprint}{\usebibmacro{eprint}}{}\newunit\newblock
  \iftoggle{bbx:url}{\usebibmacro{url+urldate}}{}}
\newbibmacro*{journal+issuetitle}{%
  \usebibmacro{journal}\setunit*{\addspace}%
  \iffieldundef{series}{}{\newunit\printfield{series}\setunit{\addspace}}%
  \usebibmacro{volume+number+eid}\setunit{\addspace}%
  \usebibmacro{issue+date}\setunit{\addcolon\space}%
  \usebibmacro{issue}\newunit}
\newbibmacro*{volume+number+eid}{%
  \printfield{volume}\setunit*{\adddot}%
  \printfield{number}\setunit{\addcomma\space}\printfield{eid}}
\newbibmacro*{issue+date}{%
  \printtext[parens]{%
    \iffieldundef{issue}%
      {\usebibmacro{date}}
      {\printfield{issue}\setunit*{\addspace}\usebibmacro{date}}}%
  \newunit}
\newbibmacro*{note+pages}{\printfield{note}\setunit{\bibpagespunct}%
  \printfield{pages}\newunit}
```

Formatierungen

Wie die einzelnen Felder ausgegeben werden, erfolgt über die \mk⟨*Name*⟩-Makros, die für viele Felder bereits in der Datei biblatex.def definiert wurden.

```
\DeclareFieldFormat{issn}{\mkbibacro{ISSN}\addcolon\space #1}
\DeclareFieldFormat{journaltitle}{\mkbibemph{#1}}
\DeclareFieldFormat{issuetitle}{\mkbibemph{#1}}
\DeclareFieldFormat{month}{\mkbibmonth{#1}}
\DeclareFieldFormat{note}{#1\isdot}
\DeclareFieldFormat{number}{#1}% number in a series
\DeclareFieldFormat[article]{number}{#1}% number of a journal
\DeclareFieldFormat{pages}{\mkpageprefix[bookpagination]{#1}}
\DeclareFieldFormat{pagetotal}{\mkpagetotal[bookpagination]{#1}}
\DeclareFieldFormat[article]{series}{% series of a journal
  \ifinteger{#1}{\mkbibordseries{#1}~\bibstring{jourser}}
                {\ifbibstring{#1}{\bibstring{#1}}{#1}}}
\DeclareFieldFormat[article]{title}{\mkbibquote{#1\isdot}}
\DeclareFieldFormat{url}{\mkbibacro{URL}\addcolon\space\url{#1}}
\DeclareFieldFormat{urldate}{\mkbibparens{\bibstring{urlseen}\space#1}}
\DeclareFieldFormat[article]{volume}{#1}% volume of a journal
```

Demnach wird der Titel durch \mkbibquote ausgegeben, also in Anführungsstriche gesetzt. Der Titel soll jedoch kursiv ausgegeben werden, so dass hier stattdessen

```
\DeclareFieldFormat[article]{title}{\mkbibemph{#1\isdot}}
```

verwendet wird. Das Makro \isdot, prüft, ob der Titel bereits mit einem Punkt endet. Die Ausgabe der Autoren ist etwas komplizierter, da hier verschiedene Dinge zu beachten sind. In Abschnitt 3.11.5 auf Seite 134 wird an einem Beispiel gezeigt, wie man hier vorgehen muss.

Anwendung

Das folgende Beispiel zeigt jetzt die Anwendung des neu erstellten Stils »test«. Wie zu erwarten war, wird der Titel jetzt kursiv ausgegeben.

```
\usepackage[style=test,backend=biber]{biblatex}   \bibliography{examples}

Normale Verweise~\cite[S.\,77]{kastenholz} und \cite{bertram}.\qquad
\ldots~\cite[siehe][77--99]{kastenholz} und \cite{kastenholz,bertram}.
\printbibliography
```

03-08-5 Normale Verweise [2, S. 77] und [1]. ... [siehe 2, S. 77–99] und [2; 1].

Literatur

[1] Aaron Bertram und Richard Wentworth. *Gromov invariants for holomorphic maps on Riemann surfaces.* In: *J. Amer. Math. Soc.* 9.2 (1996), S. 529–571.

[2] M. A. Kastenholz und Philippe H. Hünenberger. *Computation of methodology-independent ionic solvation free energies from molecular simulations. I. The electrostatic potential in molecular liquids.* In: *J. Chem. Phys.* 124, 124106 (2006). DOI: 10.1063/1.2172593.

3.9 Spezielle Längen und Makros – eine Auswahl

Es würde den Rahmen dieser Veröffentlichung sprengen, wollte mal alle von biblatex definierten Längen, Zähler und Makros behandeln. Es werden daher hier nur einige willkürlich ausgewählte behandelt, weitere findet man in den folgenden Abschnitten oder der Dokumentation zu biblatex.

3.9.1 Längen

Die Tabelle 3.12 auf der nächsten Seite zeigt eine Zusammenstellung der Längen, die die Ausgabe der Bibliografie beeinflussen. Die Längen erlauben eine optische Unterteilung verschiedener Bereiche der Literatur.

```
\usepackage[backend=biber]{biblatex}   \bibliography{examples}
\setlength\bibinitsep{2\normalbaselineskip}

\nocite{*} \printbibliography
```

Tabelle 3.12: Zusammenstellung der von `biblatex` verwendeten Längen.

name	*Beschreibung*
`\bibhang`	Die Einrückung der Bibliografie, falls die Dokumentenklasse dies unterstützt. Der Wert ist auf `\parindent` gesetzt.
`\biblabelsep`	Der horizontale Abstand zwischen dem Label und dem folgenden Bibliografieeintrag. Ist nur bei Stilen, die ein Label ausgeben, wirksam, beispielsweise `numeric` oder `alphabetic`. Wird auf den Wert von `2\labelsep` gesetzt.
`\bibitemsep`	Der vertikale Abstand zwischen zwei verschiedenen Bibliografieeinträgen. Ist auf den Wert `\itemsep` gesetzt.
`\bibnamesep`	Vertikaler Abstand zwischen zwei Bibliografieeinträgen mit unterschiedlichen Autoren/Herausgeber. Damit können Einträge gleicher Autoren optisch zusammengefasst werden. Der Standardwert ist 0pt.
`\bibinitsep`	Vertikaler Abstand zwischen zwei Bibliografieeinträgen mit unterschiedlichem Anfangsbuchstaben des Autorennachnamens. Damit können Einträge von Autoren mit gleichem Anfangsbuchstaben des Nachnamens optisch zusammengefasst werden. Der Standardwert ist 0pt.
`\bibparsep`	Der vertikale Abstand zwischen Absätzen innerhalb eines Bibliografieeintrages. Der Standardwert ist auf 0pt.

03-09-1

Literatur

[1] José L. Almendro u. a. „Elektromagnetisches Signalhorn". EU-29702195U (FR, GB, DE). 1998.

[2] Arnold Angenendt. „In Honore Salvatoris – Vom Sinn und Unsinn der Patrozinienkunde". In: *Revue d'Histoire Ecclésiastique* 97 (2002), S. 431–456, 791–823.

[3] Aristotle. *De Anima.* Hrsg. von Robert Drew Hicks. Cambridge: Cambridge University Press, 1907.

[4] Aristotle. *Physics.* Übers. von P. H. Wicksteed und F. M. Cornford. New York: G. P. Putnam, 1929.

[5] Aristotle. *Poetics.* Hrsg. von D. W. Lucas. Clarendon Aristotle. Oxford: Clarendon Press, 1968.

[6] Aristotle. *The Rhetoric of Aristotle with a commentary by the late Edward Meredith Cope.* Hrsg. und komm. von Edward Meredith Cope. 3 Bde. Cambridge University Press, 1877.

[7] Robert L. Augustine. *Heterogeneous catalysis for the synthetic chemist.* New York: Marcel Dekker, 1995.

[8] Averroes. *Drei Abhandlungen über die Conjunction des separaten Intellects mit dem Menschen. Von Averroes (Vater und Sohn), aus dem Arabischen übersetzt von Samuel Ibn Tibbon.* Hrsg. und übers. von J. Hercz. Berlin: S. Hermann, 1869.

[9] Averroes. *The Epistle on the Possibility of Conjunction with the Active Intellect by Ibn Rushd with the Commentary of Moses Narboni.* Hrsg. und übers. von Kalman P. Bland. Moreshet: Studies in Jewish History, Literature and Thought 7. New York: Jewish Theological Seminary of America, 1982.

[10] Averroes. *Des Averroës Abhandlung: „Über die Möglichkeit der Conjunktion" oder „Über den materiellen Intellekt".* Hrsg., übers. und erläut. von Ludwig Hannes. Halle an der Saale: C. A. Kaemmerer, 1892.

[11] John C. Baez und Aaron D. Lauda. *Higher-Dimensional Algebra V: 2-Groups.* Version 3. 27. Okt. 2004. arXiv:`math/0307200v3`.

[12] John C. Baez und Aaron D. Lauda. „Higher-Dimensional Algebra V: 2-Groups". Version 3. In: *Theory and Applications of Categories* 12 (2004), S. 423–491. arXiv:`math/0307200v3`.

[13] Aaron Bertram und Richard Wentworth. „Gromov invariants for holomorphic maps on Riemann surfaces". In: *J. Amer. Math. Soc.* 9.2 (1996), S. 529–571.

[14] Ahasver von Brandt und Erich Hoffmann. „Die nordischen Länder von der Mitte des 11. Jahrhunderts bis 1448". In: *Europa im Hoch- und Spätmittelalter.* Hrsg. von Ferdinand Seibt. Handbuch der europäischen Geschichte 2. Stuttgart: Klett-Cotta, 1987, S. 884–917.

[15] *The Chicago Manual of Style. The Essential Guide for Writers, Editors, and Publishers.* 15. Aufl. Chicago, Ill.: University of Chicago Press, 2003. ISBN: 0-226-10403-6.

[16] Willy W. Chiu und We Min Chow. *A Hybrid Hierarchical Model of a Multiple Virtual Storage (MVS) Operating System.* Forschungsber. RC-6947. IBM, 1978.

[17] Marcus Tullius Cicero. *De natura deorum. Über das Wesen der Götter.* Lateinisch und Deutsch. Hrsg. und übers. von Ursula Blank-Sangmeister. Mit einem Nachw. von Klaus Thraede. Stuttgart: Reclam, 1995.

[18] Samuel Taylor Coleridge. *The collected works of Samuel Taylor Coleridge.* Bd. 7.2: *Biographia literaria, or Biographical sketches of my literary life and opinions.* Hrsg. von Kathleen Coburn, James Engell und W. Jackson Bate. Bollingen Series 75. London: Routledge und Kegan Paul, 1983.

[19] Frank Albert Cotton u. a. *Advanced inorganic chemistry.* 6. Aufl. Chichester: Wiley, 1999.

[20] *CTAN. The Comprehensive TeX Archive Network.* 2006. URL: `http://www.ctan.org` (besucht am 01. 10. 2006).

```
\usepackage[backend=biber]{biblatex}   \bibliography{examples}
\setlength\bibinitsep{2\normalbaselineskip}
\setlength\bibnamesep{2\normalbaselineskip}

\nocite{*} \printbibliography
```

03-09-2

Literatur

[1] José L. Almendro u. a. „Elektromagnetisches Signalhorn“. EU-29702195U (FR, GB, DE). 1998.

[2] Arnold Angenendt. „In Honore Salvatoris – Vom Sinn und Unsinn der Patrozinienkunde“. In: *Revue d'Histoire Ecclésiastique* 97 (2002), S. 431–456, 791–823.

[3] Aristotle. *De Anima.* Hrsg. von Robert Drew Hicks. Cambridge: Cambridge University Press, 1907.

[4] Aristotle. *Physics.* Übers. von P. H. Wicksteed und F. M. Cornford. New York: G. P. Putnam, 1929.

[5] Aristotle. *Poetics.* Hrsg. von D. W. Lucas. Clarendon Aristotle. Oxford: Clarendon Press, 1968.

[6] Aristotle. *The Rhetoric of Aristotle with a commentary by the late Edward Meredith Cope.* Hrsg. und komm. von Edward Meredith Cope. 3 Bde. Cambridge University Press, 1877.

[7] Robert L. Augustine. *Heterogeneous catalysis for the synthetic chemist.* New York: Marcel Dekker, 1995.

[8] Averroes. *Drei Abhandlungen über die Conjunction des separaten Intellects mit dem Menschen. Von Averroes (Vater und Sohn), aus dem Arabischen übersetzt von Samuel Ibn Tibbon.* Hrsg. und übers. von J. Hercz. Berlin: S. Hermann, 1869.

[9] Averroes. *The Epistle on the Possibility of Conjunction with the Active Intellect by Ibn Rushd with the Commentary of Moses Narboni.* Hrsg. und übers. von Kalman P. Bland. Moreshet: Studies in Jewish History, Literature and Thought 7. New York: Jewish Theological Seminary of America, 1982.

[10] Averroes. *Des Averroës Abhandlung: „Über die Möglichkeit der Conjunktion“ oder „Über den materiellen Intellekt“.* Hrsg., übers. und erläut. von Ludwig Hannes. Halle an der Saale: C. A. Kaemmerer, 1892.

[11] John C. Baez und Aaron D. Lauda. *Higher-Dimensional Algebra V: 2-Groups.* Version 3. 27. Okt. 2004. arXiv:`math/0307200v3`.

[12] John C. Baez und Aaron D. Lauda. „Higher-Dimensional Algebra V: 2-Groups“. Version 3. In: *Theory and Applications of Categories* 12 (2004), S. 423–491. arXiv:`math/0307200v3`.

[13] Aaron Bertram und Richard Wentworth. „Gromov invariants for holomorphic maps on Riemann surfaces“. In: *J. Amer. Math. Soc.* 9.2 (1996), S. 529–571.

[14] Ahasver von Brandt und Erich Hoffmann. „Die nordischen Länder von der Mitte des 11. Jahrhunderts bis 1448“. In: *Europa im Hoch- und Spätmittelalter.* Hrsg. von Ferdinand Seibt. Handbuch der europäischen Geschichte 2. Stuttgart: Klett-Cotta, 1987, S. 884–917.

[15] *The Chicago Manual of Style. The Essential Guide for Writers, Editors, and Publishers.* 15. Aufl. Chicago, Ill.: University of Chicago Press, 2003. ISBN: 0-226-10403-6.

[16] Willy W. Chiu und We Min Chow. *A Hybrid Hierarchical Model of a Multiple Virtual Storage (MVS) Operating System.* Forschungsber. RC-6947. IBM, 1978.

[17] Marcus Tullius Cicero. *De natura deorum. Über das Wesen der Götter.* Lateinisch und Deutsch. Hrsg. und übers. von Ursula Blank-Sangmeister. Mit ei-

3.9.2 Makros

Die Tabelle 3.13 zeigt eine Zusammenstellung der allgemeinen Makros, die in allen Bereichen der Stildateien oder auch bei Neudefinitionen eingesetzt werden können.

Tabelle 3.13: Zusammenstellung der von `biblatex` verwendeten Makros.

Name	*Beschreibung*
`\bibellipsis`	Entspricht `[\ldots]`.
`\noligature`	Deaktiviert die Ausgabe von Ligaturen, entspricht der Notation `"|` aus dem Paket `babel`.
`\hyphenate`	Eingabe einer Trennmöglichkeit, wobei im Gegensatz zum standardmäßigen `\-` auch an anderen Stellen des Wortes getrennt werden kann. Entspricht der Notation `"-` aus dem Paket `babel`.
`\hyphen`	Angabe eines expliziten Bindestrichs, bei dem auch eine Trennmöglichkeit des restlichen Wortteils gegeben ist. Entspricht der Notation `"=` aus dem Paket `babel`.
`\nbhyphen`	Angabe eines expliziten Bindestrichs, bei dem keine Trennmöglichkeit gegeben ist. Entspricht der Notation `"~` aus dem Paket `babel`.
`\nohyphenation`	Schalter zum Deaktivieren der Trennung. Sollte in der Regel nur innerhalb einer Gruppe angewendet werden.
`\textnohyphenation{`*text*`}`	dito, jedoch nur gültig für *Text*.
`\mknumalph{`*Wert*`}`	Wandelt *Wert* (0…720) in eine analoge Zeichenfolge, wobei gilt: 1=a, …, 26=z, 27=aa, …, 702=zz. Wird eingesetzt für die Felder `extrayear` und `extraalpha`.
`\mkbibacro{`*Text*`}`	Wandelt *Text* als Akronym in Kapitälchen um. Stehen diese im aktuellen Font nicht zur Verfügung, so wird *Text* unverändert zurückgegeben. *Text* sollte in Großbuchstaben angegeben werden.

Fortsetzung…

... Fortsetzung

Name	*Beschreibung*
`\autocap{`*Zeichen*`}`	Wandelt *Zeichen* in Abhängigkeit der Umgebung (vorausgehender Punkt oder vorausgehendes Komma) in einen Großbuchstaben um.

Auflage Auflage

```
\usepackage{biblatex}

\Huge Auflage Auf\noligature lage
```

03-09-3

```
\usepackage[style=alphabetic,backend=biber]{biblatex}  \bibliography{examples}
\DeclareFieldFormat{edition}{%
  \ifinteger{#1}{\mkbibordedition{#1}\,\bibstring{edition}}{#1\isdot}}
\DefineBibliographyStrings{ngerman}{edition={Auf\noligature lage}}

Verweis~\cite{voss:pstricks} \printbibliography
```

Verweis [Voß10]

03-09-4

Literatur

[Voß10] Herbert Voß. *PSTricks – Grafik für TEX und LATEX*. 6. Auflage. Heidelberg/Berlin: DANTE – Lob.media, 2010.

3.10 biblatex – weitere Stile

Die folgenden Beispiele werden alle auf dieselben Einträge in der hier gezeigten Literaturdatenbank angewendet:

```
@Article{shore,
  author       = {Shore, Bradd},
  title        = {Twice-Born, Once Conceived},
  subtitle     = {Meaning Construction and Cultural Cognition},
  journaltitle = {American Anthropologist},
  volume       = {93},
  series       = {newseries},
  number       = {1},
  month        = {3},
  year         = {1991},
  pages        = {9--27},
  annotation   = {An \texttt{article} entry with \texttt{series}, \texttt{volume},
    and \texttt{number} fields. Note the format of the \texttt{series} which is a
    localization key}
}
@Book{averroes/bland,
  keywords    = {primary},
  hyphenation = {american},
  author      = {Averroes},
```

```
  editor      = {Bland, Kalman P.},
  translator  = {Bland, Kalman P.},
  indextitle  = {Epistle on the Possibility of Conjunction, The},
  title       = {The Epistle on the Possibility of Conjunction with the Active
        Intellect by Ibn Rushd with the Commentary of Moses Narboni},
  shorttitle  = {Possibility of Conjunction},
  series      = {Moreshet: Studies in Jewish History, Literature and Thought},
  number      = {7},
  publisher   = {Jewish Theological Seminary of America},
  location    = {New York},
  year        = {1982},
  annotation  = {A \texttt{book} entry with a \texttt{series} and a
    \texttt{number}. Note the concatenation of the \texttt{editor} and
    \texttt{translator} fields as well as the \texttt{indextitle} field}
}
@InCollection{brandt,
  options        = {useprefix=false},
  hyphenation    = {ngerman},
  indexsorttitle= {Nordischen Lander von der Mitte des 11. Jahrhunderts bis 1448},
  author         = {von Brandt, Ahasver and Erich Hoffmann},
  editor         = {Ferdinand Seibt},
  indextitle     = {Nordischen L{\"a}nder von der Mitte des 11.~Jahrhunderts bis
    1448, Die},
  title          = {Die nordischen L{\"a}nder von der Mitte des 11.~Jahrhunderts bis 1448},
  shorttitle     = {Die nordischen L{\"a}nder},
  booktitle      = {Europa im Hoch- und Sp{\"a}tmittelalter},
  series         = {Handbuch der europ{\"a}ischen Geschichte},
  number         = {2},
  publisher      = {Klett-Cotta},
  location       = {Stuttgart},
  year           = {1987},
  pages          = {884--917},
  annotation     = {An \texttt{incollection} entry with a \texttt{series} and a
    \texttt{number}. Note the format of the printed name and compare the
    \texttt{useprefix} option in the \texttt{options} field as well as
    \texttt{vangennep}. Also note the \texttt{indextitle, and \texttt{indexsorttitle}
    fields}}
}
@Online{ctan,
  label       = {CTAN},
  hyphenation= {american},
  title       = {CTAN},
  subtitle    = {The Comprehensive TeX Archive Network},
  year        = {2006},
  url         = {http://www.ctan.org},
  urldate     = {2006-10-01},
  annotation = {This is an \texttt{online} entry. The \textsc{url}, which is given
    in the \texttt{url} field, is transformed into a clickable link if \texttt{hyperref}
    support has been enabled. Note the format of the \texttt{urldate} field
    (\texttt{yyyy-mm-dd}) in the database file. It is also possible to use the fields
    \texttt{urlday}\slash \texttt{urlmonth}\slash \texttt{urlyear} instead. Also note
    the \texttt{label} field which may be used as a fallback by citation
    styles which need an \texttt{author} and\slash or a \texttt{year}}
}
@Collection{jaffe,
  editor      = {Jaff{\'e}, Philipp},
  redactor    = {Loewenfeld, Samuel and Kaltenbrunner, Ferdinand and Ewald, Paul},
```

```
  indextitle = {Regesta Pontificum Romanorum},
  title      = {Regesta Pontificum Romanorum ab condita ecclesia ad annum post
    Christum natum \textsc{mcxcviii}},
  shorttitle = {Regesta Pontificum Romanorum},
  volumes    = {2},
  edition    = {2},
  location   = {Leipzig},
  year       = {1885--1888},
  annotation = {A \texttt{collection} entry with \texttt{edition} and \texttt{volumes}
    fields. Note the \texttt{redactor} field}
}
@InBook{kant:kpv,
  shorthand   = {KpV},
  hyphenation = {ngerman},
  author      = {Kant, Immanuel},
  bookauthor  = {Kant, Immanuel},
  title       = {Kritik der praktischen Vernunft},
  shorttitle  = {Kritik der praktischen Vernunft},
  booktitle   = {Kritik der praktischen Vernunft. Kritik der Urtheilskraft},
  maintitle   = {Kants Werke. Akademie Textausgabe},
  volume      = {5},
  publisher   = {Walter de Gruyter},
  location    = {Berlin},
  year        = {1968},
  pages       = {1--163},
  annotation  = {An edition of Kant's \emph{Collected Works}, volume five.
    This is an \texttt{inbook} entry which explicitly refers to the
    \emph{Critique of Practical Reason} only, not to the entire fifth volume. Note
    the \texttt{author} and \texttt{bookauthor} fields in the database file. By default,
    the \texttt{bookauthor} is omitted if the values of the \texttt{author} and
    \texttt{bookauthor} fields are identical}
}
@Thesis{geer,
  options     = {useprefix=false},
  hyphenation = {american},
  author      = {de Geer, Ingrid},
  title       = {Earl, Saint, Bishop, Skald~--- and Music},
  subtitle    = {The Orkney Earldom of the Twelfth Century. A Musicological Study},
  institution = {Uppsala Universitet},
  type        = {phdthesis},
  location    = {Uppsala},
  year        = {1985},
  annotation  = {This is a typical \texttt{thesis} entry for a PhD thesis. Note the
    \texttt{type} field in the database file which uses a localization key. Also
    note the format of the printed name and compare the \texttt{useprefix} option in
    the \texttt{options} field as well as \texttt{vangennep}}
}
```

Zum Sortieren der Einträge wurde das Programm BibTeX verwendet, obwohl auch alle Beispiele mit dem Programm biber erfolgreich laufen sollten. Als Literatur-Datenbank dient die Beispieldatei `examples.bib`, die mit dem Paket `biblatex` als `biblatex-examples.bib` ausgeliefert wird. Der erste und letzte Verweis sind jeweils identisch, so dass den Beispielen auch das Verhalten der Stildateien für Mehrfachverweise entnommen werden kann.

Zur Zeit existieren die in Tabelle 3.14 zusammengestellten `biblatex`-Stile, die in der Regel noch über zusätzliche Optionen verfügen, so dass weitere Ausgabeformen möglich sind. Die entsprechenden Beschreibungen findet man in den Dokumentationen der einzelnen Pakete.

Tabelle 3.14: Zusammenstellung der Pakete, die zusätzliche Stile für `biblatex` bereitstellen.

Stil	*Hinweis*	*Beispiel*
`apa`	American Psychological Association	03-10-1
`authoryear-icomp-tt`	`authoryear-comp` und `authoryear-ibid`	03-10-2
`chem-angew`	Angewandte Chemie	03-10-3
`chem-biochem`	Biochemistry	03-10-4
`chicago`	Chicago Manual Style	03-10-5
`footnote-dw`	Vollzitat als Fußnote	03-10-6
`authortitle-dw`	Autor-Titel-Stil	03-10-7
`historian`	Standard	03-10-8
`biblatex-jura`	Juristische Schriften	03-10-9
`mla`	Modern Language Association	03-10-10
`nature`	Nature Journal	03-10-11
`science`	Science Journal	03-10-12
`historische-zeitschrift`	Historische Zeitschrift	03-10-13
`philosophy-classic`		03-10-14

3.10.1 American Psychology Association: style=apa

Ein Stil von Philip Kime für Veröffentlichungen im so genannten APA-Stil, der weit verbreitet ist.

```
\usepackage[style=apa,backend=biber]{biblatex}
\DeclareLanguageMapping{german}{german-apa} \bibliography{examples}

\ldots, die Verweise.~%
\cite{shore}; \cite{averroes/bland}; \cite{brandt}; \cite{ctan};
\cite{jaffe}; \cite{kant:kpv}; \cite{geer}; \cite{shore}
%@article: @book: @incollection: @online: @collection: @inbook: @thesis: @article:
\printbibliography
```

…, die Verweise. Shore, 1991; Averroes, 1982; Brandt und Hoffmann, 1987; „CTAN", 2006; Jaffé, 1885–1888; Kant, 1968; Geer, 1985; Shore, 1991 03-10-1

Literatur

Averroes. (1982). *The epistle on the possibility of conjunction with the active intellect by ibn rushd with the commentary of moses narboni* (K. P. Bland, Hrsg. & Übers.). Moreshet: Studies in Jewish History, Literature and Thought. New York: Jewish Theological Seminary of America.

Brandt, A. von & Hoffmann, E. (1987). Die nordischen Länder von der Mitte des 11. Jahrhunderts bis 1448. In F. Seibt (Hrsg.), *Europa im Hoch- und Spätmittelalter* (2, S. 884–917). Handbuch der europäischen Geschichte. Stuttgart: Klett-Cotta.

CTAN. (2006). Ctan: The comprehensive tex archive network. (2006). Zugriff am 1. Oktober 2006, unter `http://www.ctan.org`

Geer, I. de. (1985). *Earl, saint, bishop, skald – and music: The orkney earldom of the twelfth century. a musicological study.* (Diss., Uppsala Universitet, Uppsala).

Jaffé, P. (Hrsg.). (1885–1888). *Regesta pontificum romanorum ab condita ecclesia ad annum post christum natum* MCXCVIII. Leipzig,

Kant, I. (1968). Kritik der praktischen Vernunft. In *Kants Werke. Akademie Textausgabe:Bd. 5. Kritik der praktischen Vernunft. Kritik der Urtheilskraft* (S. 1–163). Berlin: Walter de Gruyter.

Shore, B. (1991 März). Twice-born, once conceived: Meaning construction and cultural cognition. *American Anthropologist*. N. F., *93* (1), 9–27.

3.10.2 style=authoryear-icomp-tt

Ein Autor-Jahr-Stil von Thomas Titz mit kompakten Wiederholungszitaten und einem ibidem-Mechanismus, welcher prinzipiell dem Stil entspricht (siehe Abschnitt 03-03-9 auf Seite 62).

```
\usepackage[style=authoryear-icomp-tt,
          backend=biber]{biblatex}  \bibliography{examples}

\ldots, die Verweise ~%
\cite{shore}; \cite{averroes/bland}; \cite{brandt}; \cite{ctan};
\cite{jaffe}; \cite{kant:kpv}; \cite{geer}; \cite{shore}
%@article: @book: @incollection: @online: @collection: @inbook: @thesis: @article:
\printbibliography
```

03-10-2 …, die Verweise. Shore 19911991; Averroes 19821982; Brandt und Hoffmann 19871987; CTAN 20062006; Jaffé 18851885–1888; KpV; Geer 19851985; Shore 19911991

Literatur

Averroes (1982). *The Epistle on the Possibility of Conjunction with the Active Intellect by Ibn Rushd with the Commentary of Moses Narboni.* Hrsg. und übers. von Kalman P. Bland. Moreshet: Studies in Jewish History, Literature and Thought 7. New York: Jewish Theological Seminary of America.

Brandt, Ahasver von und Erich Hoffmann (1987). „Die nordischen Länder von der Mitte des 11. Jahrhunderts bis 1448“. In: *Europa im Hoch- und Spätmittelalter.* Hrsg. von Ferdinand Seibt. Handbuch der europäischen Geschichte 2. Stuttgart: Klett-Cotta, S. 884–917.

CTAN (2006). *CTAN. The Comprehensive TeX Archive Network.* URL: `http://www.ctan.org` (besucht am 01. 10. 2006).

Geer, Ingrid de (1985). „Earl, Saint, Bishop, Skald – and Music. The Orkney Earldom of the Twelfth Century. A Musicological Study“. Diss. Uppsala: Uppsala Universitet.

Jaffé, Philipp, Hrsg. (1885–1888). *Regesta Pontificum Romanorum ab condita ecclesia ad annum post Christum natum* MCXCVIII. Bearb. von Samuel Loewenfeld, Ferdinand Kaltenbrunner und Paul Ewald. 2. Aufl. 2 Bde. Leipzig.

Kant, Immanuel (1968). „Kritik der praktischen Vernunft“. In: *Kants Werke. Akademie Textausgabe.* Bd. 5: *Kritik der praktischen Vernunft. Kritik der Urtheilskraft.* Berlin: Walter de Gruyter, S. 1–163.

Shore, Bradd (März 1991). „Twice-Born, Once Conceived. Meaning Construction and Cultural Cognition“. In: *American Anthropologist.* N. F. 93.1, S. 9–27.

3.10.3 Zeitschrift »Angewandte Chemie«: style=chem-angew

Ein Stil von Joseph Wright für die von der Gesellschaft Deutscher Chemiker herausgegebene Zeitschrift (http://www.wiley-vch.de/publish/en/journals/alphabeticIndex/2001/.

```
\usepackage[style=chem-angew,backend=biber]{biblatex} \bibliography{examples}
```

```
\ldots, die Verweise.~%
\cite{shore}; \cite{averroes/bland}; \cite{brandt}; \cite{ctan};
\cite{jaffe}; \cite{kant:kpv}; \cite{geer}; \cite{shore}
%@article: @book: @incollection: @online: @collection: @inbook: @thesis: @article:
\printbibliography
```

…, die Verweise. [1]; [2]; [3]; [4]; [5]; [KpV]; [6]; [1] 03-10-3

Literatur

[1] B. Shore, *American Anthropologist* **1991**, *93*, 9–27.

[2] Averroes, *The Epistle on the Possibility of Conjunction with the Active Intellect by Ibn Rushd with the Commentary of Moses Narboni* (Hrsg.: K. P. Bland), Jewish Theological Seminary of America, New York, **1982**.

[3] A. von Brandt, E. Hoffmann in *Europa im Hoch- und Spätmittelalter* (Hrsg.: F. Seibt), Klett-Cotta, Stuttgart, **1987**, S. 884–917.

[4] CTAN, The Comprehensive TeX Archive Network, 2006, http://www.ctan.org (besucht am 01. 10. 2006).

[5] *Regesta Pontificum Romanorum ab condita ecclesia ad annum post Christum natum* MCXCVIII (Hrsg.: P. Jaffé), Leipzig, 2. Aufl., **1885**.

[KpV] I. Kant in, *Kants Werke. Akademie Textausgabe, Bd. 5*, Walter de Gruyter, Berlin, **1968**, S. 1–163.

[6] I. de Geer, Diss., Uppsala Universitet, Uppsala, **1985**.

3.10.4 Zeitschrift »Biochemistry«: style=chem-biochem

Ein Stil von Joseph Wright für die von der American Chemical Society herausgegebene Zeitschrift.

```
\usepackage[style=chem-biochem,backend=biber]{biblatex} \bibliography{examples}
```

```
\ldots, die Verweise.~%
\cite{shore}; \cite{averroes/bland}; \cite{brandt}; \cite{ctan};
\cite{jaffe}; \cite{kant:kpv}; \cite{geer}; \cite{shore}
%@article: @book: @incollection: @online: @collection: @inbook: @thesis: @article:
\printbibliography
```

03-10-4 …, die Verweise. (*1*); (*2*); (*3*); (*4*); (*5*); (KpV); (*6*); (*1*)

Literatur

(1) Shore, B. (1991). Twice-Born, Once Conceived (Meaning Construction and Cultural Cognition). *American Anthropologist, 93*, 9–27.

(2) Averroes *The Epistle on the Possibility of Conjunction with the Active Intellect by Ibn Rushd with the Commentary of Moses Narboni*; Bland, K. P., Hrsg.; Moreshet: Studies in Jewish History, Literature and Thought 7; Jewish Theological Seminary of America: New York, 1982.

(3) Brandt, A. von, Hoffmann, E. in *Europa im Hoch- und Spätmittelalter*; Seibt, F., Hrsg.; Handbuch der europäischen Geschichte 2; Klett-Cotta: Stuttgart, 1987, S. 884–917.

(4) CTAN (The Comprehensive TeX Archive Network). http://www.ctan.org (besucht am 1. Okt. 2006).

(5) *Regesta Pontificum Romanorum ab condita ecclesia ad annum post Christum natum* MCXCVIII, 2. Aufl.; Jaffé, P., Hrsg.; Leipzig, 1885.

(KpV) Kant, I. in *Kants Werke. Akademie Textausgabe*; Walter de Gruyter: Berlin, 1968; Bd. 5, S. 1–163.

(6) Geer, I. de Earl, Saint, Bishop, Skald – and Music. Diss., Uppsala Universitet, Uppsala, 1985.

3.10.5 Chicago Manual of Style: style=biblatex-chicago

Ein Stil von David Fussner, insbesondere für Geisteswissenschaftler, der der 15. Auflage des »Chicago Manual of Style« folgt und als eigenes Paket biblatex-chicago geladen werden muss.

```
\usepackage[strict,babel=other,bibencoding=inputenc,
            backend=biber]{biblatex-chicago}
\bibliography{examplesA}

\ldots, die Verweise.~\cite{shore}; \cite{averroes/bland}; \cite{brandt};
\cite{ctan}; \cite{jaffe}; \cite{kant:kpv}; \cite{geer}; \cite{shore}
%@article: @book: @incollection: @online: @collection: @inbook: @thesis: @article:
\printbibliography
```

..., die Verweise. Bradd Shore, "Twice-Born, Once Conceived: Meaning Construction and Cultural Cognition," *American Anthropologist*, n.s., 93, no. 1 (March 1991): 9–27; Averroes, *The Epistle on the Possibility of Conjunction with the Active Intellect by Ibn Rushd with the Commentary of Moses Narboni*, ed. and trans. Kalman P. Bland, Moreshet: Studies in Jewish History, Literature and Thought 7 (New York: Jewish Theological Seminary of America, 1982); Ahasver von Brandt and Erich Hoffmann, "Die nordischen Länder von der Mitte des 11. Jahrhunderts bis 1448," in *Europa im Hoch- und Spätmittelalter*, ed. Ferdinand Seibt, Handbuch der europäischen Geschichte 2 (Stuttgart: Klett-Cotta, 1987), 884–917; "CTAN: The Comprehensive TeX Archive Network," 2006, `http://www.ctan.org` (accessed October 1, 2009); Philipp Jaffé, ed., *Regesta Pontificum Romanorum ab condita ecclesia ad annum post Christum natum* MCXCVIII, 2nd ed., 2 vols. (Leipzig, 1885–1888); Immanuel Kant, "Kritik der praktischen Vernunft," in *Kritik der praktischen Vernunft. Kritik der Urtheilskraft*, vol. 5 of *Kants Werke. Akademie Textausgabe* (Berlin: Walter de Gruyter, 1968), 1–163; Ingrid de Geer, "Earl, Saint, Bishop, Skald – and Music: The Orkney Earldom of the Twelfth Century. A Musicological Study" (PhD diss., Uppsala Universitet, 1985); Shore, "Twice-Born, Once Conceived" 03-10-5

References

Averroes. *The Epistle on the Possibility of Conjunction with the Active Intellect by Ibn Rushd with the Commentary of Moses Narboni*. Edited and translated by Kalman P. Bland. Moreshet: Studies in Jewish History, Literature and Thought 7. New York: Jewish Theological Seminary of America, 1982.

Brandt, Ahasver von, and Erich Hoffmann. "Die nordischen Länder von der Mitte des 11. Jahrhunderts bis 1448." In *Europa im Hoch- und Spätmittelalter*, edited by Ferdinand Seibt, 884–917. Handbuch der europäischen Geschichte 2. Stuttgart: Klett-Cotta, 1987.

"CTAN: The Comprehensive TeX Archive Network." 2006. `http://www.ctan.org` (accessed October 1, 2009).

Geer, Ingrid de. "Earl, Saint, Bishop, Skald – and Music: The Orkney Earldom of the Twelfth Century. A Musicological Study." PhD diss., Uppsala Universitet, 1985.

Jaffé, Philipp, ed. *Regesta Pontificum Romanorum ab condita ecclesia ad annum post Christum natum* MCXCVIII. 2nd ed. 2 vols. Leipzig, 1885–1888.

Kant, Immanuel. "Kritik der praktischen Vernunft." In *Kritik der praktischen Vernunft. Kritik der Urtheilskraft*, vol. 5 of *Kants Werke. Akademie Textausgabe*, 1–163. Berlin: Walter de Gruyter, 1968.

Shore, Bradd. "Twice-Born, Once Conceived: Meaning Construction and Cultural Cognition." *American Anthropologist*, n.s., 93, no. 1 (March 1991): 9–27.

3.10.6 Fußnoten: style=footnote-dw

Ein Stil von Dominik Waßenhoven, der speziell für Literaturangaben in Fußnoten gedacht ist. Der Stil ähnelt dem Stil verbose-inote, der Teil von biblatex ist. Er verweist in den Folgezitaten auf die Nummer der Fußnote, in der das Erstzitat steht.

```
\usepackage[style=footnote-dw,backend=biber]{biblatex} \bibliography{examples}
```

```
\ldots, die Verweise.~%
A\footcite{shore}; B\footcite{averroes/bland}; C\footcite{brandt}; D\footcite{ctan};
E\footcite{jaffe}; F\footcite{kant:kpv}; G\footcite{geer}; H\footcite{shore}
%@article: @book: @incollection: @online: @collection: @inbook: @thesis: @article:
\printbibliography
```

03-10-6

…, die Verweise. A[1]; B[2]; C[3]; D[4]; E[5]; F[6]; G[7]; H[8]

Literatur

Averroes: The Epistle on the Possibility of Conjunction with the Active Intellect by Ibn Rushd with the Commentary of Moses Narboni, hrsg. undübers. v. Kalman P. Bland (Moreshet: Studies in Jewish History, Literature and Thought 7), New York 1982.

Brandt, Ahasver von und Erich Hoffmann: Die nordischen Länder von der Mitte des 11. Jahrhunderts bis 1448, in: Ferdinand Seibt (Hrsg.): Europa im Hoch- und Spätmittelalter (Handbuch der europäischen Geschichte 2), Stuttgart 1987, S. 884–917.

CTAN. The Comprehensive TeX Archive Network, 2006, URL: http://www.ctan.org (besucht am 01. 10. 2006).

Geer, Ingrid de: Earl, Saint, Bishop, Skald – and Music. The Orkney Earldom of the Twelfth Century. A Musicological Study, Diss., Uppsala: Uppsala Universitet, 1985.

Jaffé, Philipp (Hrsg.): Regesta Pontificum Romanorum ab condita ecclesia ad annum post Christum natum MCXCVIII, bearb. v. Samuel Loewenfeld, Ferdinand Kaltenbrunner und Paul Ewald, 2. Aufl., 2 Bde., Leipzig 1885–1888.

Kant, Immanuel: Kritik der praktischen Vernunft, in: ders.: Kants Werke. Akademie Textausgabe, Bd. 5: Kritik der praktischen Vernunft. Kritik der Urtheilskraft, Berlin 1968, S. 1–163.

Shore, Bradd: Twice-Born, Once Conceived. Meaning Construction and Cultural Cognition, in: American Anthropologist, n. F. 93.1 (März 1991), S. 9–27.

[1] Bradd Shore: Twice-Born, Once Conceived. Meaning Construction and Cultural Cognition, in: American Anthropologist, n. F. 93.1 (März 1991), S. 9–27.

[2] Averroes: The Epistle on the Possibility of Conjunction with the Active Intellect by Ibn Rushd with the Commentary of Moses Narboni, hrsg. undübers. v. Kalman P. Bland (Moreshet: Studies in Jewish History, Literature and Thought 7), New York 1982.

[3] Ahasver von Brandt/Erich Hoffmann: Die nordischen Länder von der Mitte des 11. Jahrhunderts bis 1448, in: Ferdinand Seibt (Hrsg.): Europa im Hoch- und Spätmittelalter (Handbuch der europäischen Geschichte 2), Stuttgart 1987, S. 884–917.

[4] CTAN. The Comprehensive TeX Archive Network, 2006, URL: http://www.ctan.org (besucht am 01. 10. 2006).

[5] Philipp Jaffé (Hrsg.): Regesta Pontificum Romanorum ab condita ecclesia ad annum post Christum natum MCXCVIII, bearb. v. Samuel Loewenfeld/Ferdinand Kaltenbrunner/Paul Ewald, 2. Aufl., 2 Bde., Leipzig 1885–1888.

[6] Immanuel Kant: Kritik der praktischen Vernunft, in: ders.: Kants Werke. Akademie Textausgabe, Bd. 5: Kritik der praktischen Vernunft. Kritik der Urtheilskraft, Berlin 1968, S. 1–163 (im Folgenden zit. als KpV).

[7] Ingrid de Geer: Earl, Saint, Bishop, Skald – and Music. The Orkney Earldom of the Twelfth Century. A Musicological Study, Diss., Uppsala: Uppsala Universitet, 1985.

[8] Shore: Twice-Born, Once Conceived (wie Anm. 1).

3.10.7 Autor-Titel: style=authortitle-dw

Ein Stil von Dominik Waßenhoven für das Autor-Titel-Zitierformat. Er ist eine Abwandlung des gleichnamigen Stils von biblatex (authortitle). Mit Hilfe von zusätzlichen Optionen können Folgezitate als »ebd.« und Literaturangaben derselben Autoren mit »ders.«, »dies.« usw. ausgegeben werden.

```
\usepackage[style=authortitle-dw,
            backend=biber]{biblatex} \bibliography{examples}
\ldots, die Verweise.~%
\cite{shore}; \cite{averroes/bland}; \cite{brandt}; \cite{ctan};
\cite{jaffe}; \cite{kant:kpv}; \cite{geer}; \cite{shore}
%@article: @book: @incollection: @online: @collection: @inbook: @thesis: @article:
\printbibliography
```

…, die Verweise. Shore: Twice-Born, Once Conceived; Averroes: Possibility of Conjunction; Brandt/Hoffmann: Die nordischen Länder; CTAN; Jaffé (Hrsg.): Regesta Pontificum Romanorum; KpV; Geer: Earl, Saint, Bishop, Skald – and Music; Shore: Twice-Born, Once Conceived 03-10-7

Literatur

Averroes: The Epistle on the Possibility of Conjunction with the Active Intellect by Ibn Rushd with the Commentary of Moses Narboni, hrsg. undübers. v. Kalman P. Bland (Moreshet: Studies in Jewish History, Literature and Thought 7), New York 1982.

Brandt, Ahasver von und Erich Hoffmann: Die nordischen Länder von der Mitte des 11. Jahrhunderts bis 1448, in: Ferdinand Seibt (Hrsg.): Europa im Hoch- und Spätmittelalter (Handbuch der europäischen Geschichte 2), Stuttgart 1987, S. 884–917.

CTAN. The Comprehensive TeX Archive Network, 2006, URL: http://www.ctan.org (besucht am 01. 10. 2006).

Geer, Ingrid de: Earl, Saint, Bishop, Skald – and Music. The Orkney Earldom of the Twelfth Century. A Musicological Study, Diss., Uppsala: Uppsala Universitet, 1985.

Jaffé, Philipp (Hrsg.): Regesta Pontificum Romanorum ab condita ecclesia ad annum post Christum natum MCXCVIII, bearb. v. Samuel Loewenfeld, Ferdinand Kaltenbrunner und Paul Ewald, 2. Aufl., 2 Bde., Leipzig 1885–1888.

Kant, Immanuel: Kritik der praktischen Vernunft, in: ders.: Kants Werke. Akademie Textausgabe, Bd. 5: Kritik der praktischen Vernunft. Kritik der Urtheilskraft, Berlin 1968, S. 1–163.

Shore, Bradd: Twice-Born, Once Conceived. Meaning Construction and Cultural Cognition, in: American Anthropologist, n. F. 93.1 (März 1991), S. 9–27.

3.10.8 Geschichte: style=historian

Sander Gliboff stellt einen Stil zur Verfügung, der auf Turabians »Manual for Writers« basiert, einer Variante des »Chicago Manual of Style«.

```
\usepackage[style=historian,backend=biber]{biblatex} \bibliography{examples}

\ldots, die Verweise.~%
\cite{shore}; \cite{averroes/bland}; \cite{brandt}; \cite{ctan};
\cite{jaffe}; \cite{kant:kpv};       \cite{geer};    \cite{shore}
%@article: @book: @incollection: @online: @collection: @inbook: @thesis: @article:
\printbibliography
```

03-10-8 ..., die Verweise. Bradd Shore. "Twice-Born, Once Conceived: Meaning Construction and Cultural Cognition." *American Anthropologist,* new ser., 93, no. 1 (Mar. 1991): 9–27; Averroes. *The Epistle on the Possibility of Conjunction with the Active Intellect by Ibn Rushd with the Commentary of Moses Narboni.* Trans. and ed. Kalman P. Bland. New York: Jewish Theological Seminary of America, 1982; Ahasver von Brandt and Erich Hoffmann. "Die nordischen Länder von der Mitte des 11. Jahrhunderts bis 1448." In *Europa im Hoch- und Spätmittelalter,* ed. Ferdinand Seibt, 884–917. Stuttgart: Klett-Cotta, 1987; "CTAN: The Comprehensive TeX Archive Network." 2006. URL: `http://www.ctan.org` (accessed 10/01/2006); Philipp Jaffé, ed. *Regesta Pontificum Romanorum ab condita ecclesia ad annum post Christum natum* MCXCVIII. Red. by Samuel Loewenfeld, Ferdinand Kaltenbrunner, and Paul Ewald. 2 vols. 2nd ed. Leipzig, 1885–1888; Immanuel Kant. "Kritik der praktischen Vernunft." In *Kritik der praktischen Vernunft. Kritik der Urtheilskraft.* Vol. 5 of *Kants Werke. Akademie Textausgabe,* 1–163. Berlin: Walter de Gruyter, 1968 (henceforth cited as KpV); Ingrid de Geer. "Earl, Saint, Bishop, Skald – and Music: The Orkney Earldom of the Twelfth Century. A Musicological Study." PhD diss., Uppsala Universitet, 1985; Shore, "Twice-Born, Once Conceived."

References

Averroes. *The Epistle on the Possibility of Conjunction with the Active Intellect by Ibn Rushd with the Commentary of Moses Narboni.* Translated and edited by Kalman P. Bland. New York: Jewish Theological Seminary of America, 1982.

Brandt, Ahasver von and Erich Hoffmann. "Die nordischen Länder von der Mitte des 11. Jahrhunderts bis 1448." In *Europa im Hoch- und Spätmittelalter,* edited by Ferdinand Seibt, 884–917. Stuttgart: Klett-Cotta, 1987.

"CTAN: The Comprehensive TeX Archive Network." 2006. URL: `http://www.ctan.org` (accessed 10/01/2006).

Geer, Ingrid de. "Earl, Saint, Bishop, Skald – and Music: The Orkney Earldom of the Twelfth Century. A Musicological Study." PhD diss., Uppsala Universitet, 1985.

Jaffé, Philipp, editor. *Regesta Pontificum Romanorum ab condita ecclesia ad annum post Christum natum* MCXCVIII. Redacted by Samuel Loewenfeld, Ferdinand Kaltenbrunner, and Paul Ewald. 2 vols. 2nd ed. Leipzig, 1885–1888.

Kant, Immanuel. "Kritik der praktischen Vernunft." In *Kritik der praktischen Vernunft. Kritik der Urtheilskraft.* Vol. 5 of *Kants Werke. Akademie Textausgabe,* 1–163. Berlin: Walter de Gruyter, 1968.

Shore, Bradd. "Twice-Born, Once Conceived: Meaning Construction and Cultural Cognition." *American Anthropologist,* new series, 93, no. 1 (March 1991): 9–27.

3.10.9 Rechtswissenschaft: style=biblatex-jura

Ben E. Hard bietet einen Stil für eine deutsche juristische Zitierweise nach den Vorgaben des Nomos-Verlags an.

```
\usepackage[style=biblatex-jura,backend=biber]{biblatex} \bibliography{examples}
```

```
\ldots, die Verweise.~%
A\footcite[1]{shore}; B\footcite[3]{averroes/bland}; C\footcite[5]{brandt};
D\footcite[7]{ctan}; E\footcite[77]{jaffe}; F\footcite[10]{kant:kpv};
G\footcite[9]{geer}; H\footcite[123][Abs.3 S.4]{shore}
%@article: @book: @incollection: @online: @collection: @inbook: @thesis: @article:
\printbibliography
```

…, die Verweise. A[1]; B[2]; C[3]; D[4]; E[5]; F[6]; G[7]; H[8] 03-10-9

Literatur

Averroes, The Epistle on the Possibility of Conjunction with the Active Intellect by Ibn Rushd with the Commentary of Moses Narboni, hrsg. und übers. von *Kalman P. Bland* (Moreshet: Studies in Jewish History, Literature and Thought 7), New York 1982.

Ahasver von Brandt und *Erich Hoffmann*, Die nordischen Länder von der Mitte des 11. Jahrhunderts bis 1448, in: *Ferdinand Seibt* (Hrsg.), Europa im Hoch- und Spätmittelalter (Handbuch der europäischen Geschichte 2), Stuttgart 1987, S. 884–917.

Ingrid de Geer, Earl, Saint, Bishop, Skald – and Music. The Orkney Earldom of the Twelfth Century. A Musicological Study, Diss., Uppsala: Uppsala Universitet, 1985.

Philipp Jaffé (Hrsg.), Regesta Pontificum Romanorum ab condita ecclesia ad annum post Christum natum MCXCVIII, 2. Aufl.2 Bde., Leipzig 1885.

Immanuel Kant, Kritik der praktischen Vernunft, in: *Ders.*: Kants Werke. Akademie Textausgabe, Bd. 5: Kritik der praktischen Vernunft. Kritik der Urtheilskraft, Berlin 1968, S. 1–163.

Bradd Shore, Twice-Born, Once Conceived. Meaning Construction and Cultural Cognition, in: American Anthropologist, n. F. 93.1 März 1991, S. 9–27.

[1] *Shore*, Twice-Born, Once Conceived, American Anthropologist, 1991, (1).
[2] *Averroes*, Possibility of Conjunction, S. 3.
[3] *Brandt/Hoffmann*, Die nordischen Länder, in: *Seibt* (Hrsg.), Europa im Hoch- und Spätmittelalter, (5).
[4] , S. 7.
[5] *Jaffé*, Regesta Pontificum Romanorum, S. 77.
[6] *Kant*, Kritik der praktischen Vernunft, in: *Ders.*: Kritik der praktischen Vernunft. Kritik der Urtheilskraft, Bd. 5, S. 10.
[7] *Geer*, Earl, Saint, Bishop, Skald – and Music, S. 9.
[8] 123 *Shore*, Twice-Born, Once Conceived, American Anthropologist, 1991, (Abs.3 S.4).

3.10.10 Modern Language Association: style=mla

Dieser Stil von James Clawson setzt die Vorgaben der MLA um. Dieser Stil kann als Autor-Stil bezeichnet werden, da nur die Angaben zum Autor genutzt werden, es sei denn, man zitiert mehrere Werke desselben Autors. In diesem Fall werden auch die Titel der zitierten Werke ergänzt, weshalb man den MLA-Stil auch als Autor-Titel-Stil bezeichnen kann. Online-Quellen können hiermit nicht bearbeitet werden.

```
\usepackage[english]{babel}% keine deutsche Anpassung vorhanden
\usepackage[style=mla,backend=biber]{biblatex}
\bibliography{examples}

\ldots, die Verweise.~%
A~\autocite{shore}; B~\autocite{averroes/bland}; C~\autocite{brandt};
E~\autocite{jaffe}; F~\autocite{kant:kpv}; G~\autocite{geer};
H~\autocite{shore}; I~\autocite{kant:ku}
%@article: @book: @incollection: @collection: @inbook: @thesis:
%@article: @inBook
\printbibliography
```

03-10-10

…, die Verweise. A (Shore); B (Averroes); C (Brandt and Hoffmann); E (Jaffé); F (Kant, Kritik der praktischen Vernunft); G (Geer); H (Shore); I (Kant, Kritik der Urtheilskraft)

Works Cited

Averroes. *The Epistle on the Possibility of Conjunction with the Active Intellect by Ibn Rushd with the Commentary of Moses Narboni.* Ed. and trans. Kalman P. Bland. New York: Jewish Theological Seminary of America, 1982. Print. Moreshet: Studies in Jewish History, Literature and Thought 7.

Brandt, Ahasver von and Erich Hoffmann. "Die nordischen Länder von der Mitte des 11. Jahrhunderts bis 1448". *Europa im Hoch- und Spätmittelalter.* Ed. Ferdinand Seibt. Handbuch der europäischen Geschichte 2. Stuttgart: Klett-Cotta, 1987. 884–917. Print. Handbuch der europäischen Geschichte 2.

Geer, Ingrid de. "Earl, Saint, Bishop, Skald – and Music: The Orkney Earldom of the Twelfth Century. A Musicological Study". Diss. Uppsala Universitet, 1985. Print.

Jaffé, Philipp, ed. *Regesta Pontificum Romanorum ab condita ecclesia ad annum post Christum natum* MCXCVIII. Red. by Samuel Loewenfeld, Ferdinand Kaltenbrunner, and Paul Ewald. 2nd ed. 2 vols. Leipzig, 1885–1888. Print.

Shore, Bradd. "Twice-Born, Once Conceived: Meaning Construction and Cultural Cognition". *American Anthropologist* ns 93.1 (Mar. 1991): 9–27. Print. Ns.

3.10.11 Zeitschrift Nature: style=nature

Dieser Stil von Joseph Wright ermöglicht numerische Verweise mit einem Literaturverzeichnis, wie es die Zeitschrift Nature verlangt.

```
\usepackage[style=nature,backend=biber]{biblatex}
\bibliography{examples}

\ldots, die Verweise.~%
A\autocite{shore}; B\autocite{averroes/bland}; C\autocite{brandt};
D\autocite{ctan}; E\autocite{jaffe}; F\autocite{kant:kpv};
G\autocite{geer}; H\autocite{shore}
%@article: @book: @incollection: @online: @collection:
%@inbook: @thesis: %@article:
\printbibliography
```

..., die Verweise. A[1]; B[2]; C[3]; D[4]; E[5]; F[KpV]; G[6]; H[1] 03-10-11

References

1. Shore, B. Twice-Born, Once Conceived Meaning Construction and Cultural Cognition. *American Anthropologist* **93**, 9–27 (1991).
2. Averroes *The Epistle on the Possibility of Conjunction with the Active Intellect by Ibn Rushd with the Commentary of Moses Narboni* (ed Bland, K. P.) (Jewish Theological Seminary of America, 1982).
3. Brandt, A. von & Hoffmann, E. in *Europa im Hoch- und Spätmittelalter* (ed Seibt, F.) 884–917 (Klett-Cotta, 1987).
4. *CTAN The Comprehensive TeX Archive Network* <http://www.ctan.org> (2006).
5. *Regesta Pontificum Romanorum ab condita ecclesia ad annum post Christum natum* MCXCVIII 2nd ed. (ed Jaffé, P.) (1885).

KpV. Kant, I. in *Kants Werke. Akademie Textausgabe* 1–163 (Walter de Gruyter, 1968).

6. Geer, I. de *Earl, Saint, Bishop, Skald – and Music* PhD thesis (Uppsala Universitet, 1985).

3.10.12 Zeitschrift Science: style=science

Dieser Stil von Joseph Wright ermöglicht numerische Verweise mit einem Literaturverzeichnis, wie es die Zeitschrift Science verlangt.

```
\usepackage[style=science,backend=biber]{biblatex}
\bibliography{examples}
```

```
\ldots, die Verweise.~%
\autocite{shore}; \autocite{averroes/bland}; \autocite{brandt}; \autocite{ctan};
\autocite{jaffe}; \autocite{kant:kpv}; \autocite{geer}; \autocite{shore}
%@article: @book: @incollection: @online: @collection: @inbook: @thesis: @article:
\printbibliography
```

03-10-12 …, die Verweise. (*1*); (*2*); (*3*); (*4*); (*5*); (KpV); (*6*); (*1*)

References

1. B. Shore, *American Anthropologist* **93**, 9–27 (1991).
2. Averroes, *The Epistle on the Possibility of Conjunction with the Active Intellect by Ibn Rushd with the Commentary of Moses Narboni*, ed. and trans. by K. P. Bland (Jewish Theological Seminary of America, New York, 1982).
3. A. von Brandt, E. Hoffmann, in *Europa im Hoch- und Spätmittelalter*, ed. by F. Seibt (Klett-Cotta, Stuttgart, 1987), pp. 884–917.
4. *CTAN, The Comprehensive TeX Archive Network* (2006; http://www.ctan.org).
5. P. Jaffé, Ed., *Regesta Pontificum Romanorum ab condita ecclesia ad annum post Christum natum* MCXCVIII, red. by S. Loewenfeld, F. Kaltenbrunner, P. Ewald (Leipzig, ed. 2, 1885).

KpV. I. Kant, in, *Kants Werke. Akademie Textausgabe* (Walter de Gruyter, Berlin, 1968), vol. 5, pp. 1–163.

6. I. de Geer, PhD thesis, Uppsala Universitet (1985).

3.10.13 Zeitschrift: style=historische-zeitschrift

Dieser Stil von Dominik Waßenhoven ist ein Zitierstil nach den Richtlinien der »Historischen Zeitschrift«. Das Schema ist ein Vollzitat für die erste Zitation und »Autor, Kurztitel (wie Anm. N, S)« für alle folgenden Zitationen (wobei S für die Seitenzahl steht).

```
\usepackage[style=historische-zeitschrift,backend=biber]{biblatex}
\bibliography{examples}

\ldots, die Verweise.~A\autocite{shore}; B\autocite{averroes/bland};
C\autocite{brandt}; D\autocite{ctan}; E\autocite{jaffe}; F\autocite{kant:kpv};
G\autocite{geer}; H\autocite{shore}
%@article: @book: @incollection: @online: @collection: @inbook: @thesis: @article:
\printbibliography
```

..., die Verweise. A;[1] B;[2] C;[3] D;[4] E;[5] F;[6] G;[7] H[8] 03-10-13

References

Averroes, The Epistle on the Possibility of Conjunction with the Active Intellect by Ibn Rushd with the Commentary of Moses Narboni. Ed. and trans. by Kalman P. Bland. (Moreshet: Studies in Jewish History, Literature and Thought, vol. 7.) New York 1982.

Ahasver von Brandt/Erich Hoffmann, Die nordischen Länder von der Mitte des 11. Jahrhunderts bis 1448, in: Ferdinand Seibt (ed.), Europa im Hoch- und Spätmittelalter. (Handbuch der europäischen Geschichte, vol. 2.) Stuttgart 1987, 884–917.

CTAN. The Comprehensive TeX Archive Network. 2006. URL: `http://www.ctan.org` (visited on 10/01/2006).

Ingrid de Geer, Earl, Saint, Bishop, Skald – and Music. The Orkney Earldom of the Twelfth Century. A Musicological Study. PhD thesis. Uppsala: Uppsala Universitet 1985.

Philipp Jaffé (ed.), Regesta Pontificum Romanorum ab condita ecclesia ad annum post Christum natum MCXCVIII. Red. by Samuel Loewenfeld/Ferdinand Kaltenbrunner/Paul Ewald. 2 vols. 2nd ed. Leipzig 1885.

Immanuel Kant, Kritik der praktischen Vernunft. In: Kants Werke. Akademie Textausgabe. Vol. 5: Kritik der praktischen Vernunft. Kritik der Urtheilskraft. Berlin 1968, 1–163.

Bradd Shore, Twice-Born, Once Conceived. Meaning Construction and Cultural Cognition, in: American Anthropologist. New ser. 93.1, Mar. 1991, 9–27.

[1] *Bradd Shore*, Twice-Born, Once Conceived. Meaning Construction and Cultural Cognition, in: American Anthropologist. New ser. 93.1, Mar. 1991, 9–27.

[2] *Averroes*, The Epistle on the Possibility of Conjunction with the Active Intellect by Ibn Rushd with the Commentary of Moses Narboni. Ed. and trans. by Kalman P. Bland. (Moreshet: Studies in Jewish History, Literature and Thought, vol. 7.) New York 1982.

[3] *Ahasver von Brandt/Erich Hoffmann*, Die nordischen Länder von der Mitte des 11. Jahrhunderts bis 1448, in: Ferdinand Seibt (ed.), Europa im Hoch- und Spätmittelalter. (Handbuch der europäischen Geschichte, vol. 2.) Stuttgart 1987, 884–917.

[4] CTAN. The Comprehensive TeX Archive Network. 2006. URL: `http://www.ctan.org` (visited on 10/01/2006).

[5] *Philipp Jaffé* (ed.), Regesta Pontificum Romanorum ab condita ecclesia ad annum post Christum natum MCXCVIII. Red. by Samuel Loewenfeld/Ferdinand Kaltenbrunner/Paul Ewald. 2 vols. 2nd ed. Leipzig 1885.

[6] *Immanuel Kant*, Kritik der praktischen Vernunft. In: Kants Werke. Akademie Textausgabe. Vol. 5: Kritik der praktischen Vernunft. Kritik der Urtheilskraft. Berlin 1968, 1–163 (henceforth cited as KpV).

[7] *Ingrid de Geer*, Earl, Saint, Bishop, Skald – and Music. The Orkney Earldom of the Twelfth Century. A Musicological Study. PhD thesis. Uppsala: Uppsala Universitet 1985.

[8] *Shore*, Twice-Born, Once Conceived (see n. 1).

3.10.14 Zeitschrift: style=philosophy-classic

```
\usepackage[english,german,italian]{babel}
\usepackage[autostyle,italian=guillemets]{csquotes}
\usepackage[style=philosophy-classic,annotation=true,library=true,
    backref,hyperref]{biblatex}
\bibliography{philosophy-examples}

\defbibheading{esempio}{\section*{Bibliografia esemplificativa}}
\defbibheading{primary}{\section*{Riferimenti bibliografici}}
\defbibheading{siti}{\section*{Sitografia}}

\cite{Ethica,Metaphysica,Bacon:1620,Cartesio:2002,Corrocher:2009,
  Degani:2009,Descartes:1897,Facchinetti:2009a,Federspil:2009,
  Galilei1,Gregorio:2009,Kant:kpvcross,Kant:kpvxref,Kant:ku,
  Kants:Werke,Lehman:2009,Lobacevskij:1994,Moore:1903,Mori:2008,
  nietzsche:historie,Pantieri:2008,Pantieri:2009,Platone:timeo,
  Poincare:1968,Rossitto:1977,Russell:1905,Schlick:1930-3,
  Termini:2007,Valbusa:2007,senzadata,Bartocci:2007,Berti:1977,
  ctan,Facchinetti:2009,Federated2007,Filmed:2009,guit,
  Pasquinelli:1969,swif,tug}

\printshorthands

\defbibnote{notaesempio}{\small\sffamily Questa bibliografia contiene
gli esempi, pi\'e o meno fittizi, citati in questo articolo, esclusi i
testi contenuti nei riferimenti bibliografici. I dati relativi alle
voci si trovano nel file \texttt{philosophy-examples.bib}.}
\defbibnote{notariferimenti}{\small\sffamily In questa bibliografia si
noti come il campo \texttt{library} venga usato per produrre delle voci
commentate.}

\printbibliography[maxnames=999,minnames=999,prenote=notaesempio,
  heading=esempio,keyword=Esempio]

\printbibliography[maxnames=999,minnames=999,prenote=notariferimenti,
  heading=primary,keyword=primary]

\printbibliography[type=online,heading=siti]
```

Metaph.; *Eth. Nich.*; Bacon 1620; Bartocci *et al.* 2007; Berti 1977; Cartesio 2002; Corrocher 2009; Cox 2007; CTAN 2006; Degani, Adami e Belladelli 2009; Descartes 1897-1913; Facchinetti 2009; Facchinetti e Tsangalidis 2009; Federspil e Vettor 2009; Galilei 1632; Giaretta *et al.* 2009; Gregorio 2009; GuIT 2010; Kant 1968-a; KpV; Kant 1968-c, 1968; Lehman 2011; Lobačevskij 1994; Moore 1903; Mori 2008; Nietzsche 1988; Pantieri 2008, 2009; Pasquinelli 1969; Platone 2000; Poincaré 1968; Rossitto 1977; Russell 1905; Schlick 1930; SWIF 2008; Termini 2007; TUG 2010; Valbusa 2007; Verona s.d. 03-10-14

Sigle

KpV	Immanuel Kant, *Kritik der praktischen Vernunft*, in Kant (1968-a), pp. 1–163, Add data for field: Addendum; trad. it. *Critica della ragion pratica*, testo originale nell'edizione di Karl Vorländer, traduzione di Francesco Capra, revisione di Eugenio Garin, introduzione di Sergio Landucci, glossario a cura di Vittorio Mathieu, Laterza, Roma-Bari. Add data for field: Library.
Eth. Nich.	Aristotele, *Ethica Nichomachea*, s.d.; trad. it. *Etica Nicomachea*, a cura di Claudio Mazzarelli, testo greco a fronte, Bompiani, Milano.
Metaph.	Aristotele, *Metafisica*, a cura di Giovanni Reale, Bompiani, Milano 1998.

Bibliografia esemplificativa

Questa bibliografia contiene gli esempi, pié o meno fittizi, citati in questo articolo, esclusi i testi contenuti nei riferimenti bibliografici. I dati relativi alle voci si trovano nel file `philosophy-examples.bib`.

Aristotele (1998), *Metafisica*, a cura di Giovanni Reale, Bompiani, Milano. (Citato a p. 1.)
Generalmente autori di questo calibro non vengono inseriti in bibliografia. Tuttavia, se lo si volesse fare, è consigliato l'uso di una sigla per richiamarne le opere. In questa voce, la *Metafisica* di Aristotele viene richiamata nel testo con la sigla *Metaph.*, e con la paginazione diffusa nel campo degli studi aristotelici. Nella voce bibliografica si fa riferimento invece all'edizione italiana.

— (s.d.), *Ethica Nichomachea*; trad. it. *Etica Nicomachea*, a cura di Claudio Mazzarelli, testo greco a fronte, Bompiani, Milano. (Citato a p. 1.)
In questa voce viene indicato che si tratta di un'opera senza data (s. d.). Il titolo è quello dell'edizione classica delle opere di Aristotele a cura di I. Bekker. Nel testo, tuttavia, l'opera viene richiamta con la sigla *Eth. Nich.* e non con Aristotele (s. d.)

Bacon, Francis (1620), *Novum Organum*; trad. it. *Nuovo Organo*, a cura di Michele Marchetto, Bompiani, Milano. (Citato a p. 1.)
In questa voce viene citato il titolo e l'anno della prima edizione dell'*Organo*, in modo da contestualizzare cronologicamente l'opera. Anche il nome dell'autore è nella lingua originale, sebbene sarebbe ugualmente valido, in uno scritto di lingua italiana, riportarlo nella forma italiana diffusa, come avviene, analogamente, nella voce successiva.

3.10.15 Zeitschrift: style=philosophy-modern

```
\usepackage[english,german,italian]{babel}
\usepackage[babel,italian=guillemets]{csquotes}
\usepackage[style=philosophy-modern,annotation=true,library=true,
    backref,hyperref]{biblatex}
\bibliography{philosophy-examples}

\defbibheading{esempio}{\section*{Bibliografia esemplificativa}}
\defbibheading{primary}{\section*{Riferimenti bibliografici}}
\defbibheading{siti}{\section*{Sitografia}}

\cite{Ethica,Metaphysica,Bacon:1620,Cartesio:2002,Corrocher:2009,
  Degani:2009,Descartes:1897,Facchinetti:2009a,Federspil:2009,
  Galilei1,Gregorio:2009,Kant:kpvcross,Kant:kpvxref,Kant:ku,
  Kants:Werke,Lehman:2009,Lobacevskij:1994,Moore:1903,Mori:2008,
  nietzsche:historie,Pantieri:2008,Pantieri:2009,Platone:timeo,
  Poincare:1968,Rossitto:1977,Russell:1905,Schlick:1930-3,
  Termini:2007,Valbusa:2007,senzadata,Bartocci:2007,Berti:1977,
  ctan,Facchinetti:2009,Federated2007,Filmed:2009,guit,
  Pasquinelli:1969,swif,tug}

\printshorthands

\defbibnote{notaesempio}{\small\sffamily Questa bibliografia contiene
gli esempi, pi\'e o meno fittizi, citati in questo articolo, esclusi i
testi contenuti nei riferimenti bibliografici. I dati relativi alle
voci si trovano nel file \texttt{philosophy-examples.bib}.}
\defbibnote{notariferimenti}{\small\sffamily In questa bibliografia si
noti come il campo \texttt{library} venga usato per produrre delle voci
commentate.}

\printbibliography[maxnames=999,minnames=999,prenote=notaesempio,
  heading=esempio,keyword=Esempio]

\printbibliography[maxnames=999,minnames=999,prenote=notariferimenti,
  heading=primary,keyword=primary]

\printbibliography[type=online,heading=siti]
```

Metaph.; *Eth. Nich.*; Bacon 1620; Bartocci *et al.* 2007; Berti 1977; Cartesio 2002; Corrocher 2009; Cox 2007; CTAN 2006; Degani, Adami e Belladelli 2009; Descartes 1897-1913; Facchinetti 2009; Facchinetti e Tsangalidis 2009; Federspil e Vettor 2009; Galilei 1632; Giaretta *et al.* 2009; Gregorio 2009; GuIT 2010; Kant 1968-a; KpV; Kant 1968-c, 1968; Lehman 2011; Lobačevskij 1994; Moore 1903; Mori 2008; Nietzsche 1988; Pantieri 2008, 2009; Pasquinelli 1969; Platone 2000; Poincaré 1968; Rossitto 1977; Russell 1905; Schlick 1930; SWIF 2008; Termini 2007; TUG 2010; Valbusa 2007; Verona s.d. 03-10-15

Sigle

KpV Immanuel Kant, *Kritik der praktischen Vernunft*, in Kant (1968-a), pp. 1–163, Add data for field: Addendum; trad. it. *Critica della ragion pratica*, testo originale nell'edizione di Karl Vorländer, traduzione di Francesco Capra, revisione di Eugenio Garin, introduzione di Sergio Landucci, glossario a cura di Vittorio Mathieu, Laterza, Roma-Bari. Add data for field: Library.

Eth. Nich. Aristotele, *Ethica Nichomachea*, s.d.; trad. it. *Etica Nicomachea*, a cura di Claudio Mazzarelli, testo greco a fronte, Bompiani, Milano.

Metaph. Aristotele, *Metafisica*, a cura di Giovanni Reale, Bompiani, Milano 1998.

Bibliografia esemplificativa

Questa bibliografia contiene gli esempi, pié o meno fittizi, citati in questo articolo, esclusi i testi contenuti nei riferimenti bibliografici. I dati relativi alle voci si trovano nel file `philosophy-examples.bib`.

Aristotele

1998 *Metafisica*, a cura di Giovanni Reale, Bompiani, Milano. (Citato a p. 1.)
Generalmente autori di questo calibro non vengono inseriti in bibliografia. Tuttavia, se lo si volesse fare, è consigliato l'uso di una sigla per richiamarne le opere. In questa voce, la *Metafisica* di Aristotele viene richiamata nel testo con la sigla *Metaph.*, e con la paginazione diffusa nel campo degli studi aristotelici. Nella voce bibliografica si fa riferimento invece all'edizione italiana.

s.d. *Ethica Nichomachea*; trad. it. *Etica Nicomachea*, a cura di Claudio Mazzarelli, testo greco a fronte, Bompiani, Milano. (Citato a p. 1.)
In questa voce viene indicato che si tratta di un'opera senza data (s. d.). Il titolo è quello dell'edizione classica delle opere di Aristotele a cura di I. Bekker. Nel testo, tuttavia, l'opera viene richiamta con la sigla *Eth. Nich.* e non con Aristotele (s. d.)

3.11 biblatex – Fallbeispiele

In diesem Abschnitt werden hauptsächlich Beispiele angegeben, die in den Archiven der Newsgruppen `comp.text.tex` und `de.comp.text.tex` als Lösungen für entsprechende Anfragen angegeben wurden.

3.11.1 Datumsfeld auslesen

Das Makro `\citefield` gestattet das Auslesen beliebiger Felder eines Datenbankeintrages. Existiert beispielsweise in einer Literaturangabe eine »date«-Zeile in der Form `date = {2003-09-09}`, so können auch die einzelnen Datumsangaben ausgelesen werden, wobei hier wieder zwischen dem Format des Verweises und dem Format der Literaturangabe zu unterscheiden ist.

```
\usepackage[backend=biber]{biblatex} \bibliography{buch2}

Das Buch von \citeauthor{impatient} ist am \citefield{impatient}{day}.%
~\citefield{impatient}{month} \citefield{impatient}{year} erschienen.
\printbibliography
```

03-11-1

Das Buch von Abrahams, Berry und Hargreaves ist am 09. 09 2003 erschienen.

Literatur

[1] Paul W. Abrahams, Karl Berry und Kathryn Hargreaves. *TEX for the Impatient.* 9. Sep. 2003. URL: CTAN:/info/impatient/book.pdf.

Der Ausgabe kann entnommen werden, dass führende Nullen beim Tag und Monat standardmäßig nicht entfernt werden. In der Bibliografie erscheint das Datum ohnehin in der Langform. Durch Definition eines jeweils eigenen Formats für die Formatierung von Tag und Monat bei dem Verweis kann eine führende Null unterdrückt werden.

```
\usepackage[date=long,dateabbrev=false,backend=biber]{biblatex}
\bibliography{buch2}
\DeclareFieldFormat{Tag}{\stripzeros{#1}}
\DeclareFieldFormat{Monat}{\stripzeros{#1}}

Das Buch von \citeauthor{impatient} ist am \citefield{impatient}[Tag]{day}.~%
\citefield{impatient}[Monat]{month} \citefield{impatient}{year} erschienen.
\printbibliography
```

03-11-2

Das Buch von Abrahams, Berry und Hargreaves ist am 9. 9 2003 erschienen.

Literatur

[1] Paul W. Abrahams, Karl Berry und Kathryn Hargreaves. *TEX for the Impatient.* 9. September 2003. URL: CTAN:/info/impatient/book.pdf.

Im Gegensatz zu *day* existiert für *month* bereits eine sprachenabhängige Formatierung sowohl für den Verweis als auch die Literaturangabe, so dass obiges Beispiel bei Anwendung von `\citefield{impatient}[month]{month}` im Verweis zum gleichen Langnamen für den Monat führt, wie er in der Literaturangabe zu sehen ist.

3.11.2 Spezielle Zitierweise

Wenn in der Bibliografie mit Kurznamen (»shorthands«) für Autoren gearbeitet wird, kann bei folgenden Verweisen auf diesen Kurznamen verwiesen werden, anstelle des sonst üblichen vollen Nachnamens. Dazu müssen die entsprechenden Verweismakros überschrieben werden, was hier aus Platzgründen nur für `\cite` gezeigt wird; die Definition für `\textcite` ist in dem hier nicht sichtbaren Teil der Präambel. Durch die Paketoption `citetracker` ist es möglich, mit dem Makro `\ifciteseen` zu überprüfen, ob es sich um einen ersten oder einen wiederholten Verweis handelt. Beim ersten Verweis wird dann \usebibmacro{shorthandintro} benutzt, falls ein Kurzname (Sigel) in dem Bibliografieeintrag durch shorthand={...} vorhanden ist.

```
\usepackage[style=authoryear-comp,citetracker,backend=biber]{biblatex}
\renewbibmacro*{cite}{%
  \ifciteseen% Wiederholter Verweis?
   {\iffieldundef{shorthand}% shorthand nicht defniert?
     {\ifthenelse{\ifnameundef{labelname}\OR\iffieldundef{labelyear}}
        {\usebibmacro{cite:label}\setunit{\addspace}}
        {\printnames{labelname}\setunit{\nameyeardelim}}%
      \usebibmacro{cite:labelyear+extrayear}}% Ende shorthand nicht definert
     {\usebibmacro{cite:shorthand}}}%         shorthand vorhanden
   {\ifthenelse{\ifnameundef{labelname}\OR\iffieldundef{labelyear}}
        {\usebibmacro{cite:label}\setunit{\addspace}}
        {\printnames{labelname}\setunit{\nameyeardelim}}%
      \usebibmacro{cite:labelyear+extrayear}\usebibmacro{shorthandintro}}}
\bibliography{examples}
```

```
textcite: \textcite[3]{kant:ku}       textcite: \textcite[33]{voss:jena}
cite:     \cite[3]{kant:ku}           textcite: \textcite[3]{kant:ku}
parencite: \parencite[3]{kant:ku}     cite:     \cite[33]{voss:jena}
textcite: \textcite[33]{voss:jena}    parencite: \parencite[33]{voss:jena}
\printshorthands \printbibliography
```

textcite: Kant (1968 [im Folgenden zit. als KU], S. 3) textcite: Voß (2007 [im Folgenden zit. als Jena], S. 33) cite: KU, S. 3 textcite: KU (S. 3) parencite: (KU, S. 3) cite: Jena, S. 33 textcite: Jena (S. 33) parencite: (Jena, S. 33) 03-11-3

Sigel

Jena Herbert Voß (2007). *Allgemeine und sprachenspezifische Probleme bei der Entwicklung eines Textsatzsystems am Beispiel von TEX.* Vortrag im Institut für germanistische Sprachwissenschaft, Friedrich-Schiller-Universität Jena. URL: http://latex.userpages.fu-berlin.de/Materialien/Jena2007D.pdf.

KU Immanuel Kant (1968). "Kritik der Urtheilskraft". In: *Kants Werke. Akademie Textausgabe.* Bd. 5: *Kritik der praktischen Vernunft. Kritik der Urtheilskraft.* Berlin: Walter de Gruyter, S. 165–485.

Literatur

Kant, Immanuel (1968). "Kritik der Urtheilskraft". In: *Kants Werke. Akademie Textausgabe.* Bd. 5: *Kritik der praktischen Vernunft. Kritik der Urtheilskraft.* Berlin: Walter de Gruyter, S. 165–485.

Voß, Herbert (2007). *Allgemeine und sprachenspezifische Probleme bei der Entwicklung eines Textsatzsystems am Beispiel von TEX.* Vortrag im Institut für germanistische Sprachwissenschaft, Friedrich-Schiller-Universität Jena. URL: http://latex.userpages.fu-berlin.de/Materialien/Jena2007D.pdf.

3.11.3 Verschiedene Anzahl an zitierten Autoren

Durch die Parameter `maxnames` und `minnames` kann die Zahl der auszugebenden Autorennamen global gesteuert werden. Es lassen sich auch neue Zitierbefehle definieren, die von der global festgelegten Regel abweichen. Im folgenden Beispiel wird eine Sternversion des bestehenden Makros `\citeauthor` erstellt, die dann nur noch einen Autornamen ausgibt. Da zwei Literatureinträge über mehr als drei Autoren verfügen, wird bei diesen nach der Ausgabe der vorgegebenen Mindestanzahl dennoch ein »u. a.« ausgegeben. Bei Anwendung des neu definierten `\citeauthor*` ist es dann grundsätzlich nur noch ein Autor.

```
\usepackage[style=alphabetic,sorting=anyt,sortcites=true,maxnames=3,minnames=2,
    firstinits=true,abbreviate=true,block=none,backend=biber]{biblatex}
\DeclareCiteCommand*{\citeauthor}
  {\defcounter{maxnames}{1}\defcounter{minnames}{1}\boolfalse{citetracker}%
   \boolfalse{pagetracker}\usebibmacro{prenote}}
  {\ifciteindex{\indexnames{labelname}}{}\printnames{labelname}}
  {\multicitedelim}
  {\usebibmacro{postnote}}
\bibliography{examples}
% biber --bblsafechars <datei> wegen UTF8-Sonderzeichen
```

```
foo~\citeauthor{murray}; bar~\citeauthor{padhye}; baz~\citeauthor{aksin}
Jetzt nur noch einen Autor ausgeben: foo~\citeauthor*{murray}; bar~%
\citeauthor*{padhye}; baz~\citeauthor*{aksin}
\printbibliography[maxnames=99]
```

03-11-4 foo Hostetler, Wingate u. a.; bar Padhye, Firoiu und Towsley; baz Aksın, Türkmen u. a. Jetzt nur noch einen Autor ausgeben: foo Hostetler u. a.; bar Padhye u. a.; baz Aksın u. a.

Literatur

[AT+06] Ö. Aksın, H. Türkmen, L. Artok, B. Çetinkaya, C. Ni, O. Büyükgüngör und E. Özkal. “Effect of immobilization on catalytic characteristics of saturated Pd-N-heterocyclic carbenes in Mizoroki-Heck reactions”. In: *J. Organomet. Chem.* 691.13 (2006), S. 3027–3036.

[HW+98] M. J. Hostetler, J. E. Wingate, C.-J. Zhong, J. E. Harris, R. W. Vachet, M. R. Clark, J. D. Londono, S. J. Green, J. J. Stokes, G. D. Wignall, G. L. Glish, M. D. Porter, N. D. Evans und R. W. Murray. “Alkanethiolate gold cluster molecules with core diameters from 1.5 to 5.2 nm. Core and monolayer properties as a function of core size”. In: *Langmuir* 14.1 (1998), S. 17–30.

[PFT99] J. Padhye, V. Firoiu und D. Towsley. *A Stochastic Model of TCP Reno Congestion Avoidance and Control.* Techn. Ber. 99-02. Amherst, Mass.: University of Massachusetts, 1999.

Soll jetzt statt des standardmäßigen Nachnamens zusätzlich auch der Vorname ausgegeben werden, so muss dies als Option dem Makro `\printnames` bekannt gemacht werden.

```
\usepackage[style=alphabetic,sorting=anyt,sortcites=true,
            block=none,backend=biber]{biblatex}
\DeclareCiteCommand*{\citeauthor}
  {\boolfalse{citetracker}\boolfalse{pagetracker}\usebibmacro{prenote}}
  {\ifciteindex{\printnames[first-last]{labelname}}{}%
   \printnames[first-last]{labelname}}
  {\multicitedelim}
  {\usebibmacro{postnote}}
\bibliography{examples}% biber --bblencoding=ascii datei  wegen UTF8-Sonderzeichen
```

```
foo~\citeauthor{murray}; bar~\citeauthor{padhye}; baz~\citeauthor{aksin}\par
Jetzt nur noch einen Autor ausgeben: foo~\citeauthor*{murray}; bar~%
\citeauthor*{padhye}; baz~\citeauthor*{aksin}
\printbibliography[maxnames=99]
```

foo Hostetler u. a.; bar Padhye, Firoiu und Towsley; baz Aksın u. a.
Jetzt nur noch einen Autor ausgeben: foo Michael J. Hostetler u. a.; bar Jitendra Padhye, Victor Firoiu und Don Towsley; baz Özge Aksın u. a. 03-11-5

Literatur

[Aks+06] Özge Aksın, Hayati Türkmen, Levent Artok, Bekir Çetinkaya, Chaoying Ni, Orhan Büyükgüngör und Erhan Özkal. "Effect of immobilization on catalytic characteristics of saturated Pd-N-heterocyclic carbenes in Mizoroki-Heck reactions". In: *J. Organomet. Chem.* 691.13 (2006), S. 3027–3036.

[Hos+98] Michael J. Hostetler, Julia E. Wingate, Chuan-Jian Zhong, Jay E. Harris, Richard W. Vachet, Michael R. Clark, J. David Londono, Stephen J. Green, Jennifer J. Stokes, George D. Wignall, Gary L. Glish, Marc D. Porter, Neal D. Evans und Royce W. Murray. "Alkanethiolate gold cluster molecules with core diameters from 1.5 to 5.2 nm. Core and monolayer properties as a function of core size". In: *Langmuir* 14.1 (1998), S. 17–30.

[PFT99] Jitendra Padhye, Victor Firoiu und Don Towsley. *A Stochastic Model of TCP Reno Congestion Avoidance and Control.* Techn. Ber. 99-02. Amherst, Mass.: University of Massachusetts, 1999.

Mit dem zweiten optionalen Argument von `\printnames` können auch alle Namen ausgegeben werden: `\printnames[first-last][-\value{listtotal}]{labelname}`.

3.11.4 Anzahl Autoren in der Bibliografie

Die Anzahl der Autoren, die zum einen in Verweisen und zum anderen in Bibliografielisten ausgegeben wird, kann über die Angaben zu `maxnames` und `minnames` gesteuert werden. In manchen Fällen ist jedoch eine unterschiedliche Vorgehensweise sinnvoll, beispielsweise in Verweisen nur maximal drei Autoren, in der Bibliografie aber alle Autoren. Für diesen Fall kann man dem Makro `\printbibliography` die Option `maxnames=99` mitgeben, so dass dort keine Beschränkung vorhanden ist. Dies wurde bereits im Beispiel 03-11-4 auf der vorherigen Seite in einem anderen Zusammenhang gezeigt.

```
\usepackage[style=alphabetic,maxnames=3,minnames=3,backend=biber]{biblatex}
\bibliography{examples}% biber --bblencoding=ascii <datei> wegen UTF8-Sonderzeichen
```

```
foo~\cite{murray,padhye,aksin}    \printbibliography[maxnames=99]
```

03-11-6

foo [HWZ+98; PFT99; ATA+06]

Literatur

[ATA+06] Özge Aksın, Hayati Türkmen, Levent Artok, Bekir Çetinkaya, Chaoying Ni, Orhan Büyükgüngör und Erhan Özkal. "Effect of immobilization on catalytic characteristics of saturated Pd-N-heterocyclic carbenes in Mizoroki-Heck reactions". In: *J. Organomet. Chem.* 691.13 (2006), S. 3027–3036.

[HWZ+98] Michael J. Hostetler, Julia E. Wingate, Chuan-Jian Zhong, Jay E. Harris, Richard W. Vachet, Michael R. Clark, J. David Londono, Stephen J. Green, Jennifer J. Stokes, George D. Wignall, Gary L. Glish, Marc D. Porter, Neal D. Evans und Royce W. Murray. "Alkanethiolate gold cluster molecules with core diameters from 1.5 to 5.2 nm. Core and monolayer properties as a function of core size". In: *Langmuir* 14.1 (1998), S. 17–30.

[PFT99] Jitendra Padhye, Victor Firoiu und Don Towsley. *A Stochastic Model of TCP Reno Congestion Avoidance and Control.* Techn. Ber. 99-02. Amherst, Mass.: University of Massachusetts, 1999.

Sollen auch die mit `\textcite` erstellten Verweise alle Autoren aufweisen, so erfordert dies das explizite Setzen des Zählers `maxnames` unmittelbar nach `\begin{document}`.

```
\usepackage[style=alphabetic,backend=biber]{biblatex}\bibliography{examples}
% biber --bblencoding=ascii <datei> wegen UTF8-Sonderzeichen
```

```
\setcounter{maxnames}{99}foo~\textcite{murray,padhye,aksin}
bar~\cite{murray,padhye,aksin} \setcounter{maxnames}{3} \printbibliography
```

03-11-7

foo Hostetler, Wingate, Zhong, Harris, Vachet, Clark, Londono, Green, Stokes, Wignall, Glish, Porter, Evans und Murray [Hos+98]; Padhye, Firoiu und Towsley [PFT99]; Aksın, Türkmen, Artok, Çetinkaya, Ni, Büyükgüngör und Özkal [Aks+06] bar [Hos+98; PFT99; Aks+06]

Literatur

[Aks+06] Özge Aksın u. a. "Effect of immobilization on catalytic characteristics of saturated Pd-N-heterocyclic carbenes in Mizoroki-Heck reactions". In: *J. Organomet. Chem.* 691.13 (2006), S. 3027–3036.

[Hos+98] Michael J. Hostetler u. a. "Alkanethiolate gold cluster molecules with core diameters from 1.5 to 5.2 nm. Core and monolayer properties as a function of core size". In: *Langmuir* 14.1 (1998), S. 17–30.

[PFT99] Jitendra Padhye, Victor Firoiu und Don Towsley. *A Stochastic Model of TCP Reno Congestion Avoidance and Control.* Techn. Ber. 99-02. Amherst, Mass.: University of Massachusetts, 1999.

3.11.5 Gesonderte Autorenformatierung

Die Autoren werden standardmäßig in der normalen Schriftart (`\normalfont\normalsize`) und der Reihenfolge *Vorname Nachname, Vorname Nachname,...* ausgegeben.

```
\usepackage[maxnames=99,minnames=99,backend=biber]{biblatex}
\bibliography{examples}
```

```
foo~\cite{kastenholz} und \cite{murray}. Der Eintrag von~\cite{kastenholz} \ldots
\printbibliography
```

foo [2] und [1]. Der Eintrag von [2] ... 03-11-8

Literatur

[1] Michael J. Hostetler, Julia E. Wingate, Chuan-Jian Zhong, Jay E. Harris, Richard W. Vachet, Michael R. Clark, J. David Londono, Stephen J. Green, Jennifer J. Stokes, George D. Wignall, Gary L. Glish, Marc D. Porter, Neal D. Evans und Royce W. Murray. "Alkanethiolate gold cluster molecules with core diameters from 1.5 to 5.2 nm. Core and monolayer properties as a function of core size". In: *Langmuir* 14.1 (1998), S. 17–30.

[2] M. A. Kastenholz und Philippe H. Hünenberger. "Computation of methodology-independent ionic solvation free energies from molecular simulations. I. The electrostatic potential in molecular liquids". In: *J. Chem. Phys.* 124, 124106 (2006). DOI: `10.1063/1.2172593`.

Jetzt soll jedoch der erste Autor in Kapitälchen und zusätzlich in umgekehrter Reihenfolge gesetzt werden, also NACHNAME, *Vorname*. Dazu wird das neue Sortierkriterium *sortname+1stcaps* definiert, welches bis auf zwei ergänzte Zeilen identisch zu der Standardvorgabe in `biblatex` ist.

```
\usepackage[minnames=3,maxnames=3,backend=biber]{biblatex}
\DeclareNameFormat{sortname+1stcaps}{%
 \ifnum\value{listcount}=1\relax%               <-der erste Autor?
   \renewcommand*\mkbibnamelast{\textsc}%       <-neu
   \usebibmacro{name:last-first}{#1}{#3}{#5}{#7}%
   \ifblank{#3#5}{}{\usebibmacro{name:revsdelim}}%
 \else
   \renewcommand*\mkbibnamelast[1]{#1}%         <-neu
   \usebibmacro{name:first-last}{#1}{#3}{#5}{#7}%
 \fi%
 \usebibmacro{name:andothers}}
\DeclareNameAlias{author}{sortname+1stcaps}
\DeclareNameAlias{editor}{sortname+1stcaps}
\bibliography{examples}
```

```
foo~\cite{kastenholz} und~\cite{murray}. Der Eintrag von~\cite{kastenholz} \ldots
\printbibliography
```

03-11-9 foo [2] und [1]. Der Eintrag von [2] …

Literatur

[1] Hostetler, Michael J., Julia E. Wingate, Chuan-Jian Zhong u. a. "Alkanethiolate gold cluster molecules with core diameters from 1.5 to 5.2 nm. Core and monolayer properties as a function of core size". In: *Langmuir* 14.1 (1998), S. 17–30.

[2] Kastenholz, M. A. und Philippe H. Hünenberger. "Computation of methodology-independent ionic solvation free energies from molecular simulations. I. The electrostatic potential in molecular liquids". In: *J. Chem. Phys.* 124, 124106 (2006). doi: 10.1063/1.2172593.

In einigen Bibliografiestilen, beispielsweise dem Stil `authoryear`, werden die Autoren in der Reihenfolge »Nachname, Vorname, Vorname Nachname, … « ausgegeben.

```
\usepackage[style=authoryear,maxnames=3,minnames=3,backend=biber]{biblatex}
\bibliography{examples}

foo~\cite{kastenholz} und~\cite{murray}. Der Eintrag von~\cite{kastenholz} \ldots
\printbibliography
```

03-11-10 foo Kastenholz und Hünenberger 2006 und Hostetler, Wingate, Zhong u. a. 1998. Der Eintrag von Kastenholz und Hünenberger 2006 …

Literatur

Hostetler, Michael J., Julia E. Wingate, Chuan-Jian Zhong u. a. (1998). "Alkanethiolate gold cluster molecules with core diameters from 1.5 to 5.2 nm. Core and monolayer properties as a function of core size". In: *Langmuir* 14.1, S. 17–30.

Kastenholz, M. A. und Philippe H. Hünenberger (2006). "Computation of methodology-independent ionic solvation free energies from molecular simulations. I. The electrostatic potential in molecular liquids". In: *J. Chem. Phys.* 124, 124106. doi: 10.1063/1.2172593.

Diese standardmäßige Reihenfolge kann durch Redefinition der betreffen Makros geändert werden, indem sie durch `\DeclareNameAlias` auf den Ausgangszustand *default* zurückgesetzt werden:

```
\usepackage[style=authoryear,maxnames=3,minnames=3,backend=biber]{biblatex}
\DeclareNameAlias{author}{default}
\DeclareNameAlias{editor}{default}
\DeclareNameAlias{translator}{default}
\bibliography{examples}

foo~\cite{kastenholz} und~\cite{murray}. Der Eintrag von~\cite{kastenholz} \ldots
\printbibliography
```

foo Kastenholz und Hünenberger 2006 und Hostetler, Wingate, Zhong u. a. 1998. Der Eintrag von Kastenholz und Hünenberger 2006 … 03-11-11

Literatur

Michael J. Hostetler, Julia E. Wingate, Chuan-Jian Zhong u. a. (1998). "Alkanethiolate gold cluster molecules with core diameters from 1.5 to 5.2 nm. Core and monolayer properties as a function of core size". In: *Langmuir* 14.1, S. 17–30.

M. A. Kastenholz und Philippe H. Hünenberger (2006). "Computation of methodology-independent ionic solvation free energies from molecular simulations. I. The electrostatic potential in molecular liquids". In: *J. Chem. Phys.* 124, 124106. DOI: 10.1063/1.2172593.

Mehrere Werke desselben Autors können bei Bedarf nur beim ersten Mal mit dem Autorennamen angegeben und danach nur mit einem Gedankenstrich markiert werden. Der Stil `authoryear` unterstützt diese Ausgabe.

```
\usepackage[style=authoryear,backend=biber]{biblatex} \bibliography{examples}
```

```
Die Verweise~\cite{voss:tabellen,voss:pstricks,voss:referenz} \ldots
\printbibliography
```

Die Verweise Voß 2010c; Voß 2010b; Voß 2010a … 03-11-12

Literatur

Voß, Herbert (2010a). *Die LaTeX Referenz.* 2. Heidelberg/Berlin: DANTE – Lob.media.

— (2010b). *PSTricks – Grafik für TeX und LaTeX.* 6. Aufl. Heidelberg/Berlin: DANTE – Lob.media.

— (2010c). *Tabellen mit LaTeX.* 2. Heidelberg/Berlin: DANTE – Lob.media.

Die Ausgabe des Gedankenstrichs in der Bibliografie kann mit der Option `dashed=false` unterdrückt werden. Diese Option steht nur in solchen Stilen zur Verfügung, die eine entsprechende Ausgabeformatierung unterstützen und sie kann *nicht* dem Makro übergeben werden. Es wird dann jedesmal der normale Autorname ausgegeben.

```
\usepackage[style=authoryear,dashed=false,backend=biber]{biblatex}
\bibliography{examples}
```

```
Die Verweise~\cite{voss:tabellen,voss:pstricks,voss:referenz} \ldots
\printbibliography
```

Die Verweise Voß 2010c; Voß 2010b; Voß 2010a … 03-11-13

Literatur

Voß, Herbert (2010a). *Die LaTeX Referenz.* 2. Heidelberg/Berlin: DANTE – Lob.media.

Voß, Herbert (2010b). *PSTricks – Grafik für TeX und LaTeX.* 6. Aufl. Heidelberg/Berlin: DANTE – Lob.media.

Voß, Herbert (2010c). *Tabellen mit LaTeX.* 2. Heidelberg/Berlin: DANTE – Lob.media.

Soll die Ausgabe mit einem anderen Symbol versehen werden oder der Gedankenstrich entfallen, aber ohne den Autor zu nennen, so muss das Makro überschrieben werden. Im folgenden Beispiel erfolgt keine Ausgabe, wozu lediglich eine leere Box für die korrekte Einrückung geschrieben werden muss.

```
\usepackage[style=authoryear,backend=biber]{biblatex} \bibliography{examples}
\renewcommand*{\bibnamedash}{\makebox[\leftmargin]{}}

Die Verweise~\cite{voss:tabellen,voss:pstricks,voss:referenz} \ldots
\printbibliography
```

03-11-14

Die Verweise Voß 2010c; Voß 2010b; Voß 2010a …

Literatur

Voß, Herbert (2010a). *Die LaTeX Referenz*. 2. Heidelberg/Berlin: DANTE – Lob.media.
(2010b). *PSTricks – Grafik für TeX und LaTeX*. 6. Aufl. Heidelberg/Berlin: DANTE – Lob.media.
(2010c). *Tabellen mit LaTeX*. 2. Heidelberg/Berlin: DANTE – Lob.media.

Das Feld kann auch für andere Anwendungsfälle »missbraucht« werden, wobei im Allgemeinen ein breiterer Rand als `\leftmargin` vorzusehen ist.

```
\usepackage[style=authoryear,backend=biber]{biblatex} \bibliography{examples}
\renewcommand*{\bibnamedash}{\makebox[1.5\leftmargin][l]{$\Rightarrow$}}

Die Verweise~\cite{voss:tabellen,voss:pstricks,voss:referenz} \ldots
\printbibliography
```

03-11-15

Die Verweise Voß 2010c; Voß 2010b; Voß 2010a …

Literatur

Voß, Herbert (2010a). *Die LaTeX Referenz*. 2. Heidelberg/Berlin: DANTE – Lob.media.
⇒ (2010b). *PSTricks – Grafik für TeX und LaTeX*. 6. Aufl. Heidelberg/Berlin: DANTE – Lob.media.
⇒ (2010c). *Tabellen mit LaTeX*. 2. Heidelberg/Berlin: DANTE – Lob.media.

3.11.6 Gesonderte Titelformatierung

Der Titel wird normalerweise in Anführungsstriche gesetzt, was mit `\DeclareFieldFormat` überschrieben werden kann. Das folgende folgende Beispiel setzt die Titel jeweils kursiv.

```
\usepackage[backend=biber]{biblatex}
%\DeclareFieldFormat[article]{title}{\mkbibquote{#1}}% die Vorgabe
\DeclareFieldFormat[article]{title}{\mkbibemph{#1}}  % neu
\bibliography{examples}

Verweis auf~\cite{kastenholz} und~\cite{murray}. Der Eintrag
von~\cite{kastenholz} \ldots                \printbibliography
```

Verweis auf [2] und [1]. Der Eintrag von [2] ...

03-11-16

Literatur

[1] Michael J. Hostetler u. a. *Alkanethiolate gold cluster molecules with core diameters from 1.5 to 5.2 nm. Core and monolayer properties as a function of core size.* In: *Langmuir* 14.1 (1998), S. 17–30.

[2] M. A. Kastenholz und Philippe H. Hünenberger. *Computation of methodology-independent ionic solvation free energies from molecular simulations. I. The electrostatic potential in molecular liquids.* In: *J. Chem. Phys.* 124, 124106 (2006). DOI: 10.1063/1.2172593.

3.11.7 Verlinkung eines Titels an die DOI

Die sogenannte DOI steht als Abkürzung für »Digital Object Identifier« und kennzeichnet allgemeine digitale Objekte, wie beispielsweise elektronische Artikel in PDF-Form. Dieses Beispiel verlinkt den Titel mit der im Datenbankeintrag angegebenen DOI-Angabe, so dass ein direkter Verweis auf die entsprechende Seite erfolgen kann. Die DOI selbst wird nicht ausgegeben, da diese ansonsten bei Verwendung des Paketes hyperref automatisch verlinkt werden würde.

```
\usepackage[backend=biber]{biblatex} \usepackage[colorlinks]{hyperref}
\bibliography{examples}
\ExecuteBibliographyOptions{doi=false}% an Titel binden->keine explizite Angabe.
% neues Makro, damit die Verlinkung nicht fuer jeden Titeltyp neu
% definiert werden muss:
\newbibmacro{string+doi}[1]{%
  \iffieldundef{doi}{#1}{\href{http://dx.doi.org/\thefield{doi}}{#1}}}
\DeclareFieldFormat{title}{% jetzt Titel+Formatierung an das Makro weiterreichen:
  \usebibmacro{string+doi}{\mkbibemph{#1}}}
\DeclareFieldFormat[article]{title}{\usebibmacro{string+doi}{\mkbibquote{#1}}}

Verweis auf~\cite{kastenholz} und~\cite{sigfridsson}. Der Eintrag
von~\cite{kastenholz} sieht so aus: \verb|doi = {10.1063/1.2172593},|
\printbibliography
```

Verweis auf [1] und [2]. Der Eintrag von [1] sieht so aus: `doi = {10.1063/1.2172593},`

03-11-17

Literatur

[1] M. A. Kastenholz und Philippe H. Hünenberger. "Computation of methodology-independent ionic solvation free energies from molecular simulations. I. The electrostatic potential in molecular liquids". In: *J. Chem. Phys.* 124, 124106 (2006).

[2] Emma Sigfridsson und Ulf Ryde. "Comparison of methods for deriving atomic charges from the electrostatic potential and moments". In: *Journal of Computational Chemistry* 19.4 (1998), S. 377–395.

3.11.8 Artikelformatierung

Die Ausgabe bei einer Zeitschrift erfolgt unter anderen nach Jahrgang und Nummer, die nach Vorgabe durch einen Punkt getrennt werden, beispielsweise »23.11«. Das folgende Beispiel zeigt auch die Anwendung des Bibliografietyps Set, mit dem mehrere Bibliografieangaben zusammengefasst werden können, die dann auch gemeinsam in der Bibliografie erscheinen. Der hier verwendete Eintrag lautet:

```
@Set{set,
  entryset          = {herrmann,aksin,yoon},
  annotation          = {A \texttt{set} with three members}
}
```

```
\usepackage[style=alphabetic,backend=biber]{biblatex}
\bibliography{examples}
```

```
Verweis auf einen Eintragstyp "‘set"’~\cite{set} \ldots Das $+$-Zeichen in dem
Verweislabel in ein Hinweis auf mehrere Autoren der zitierten Literaturstelle.
\printbibliography
```

03-11-18

Verweis auf einen Eintragstyp „set“ [Her+06] ... Das +-Zeichen in dem Verweislabel in ein Hinweis auf mehrere Autoren der zitierten Literaturstelle.

Literatur

[Her+06] Wolfgang A. Herrmann u. a. „A carbocyclic carbene as an efficient catalyst ligand for C–C coupling reactions“. In: *Angew. Chem. Int. Ed.* 45.23 (2006), S. 3859–3862; Özge Aksın u. a. „Effect of immobilization on catalytic characteristics of saturated Pd-N-heterocyclic carbenes in Mizoroki-Heck reactions“. In: *J. Organomet. Chem.* 691.13 (2006), S. 3027–3036; Myeong S. Yoon u. a. „Palladium pincer complexes with reduced bond angle strain: efficient catalysts for the Heck reaction“. In: *Organometallics* 25.10 (2006), S. 2409–2411.

Soll die Ausgabe von Jahrgang und Nummer in der durchaus üblichen Form 23(11) erfolgen, so kann man zum einen den Feldeintrag number und zum anderen dem Bibmakro volume+number+eid eine neue Definition geben. Die Originaldefinitionen kann man entweder der Datei biblatex.def oder standard.bbx entnehmen, wobei sich der Hinweis auf das Bibmakro durch einen Blick in die Definition des Treibers article ergibt:

```
\DeclareBibliographyDriver{article}{%
  \usebibmacro{bibindex}%
  \usebibmacro{begentry}%
  \usebibmacro{author/translator+others}\setunit{\labelnamepunct}\newblock
  \usebibmacro{title}\newunit
  \printlist{language}\newunit\newblock
  \usebibmacro{byauthor}\newunit\newblock
  \usebibmacro{bytranslator+others}\newunit\newblock
```

```
  \printfield{version}\newunit\newblock
  \usebibmacro{in:}\usebibmacro{journal+issuetitle}\newunit
  \usebibmacro{byeditor+others}\newunit
  \usebibmacro{note+pages}\newunit\newblock
  \iftoggle{bbx:isbn}{\printfield{issn}}{}\newunit\newblock
  \usebibmacro{doi+eprint+url}\newunit\newblock
  \usebibmacro{addendum+pubstate}\setunit{\bibpagerefpunct}\newblock
  \usebibmacro{pageref}\usebibmacro{finentry}}
```

Da es nicht unmittelbar ersichtlich ist, welcher Teil für den Jahrgang und die Nummer zuständig ist, wirft man einen Blick in die angegebenen Bibmakros, so dass offensichtlich wird, dass das Bibmakro `journal+issuetitle` unter anderem für die Ausgabe von Jahrgang und Nummer sorgt:

```
\newbibmacro*{journal+issuetitle}{%
  \usebibmacro{journal}\setunit*{\addspace}%
  \iffieldundef{series}{}{\newunit\printfield{series}\setunit{\addspace}}%
  \usebibmacro{volume+number+eid}\setunit{\addspace}%
  \usebibmacro{issue+date}\setunit{\addcolon\space}%
  \usebibmacro{issue}\newunit}
```

Es bleibt dann nur noch eine Neudefinition des Bibmakros `volume+number+eid`, wobei die Originaldefinition im folgenden Beispiel mit angegeben ist.

```
\usepackage[style=alphabetic,backend=biber]{biblatex}
\DeclareFieldFormat[article]{number}{\mkbibparens{#1}}% Nummer als (#) ausgeben
\renewbibmacro{volume+number+eid}{%
  \printfield{volume}%
%  \setunit*{\adddot}%  in der Originaldefinition
  \printfield{number}\setunit{\addcomma\space}\printfield{eid}}
\bibliography{examples}

Verweis auf einen Typ "'set"'~\cite{set} \ldots
\printbibliography
```

Verweis auf einen Typ „set“ [Her+06] ...

03-11-19

Literatur

[Her+06] Wolfgang A. Herrmann u. a. „A carbocyclic carbene as an efficient catalyst ligand for C–C coupling reactions“. In: *Angew. Chem. Int. Ed.* 45(23) (2006), S. 3859–3862; Özge Aksın u. a. „Effect of immobilization on catalytic characteristics of saturated Pd-N-heterocyclic carbenes in Mizoroki-Heck reactions“. In: *J. Organomet. Chem.* 691(13) (2006), S. 3027–3036; Myeong S. Yoon u. a. „Palladium pincer complexes with reduced bond angle strain: efficient catalysts for the Heck reaction“. In: *Organometallics* 25(10) (2006), S. 2409–2411.

3.11.9 Layout in Anlehnung an den Springer Verlag

Marco Daniel hat eine spezielle Anpassung an die Gepflogenheiten des Springer Verlages erstellt.

```
\usepackage{ragged2e}  \usepackage[style=authoryear]{biblatex}
\renewcommand*{\finentrypunct}{}%         abschliessenden Punkt entfernen
\renewcommand*{\newunitpunct}{\addspace}% Punkte entfernen
\DeclareNameFormat{sortname}{%            Namensformatierung
  \usebibmacro{name:last-first}{#1}{#4}{#5}{#7}%
  \ifnumequal{\value{listcount}}{1}%      1. Name??
    {\ifblank{#3#5}{}{\usebibmacro{name:revsdelim}}}{}
  \usebibmacro{name:andothers}}
\DeclareFieldFormat[article]{title}{#1.\isdot}% keine Anfuehrungsstriche und .
\DeclareFieldFormat{title}{\mkbibemph{#1}.}%    Punkt hinter Titel
\DeclareFieldFormat[article]{number}{\mkbibparens{#1}}% (No)
\DefineBibliographyStrings{ngerman}{in={In}}%   Danch Gro\T1\ss  weiter
\renewbibmacro*{publisher+location+date}{%      Reihenfolge aendern
  \printlist{publisher}\setunit*{\addcomma\space}\printlist{location}\newunit}
\renewbibmacro*{journal+issuetitle}{% Punkt zwischen Volume und Number entfernen
  \usebibmacro{journal}\setunit*{\addspace}%
  \iffieldundef{series}{}{\newunit\printfield{series}\setunit{\addspace}}%
  \printfield{volume}\printfield{number}\setunit{\addcomma\space}%
  \printfield{eid}\setunit{\addspace}%
  \usebibmacro{issue+date}\setunit{\addcolon\space}\usebibmacro{issue}\newunit}
\renewbibmacro*{author}{% keine Autoren zusammengefasst werden
  \ifthenelse{\ifuseauthor\AND\NOT\ifnameundef{author}}
    {\usebibmacro{bbx:savehash}%
     \printnames{author}%
     \iffieldundef{authortype}{\setunit{\addspace}}{\setunit{\addcomma\space}}%
     \iffieldundef{authortype}{}{\usebibmacro{authorstrg}\setunit{\addspace}}}%
    {\global\undef\bbx@lasthash\usebibmacro{labeltitle}\setunit*{\addspace}}%
  \usebibmacro{date+extrayear}}
\renewbibmacro*{editor}{\usebibmacro{bbx:editor}{editorstrg}}
\renewbibmacro*{editor+others}{\usebibmacro{bbx:editor}{editor+othersstrg}}
\renewbibmacro*{bbx:editor}[1]{%
  \ifthenelse{\ifuseeditor\AND\NOT\ifnameundef{editor}}
    {\printnames{editor}\setunit{\addcomma\space}\usebibmacro{bbx:savehash}%
     \usebibmacro{#1}\clearname{editor}\setunit{\addspace}}%
    {\global\undef\bbx@lasthash\usebibmacro{labeltitle}\setunit*{\addspace}}%
  \usebibmacro{date+extrayear}}
\DefineBibliographyStrings{ngerman}{bibliography = {Literaturverzeichnis}}
\bibliography{buch3}

\nocite{*}
\begingroup\RaggedRight\printbibliography[maxnames=5]\endgroup
```

03-11-20

Literatur

Aigner, M. und Behrends, E., Hrsg. (2008) *Alles Mathematik: Von Pythagoras zum CD-Player.* 3. Aufl. Vieweg+Teubner, Wiesbaden

Arnold, V. I. (1988) *Mathematische Methoden der klassischen Mechanik.* Birkhäuser, Basel

Aw, A., Klar, A., Rascle, M. und Materne, T. (2002) Derivation of Continuum Traffic Flow Models from Microscopic Follow-the-Leader Models. In: *SIAM Journal of Applied Mathematics* 63(1), S. 259–278

Balzer, K., Enke, W. und Wehry, W. (1998) *Wettervorhersage. Menschen und Computer - Daten und Modelle.* Springer, Berlin

Bärwolff, G. (Juni 2006) *Höhere Mathematik für Naturwissenschaftler und Ingenieure.* 2. Aufl. Spektrum Akademischer Verlag, Heidelberg

Bathe, K. J. (2002) *Finite Elemente Methoden.* Springer, Berlin

Behrends, E. (2000) *Introduction to Markov Chains.* Vieweg+Teubner, Wiesbaden

Berry, M. W., Drmac, Z. und Jessup, E. R. (1999) Matrices, Vector Spaces, and Information Retrieval. In: *SIAM Review* 41(2), S. 335–362 DOI: `http://dx.doi.org/10.1137/S0036144598347035`

Boccara, N. (2004) *Modeling Complex Systems (Graduate Texts in Physics).* 2. Aufl. Springer, Berlin, Heidelberg

Bosch, S. (2008) *Lineare Algebra.* 4. Aufl. Springer, Berlin, Heidelberg

Brüderlin, B., Meier, A. und Johnson, M. L. (2001) *Computergrafik und geometrisches Modellieren.* Vieweg+Teubner, Wiesbaden

Brin, S. und Page, L. (1998) The anatomy of a large-scale hypertextual Web search engine. In: *Computer Networks ISDN System* 30(1/7), S. 107–117 DOI: `http://dx.doi.org/10.1016/S0169-7552(98)00110-X`

Bryan, K. und Leise, T. (2006) The $25,000,000,000 Eigenvector: The Linear Algebra behind Google. In: *SIAM Review* 48(3), S. 569–581 DOI: `http://dx.doi.org/10.1137/050623280`

Bungartz, H.-J., Zimmer, S., Buchholz, M. und Pflüger, D. (2009) *Modellbildung und Simulation: Eine anwendungsorientierte Einführung.* Springer, Berlin, Heidelberg

Burg, K., Haf, H., Wille, F. und Meister, A. (2009) *Partielle Differentialgleichungen und funktionalanalytische Grundlagen: Höhere Mathematik für Ingenieure, Naturwissenschaftler und Mathematiker.* 4. Aufl. Vieweg+Teubner, Wiesbaden

Dahmen, W. und Reusken, A. (2006) *Numerik für Ingenieure und Naturwissenschaftler.* Springer, Berlin, Heidelberg

Denker, M. (2005) *Einführung in die Analysis dynamischer Systeme.* Springer, Berlin

Deuflhard, P. und Bornemann, F. (2001) *Numerische Mathematik II.* de Gruyter, Berlin

3.11.10 Sortierung

Es seien die folgenden drei Autorenangaben in verschiedenen Literatureinträgen einer Datenbank gegeben:

```
@book{Mu1993,
  author     = {A. Müller and A. Klar and M. Rascle and T. Materne},
  [...] }
@book{Aw2003,
  author     = {A. van Awen and A. Klar and M. Rascle and T. Materne},
  [...] }
@book{Ah2001,
  author     = {A. von Ahlen},
  [...] }
```

Hierbei sind das *van* und *von* so genannte Namenspräfixe, welche standardmäßig beim Sortieren der Bibliografieeinträge keine Rolle spielen. »Müller« erscheint damit als letzter Eintrag.

```
\usepackage[style=authoryear,backend=bibtex8]{biblatex}  \bibliography{vanBib}
Ein Verweis auf~\cite{Mu1993,Aw2003,Ah2001}.  \printbibliography
```

03-11-21 Ein Verweis auf Müller u. a. 1993; Awen u. a. 2003; Ahlen 2001.

Literatur

Ahlen, A. von (2001). *Die Materie im Alltag*. 2. Aufl. Berlin, Heidelberg: Springer.
Awen, A. van u. a. (2003). *Derivation of Continuum*. 1. Aufl. Berlin, Heidelberg: Springer.
Müller, A. u. a. (1993). *Derivation of Continuum Traffic Flow Models from Microscopic Follow-the-Leader Models*. 3. Aufl. Berlin, Heidelberg: Springer.

Sollen die angegebenen Präfixe grundsätzlich bei der Sortierung nach den Nachnamen berücksichtigt werden, so kann dies über die Paketoption `useprefix` erreicht werden. *Müller* erscheint dann als erster Eintrag.

```
\usepackage[style=authoryear,useprefix=true,backend=bibtex8]{biblatex}
\bibliography{vanBib}

Ein Verweis auf~\cite{Mu1993,Aw2003,Ah2001}.  \printbibliography
```

03-11-22 Ein Verweis auf Müller u. a. 1993; van Awen u. a. 2003; von Ahlen 2001.

Literatur

Müller, A. u. a. (1993). *Derivation of Continuum Traffic Flow Models from Microscopic Follow-the-Leader Models*. 3. Aufl. Berlin, Heidelberg: Springer.
Van Awen, A. u. a. (2003). *Derivation of Continuum*. 1. Aufl. Berlin, Heidelberg: Springer.
Von Ahlen, A. (2001). *Die Materie im Alltag*. 2. Aufl. Berlin, Heidelberg: Springer.

In den vorhergehenden Beispielen wird die Angabe der Auflage in jedem Fall ausgegeben, auch wenn es sich um die erste handelt. Da dies eher ungewöhnlich ist, soll es durch eine zusätzliche Abfrage unterbunden werden. Da es sich hier um einen normalen Feldeintrag handelt, braucht auch nur der Eintrag `edition` mit dem Makro `\DeclareFieldFormat` überschrieben zu werden.

```
\usepackage[style=authoryear,backend=bibtex8]{biblatex}
\DeclareFieldFormat{edition}{%
  \ifinteger{#1}{\ifnum#1>1\relax \mkbibordedition{#1}~\bibstring{edition}\fi}
               {#1\isdot}}
\bibliography{vanBib}

Ein Verweis auf~\cite{Mu1993,Aw2003,Ah2001}.  \printbibliography
```

03-11-23 Ein Verweis auf Müller u. a. 1993; Awen u. a. 2003; Ahlen 2001.

Literatur

Ahlen, A. von (2001). *Die Materie im Alltag*. 2. Aufl. Berlin, Heidelberg: Springer.
Awen, A. van u. a. (2003). *Derivation of Continuum*. Berlin, Heidelberg: Springer.
Müller, A. u. a. (1993). *Derivation of Continuum Traffic Flow Models from Microscopic Follow-the-Leader Models*. 3. Aufl. Berlin, Heidelberg: Springer.

3.11.11 Spezielle Zitierweise

Im Stil authortitle wird bei Verweisen mit \cite der Nachname des Autors und der Titel des Werkes ausgegeben. Möchte man beim Autor zusätzlich noch den abgekürzten Vornamen haben, so ist entweder das bestehende Makro zu überschreiben oder ein neues zu definieren. Hier wird die letzte Variante gewählt, um den Unterschied zum normalen Verweis zeigen zu können. Zuerst wird ein neues Namensformat last-firstinit definiert, welches sich aus dem bestehenden last-first ableitet. Das Makro \citeAuthor kann entweder aus dem Makro \cite oder aus \citeauthor abgeleitet werden. Hier wurde die letzte Variante gewählt und einfach um die Ausgabe des Titels erweitert.

```
\usepackage[style=authortitle,backend=bibtex8]{biblatex}
\DeclareNameFormat{last-firstinit}{%
  \usebibmacro{name:last-first}{#1}{#4}{#5}{#7}\usebibmacro{name:andothers}}
\DeclareCiteCommand{\citeAuthor}
  {\boolfalse{citetracker}%
   \boolfalse{pagetracker}%
   \usebibmacro{prenote}}
  {\ifciteindex{\indexnames{labelname}}{}
   \printnames[last-firstinit]{labelname}%
   \setunit{\nametitledelim}\usebibmacro{cite:title}}
  {\multicitedelim}{\usebibmacro{postnote}}
\bibliography{examples}
```

```
Ein Verweis auf~\cite{westfahl:space} und noch einmal mit dem neuen
Befehl~\citeAuthor{westfahl:space}.
\printbibliography
```

Ein Verweis auf Westfahl, „The True Frontier“ und noch einmal mit dem neuen Befehl Westfahl, G., „The True Frontier“. 03-11-24

Literatur

Westfahl, Gary. „The True Frontier. Confronting and Avoiding the Realities of Space in American Science Fiction Films“. In: *Space and Beyond. The Frontier Theme in Science Fiction.* Hrsg. von Gary Westfahl. Westport, Conn. und London: Greenwood, 2000, S. 55–65.

Die Bedeutung der Parameter {#1}{#4}{#5}{#7} kann man der Zusammenstellung auf Seite 96 entnehmen:

- #1 Nachname
- #4 Vorname (Initialen)
- #5 Namenspräfix
- #7 Namensaffix

Kapitel 4

Die Programme bibtex, bibtex8 und bibtexu

4.1 bibtex

Das eigenständige Programm bibtex von Oren Patashnik kann die .aux-Datei eines Dokumentes analysieren und mit Hilfe einer externen Datenbank eine LATEX-kompatible Umgebung `thebibliography` erstellen, die dann in einem weiteren LATEX-Lauf eingelesen werden kann. [20, 18] Die Abbildung 4.1 auf der nächsten Seite zeigt das Prinzip einer mit bibtex und einem dazugehörigen Bibliografiestil erstellten Literaturverzeichnis. Analog zu TEX wurde für bibtex das Symbol BIBTEX eingeführt.

Das Programm verfügt faktisch über keine die Ausgabe betreffenden Parameter (siehe Tabelle 4.1 auf der nächsten Seite), da die Informationen über die Namen von externer Datenbank und Bibliografiestil der .aux-Datei entnommen werden.

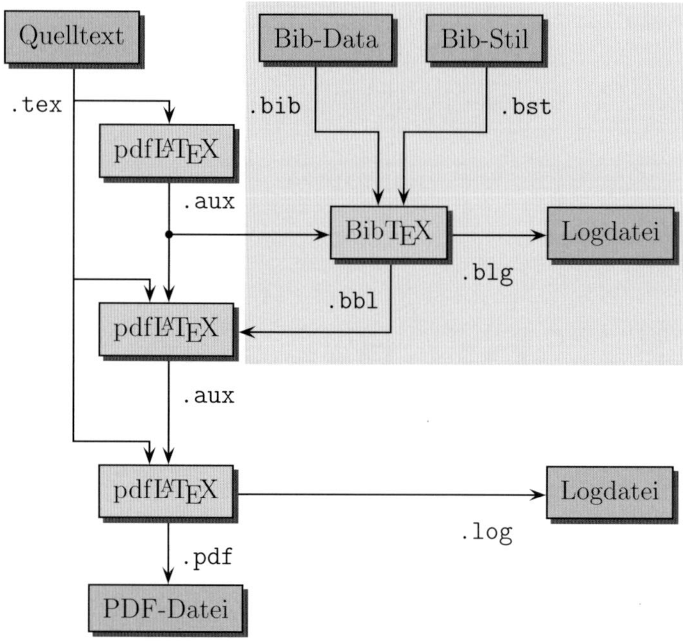

Abbildung 4.1: Prinzip der Erzeugung des Literaturverzeichnisses mit dem Programm bibtex.

Tabelle 4.1: Zusammenstellung der möglichen Optionen für das Programm bibtex

Name	*Beschreibung*
`min-crossrefs`	Dem Parameter muss eine Zahl zugewiesen werden, die standardmäßig mit gleich 2 ist. Er bezeichnet die Mindestanzahl von Querverweisen auf eine nicht zitierte Literatur, ab der diese automatisch in die Bibliografie eingefügt wird, selbst wenn kein expliziter Verweis auf diese Literatur existiert.
`terse`	Keine Ausgabe auf `stdout`.
`help`	Ausgabe der Kurzhilfe.
`version`	Ausgabe der aktuellen Version.

bibtex [Optionen] [-terse] ⟨*Datei*⟩ [.aux]

bibtex erstellt aus den Vorgaben in der `.aux`-Datei eine `.bbl`-Datei, die wiederum in einem weiteren LaTeX-Lauf dann eingelesen und entsprechend ausgegeben wird. Das Logfile mit der Dateiendung `.blg` sollte in jedem Fall konsultiert werden, wenn die Ausgabe nicht den Erwartungen entspricht. LaTeX gibt nur dann einen Fehler aus, wenn die eigene Syntax verletzt ist, inkonsistente Angaben in der `.bbl`-Datei werden einfach von LaTeX übernommen. Das Programm ist daher besonders einfach in der Anwendung, allerdings schon ziemlich in die Jahre gekommen, auch wenn der Versionsparameter den Hinweis auf TeX Live 2010 bringt:

```
voss@shania:~> bibtex --version
BibTeX 0.99d (TeX Live 2010)
kpathsea version 6.0.0
Copyright 2010 Oren Patashnik.
[ ... ]
```

Die Version 0.99c existiert seit mehr als 20 Jahren und wird wohl auch nicht mehr weiterentwickelt. Sie hat den gewichtigen Nachteil, dass sie analog zu TEX nur den Original 7-Bit-ASCII unterstützt. Alle davon abweichenden Zeichen müssen in der TEX-üblichen Notation eingegeben werden, beispielsweise `Herbert Vo{\ss}`. Für den reinen Text werden die Umlaute zwar korrekt verarbeitet, aber bei der Sortierung der Bibliografie gibt es für Umlaute in Autorennamen falsche Ergebnisse. *Falsche Sortierung*

4.2 bibtex8

Wegen der Beschränkung auf 7 Bit ASCII wurde das Programm bibtex8 von Alejandro Aguilar Sierra und Neil Kempson entwickelt, welches eine korrekte Sortierung der Autoren liefert, auch wenn diese Umlaute enthalten oder mit Umlauten beginnen. BIBTEX8 hat erheblich mehr optionale Argumente als BIBTEX, während der Aufruf identisch ist. Eine Zusammenstellung der optionalen Argumente findet man in Tabelle 4.2.

bibtex8 [Optionen] ⟨*Datei*⟩ [.aux]

Tabelle 4.2: Zusammenstellung der möglichen Optionen für das Programm bibtex8

Kurz-/Langname		*Beschreibung*
`-?`	`--help`	Hilfetext ausgeben.
`-7`	`--traditional`	Original BIBTEX-Modus.
`-8`	`--8bit`	8-bit-Modus ohne `.csf`-Datei (character set file) erzwingen.
`-c`	`--csfile`	Parameter ist eine `.csf`-Datei (BIBTEX character set file).
`-d`	`--debug`	Angabe eines Typs für Debuginfomationen. Mögliche Werte sind `all, csf, io, mem, misc, search`.
`-s`	`--statistics`	Interne Statistiken ausgeben.
`-t`	`--trace`	Aublaufinformationen ausgeben.
`-v`	`--version`	Programmversion ausgeben.
`-B`	`--big`	»set large BIBTEX capacity«.
`-H`	`--huge`	»set huge BibTeX capacity«.
`-W`	`--wolfgang`	»set really huge BibTeX capacity«.
`-M`	`--min_crossrefs`	Angabe der Mindestzahl an notwendigen Querverweisen auf einen Bibliografieeintrag, bis er automatisch in der Liste erscheint.
	`--mcites`	Angabe der Maximalzahl an `\cites`-Befehlen in der `.aux`-Datei.
	`--mentints`	Angabe der Maximalzahl an »integer entries« in der `.bib`-Datei.
	`--mentstrs`	Angabe der Maximalzahl an »string entries« in der `.bib`-Datei.
	`--mfields`	Angabe der Maximalzahl an Feldern in der `.bib`-Datei.
	`--mpool`	Angabe der Bytegröße des »string pool«.

Fortsetzung ...

... Fortsetzung

Kurz-/Langname	*Beschreibung*
`--mstrings`	Angabe der Maximalzahl an »unique strings«.
`--mwizfuns`	Angabe der Maximalzahl an »wizard functions«.

Tabelle 4.3: Kapazität für verschiedene Optionen von bibtex8

Parameter	*Option*	*Kapazität*			
		Standard	`--big`	`--huge`	`--wolfgang`
max_cites	--mcites	750	2000	5000	7500
max_ent_ints	--mentints	3000	4000	5000	7500
max_ent_strs	--mentstrs	3000	6000	10000	10000
max_fields	--mfields	17250	30000	85000	125000
max_strings	--mstrings	4000	10000	19000	30000
pool_size	--mpool	65530	130000	500000	750000
wiz_fn_space	--mwizfuns	3000	6000	10000	10000
hash_prime		4253	8501	16319	30011
hash_size		5000	10000	19000	35000

Die für eine richtige Sortierung notwendigen »Character Set File« findet man im Verzeichnis `$TEXMF/bibtex/csf`. Im Unterverzeichnis `/base` sind folgende Dateien vorhanden:

```
88591lat.csf  % ISO 8859-1 (Unix/MS Windows), Latin countries
88591sca.csf  %                               Scandinavean countries
ascii.csf     % ASCII 0--127
cp437lat.csf  % IBM Code Page 437, Latin countries
cp850lat.csf  % IBM Code Page 850, Latin countries
cp850sca.csf  % IBM Code Page 850, Scandinavean countries
cp866rus.csf  % Code Page 866, Russian
```

Im Verzeichnis `$TEXMF/doc/resources` findet man weitere spezielle Versionen für diese Dateien, von denen standardmäßig die Datei `88591lat.csf` benutzt wird:

```
voss@shania:~> bibtex8 test
The 8-bit codepage and sorting file: 88591lat.csf
The top-level auxiliary file: test.aux
The style file: plain.bst
Database file #1: test8.bib
```

4.3 bibtexu

Beim Programm bibtexu handelt es sich um eine Erweiterung von bibtex8, indem auch einfaches Unicode und eine einfache Sprachlokalisation unterstützt werden. Zusätzlich zu den in Tabelle 4.2 auf der vorherigen Seite aufgeführten Parametern existieren noch:

```
-l  --language       input the option language, ex: -l fr
-o  --location       input the option location, ex: -o fr
```

Das gesamte Verhalten des Programms ist ansonsten identisch zu bibtex8, so dass hier keine weiteren Angaben gemacht werden.

4.4 Daten und Stile

Das Programm unterstützt die Umgebungsvariablen BSTINPUTS für die .bst-Stildateien und BIBINPUTS für die Bibliografie-Datenbanken. Ist die jeweilige Variable nicht gesetzt, so wird der Standard-Suchpfad von TEX genommen:

```
voss@shania:~> kpsepath bst
.:/home/voss/.texlive2010/texmf-config/bibtex/bst//
 :/home/voss/.texlive2010/texmf-var/bibtex/bst//:/home/voss/texmf/bibtex/bst//
 :!!/usr/local/texlive/2010/texmf-config/bibtex/bst//
 :!!/usr/local/texlive/2010/texmf-var/bibtex/bst//
 :!!/usr/local/texlive/2010/texmf/bibtex/bst//
 :!!/usr/local/texlive/2010/../texmf-local/bibtex/bst//
 :!!/usr/local/texlive/2010/texmf-dist/bibtex/bst//
 :/home/voss/.texlive2010/texmf-config/bibtex/csf//
 :/home/voss/.texlive2010/texmf-var/bibtex/csf//:/home/voss/texmf/bibtex/csf//
 :!!/usr/local/texlive/2010/texmf-config/bibtex/csf//
 :!!/usr/local/texlive/2010/texmf-var/bibtex/csf//
 :!!/usr/local/texlive/2010/texmf/bibtex/csf//
 :!!/usr/local/texlive/2010/../texmf-local/bibtex/csf//
 :!!/usr/local/texlive/2010/texmf-dist/bibtex/csf//
```

Obige Ausgabe entspricht einer Standard-TEX-Installation von TEX Live unter Linux. Für den Standardsuchpfad der .bib-Dateien ergibt sich:

```
voss@shania:~> kpsepath bib
.:/home/voss/.texlive2010/texmf-config/bibtex/bib//
 :/home/voss/.texlive2010/texmf-var/bibtex/bib//
 :/home/voss/texmf/bibtex/bib//
 :!!/usr/local/texlive/2010/texmf-config/bibtex/bib//
 :!!/usr/local/texlive/2010/texmf-var/bibtex/bib//
 :!!/usr/local/texlive/2010/texmf/bibtex/bib//
 :!!/usr/local/texlive/2010/../texmf-local/bibtex/bib//
 :!!/usr/local/texlive/2010/texmf-dist/bibtex/bib//
```

Hierbei bedeuten die doppelten Ausrufezeichen, dass die angegebenen Verzeichnisse nicht rekursiv durchsucht werden, sondern die Dateien entsprechend der dort vorhandenen ls-R-Datei gesucht werden. Die Ausgabe von BibTEX erfolgt nur dann entsprechend der Umgebungsvariablen TEXMFOUTPUT, wenn es unmöglich ist, in das aktuelle Verzeichnis zu schreiben. Die für BibTEX notwendige .aux-Datei muss in jedem Fall mit Verzeichnis angegeben werden, da hierfür kein spezieller Suchpfad existiert.

Die .aux-Datei enthält die für die Bibliografie relevanten Informationen in der folgenden Form:

```
\citation{btxdoc}
\bibstyle{plain}
\bibdata{test}
```

Mit \citation wurde der im TEX-Dokument vorhandene \cite-Befehl erfasst, mit \bibstyle der Bibliografiestil und mit \bibdata die angegebene .bib-Datei. Ein folgender BIBTEX-Lauf liefert:

```
voss@shania:~> bibtex test
This is BibTeX, Version 0.99d (TeX Live 2010)
The top-level auxiliary file: test.aux
The style file: plain.bst
Database file #1: test.bib
```

Es gibt keine weiteren Ausgaben über den Erfolg der Operation. Das erstellte Logfile enthält wesentliche Angaben über den Durchlauf:

```
voss@shania:~/texte/Buecher/LaTeX/test> cat test.blg
This is BibTeX, Version 0.99d (TeX Live 2010)
The top-level auxiliary file: test.aux
The style file: plain.bst
Database file #1: test.bib
You've used 1 entry,
            2118 wiz_defined-function locations,
            501 strings with 4066 characters,
and the built_in function-call counts, 228 in all, are:
= -- 19
> -- 7
< -- 0
+ -- 3
- -- 2
* -- 10
:= -- 43
add.period$ -- 3
call.type$ -- 1
change.case$ -- 4
chr.to.int$ -- 0
cite$ -- 1
duplicate$ -- 7

[ ... ]

warning$ -- 0
while$ -- 2
width$ -- 2
write$ -- 12
```

Diese Angaben sind im Allgemeinen für den Anwender uninteressant, da sie Informationen aus dem Kern von BibTeX enthalten. Die erstelle `.bbl`-Datei enthält die von BibTeX erstellte `thebibliography`-Umgebung:

```
voss@shania:~/texte/Buecher/LaTeX/test> cat test.bbl
\begin{thebibliography}{1}

\bibitem{btxdoc}
Oren Patashnik.
\newblock {Bib\TeX}ing, February 1988.
\newblock \url{CTAN://biblio/bibtex/contrib/doc/btxdoc.pdf}.

\end{thebibliography}
```

Die hierin verwendeten Makros müssen zwingend in der verwendeten Dokumentenklasse definiert sein, was bei den Standardklassen gewährleistet ist.

4.5 Stildateien für bibtex

In Anlehnung an die damals sehr weit verbreitete Stackprogrammierung (UPN: Umgekehrt Polnische Notation), wurden die `.bst`-Stildateien für BibTeX konzipiert. Dies macht es allerdings den heutigen Anwendern zunehmend schwerer, den Aufbau zu verstehen, da eine derartige Notation schon seit Jahren nicht mehr bei den gängigen Programmiersprachen angewendet wird. Der Aufbau einer `.bst`-Datei besteht prinzipiell nur aus vier Elementen. [22]

1. Deklaration der benutzten Felder (*author, title*) in den Literaturdatenbanken
2. Definition von Funktionen für jeden verwendeten Eintragstyp
3. Einlesen der Literaturdatenbanken mit READ
4. Iteratives Bearbeiten jeden Eintrags durch Aufruf der zuvor definierten Funktion für den Eintragstyp

Eine sehr einfache Stildatei könnte dann beispielsweise folgenden Inhalt haben, wobei das %-Zeichen als Kommentarzeichen gilt; alles rechts davon wird ignoriert.

```
% easy.bst
ENTRY { author title year } {} {}
FUNCTION {unpublished}{% Anfang function unpublished
  "\begin{unpublished}{" write$ cite$ write$ "}" write$ newline$
  "\textbf{" author * "{, }}" *                  write$ newline$
  "\emph{{}" title "}" * *                       write$
  ", " year * "." *                              write$ newline$
  "\end{unpublished}"                            write$ newline$
}                    % Ende function unpublished
READ                         % Datenbank einlesen
ITERATE {call.type$}% alle Eintraege durchgehen
```

Um die einzelnen Anweisungen zu verstehen, sollte man sich die Stackorganisation vergegenwärtigen und daher die Zeilen jeweils von links nach rechts abarbeiten. In der UPN-Notation gibt es nicht mehr die gewohnte Zuweisung zu einer Variablen. Wie unschwer zu erkennen ist, stellt `FUNCTION {unpublished}` den Kern dieses einfachen BIBTEX-Stils dar, indem es die Verarbeitung der zuvor definierten Variablen `author title year` beschreibt.

Zeile 2. `"\begin{unpublished}{" write$ cite$ write$ "}" write$ newline$`
Von links nach rechts interpretiert bedeutet diese Zeile, dass der Text `"\begin{unpublished}{"` auf den Stack (Speicher) gelegt wird, wobei normaler Text in Anführungsstriche gesetzt wird. Die Anweisung `write$` bewirkt ein sofortiges Schreiben des auf dem Stack liegenden obersten Elements. Danach wird mit `cite$ write$` ebenfalls ein Element, der Sortierschlüssel, auf den Stack gelegt und danach ebenfalls ausgegeben. Gleiches passiert mit dem Textelement `"}"`, während die letzte Anweisung in der Zeile `newline$` für eine neue Zeile in der Ausgabe sorgt.

Zeile 3. `"\textbf{" author * "{, }}" * write$ newline$`
Hier werden der Text `"\textbf{"` und danach `author` auf den Stack gelegt, dann werden diese beiden Stackelemente durch den Operator `*` »multipliziert«, was bei Textelementen das Verketten der beiden Texte entspricht (Concatenation). Das Ergebnis wird automatisch auf den Stack gelegt. Dies erfolgt auch mit dem Text `"{, }}"` und durch den Operator `*` erfolgt wieder eine Verkettung mit den beiden auf dem Stack liegenden Elementen. Danach wird mit `write$ newline$` das Stackelement mit einer anschließenden neuen Zeile ausgegeben.

Zeile 4. `"\emph{{}" title "}" * * write$`
Hier werden insgesamt drei Textelemente [1]–[2]–[3] auf den Stack gelegt und dann durch die beiden Operatoren `* *` so miteinander verknüpft, dass nach dem ersten `*` auf dem Stack die Elemente [1]–[2+3] liegen und nach dem zweiten `*` nur noch [1+2+3], welches dann ohne eine neue Zeile ausgegeben wird.

Zeile 5. `", " year * "." * write$ newline$`
Verknüpft wieder drei Textelemente, zuerst `", "` und `year`, dann das Ergebnis hiervon mit `.`. Anschließend erfolgt die Ausgabe mit einer neuen Zeile.

Wie die Verarbeitung, der auf dem Stack liegenden Elemente erfolgt, ist unerheblich, da alle drei oben beschriebenen Varianten gleichwertig sind.

Forschungskolloquium

[hv2007] **Herbert Voß**, *Allgemeine und sprachenspezifische Probleme bei der Entwicklung eines Textsatzsystems am Beispiel von TEX*, 2007.

```
\newenvironment{unpublished}[1]
  {\section*{Forschungskolloquium}
   [#1]~}{\par}

foo\cite{hv2007}  \newpage
\bibliographystyle{easy}
\bibliography{demo2}
```

04-05-1

Die allgemeine Struktur einer `.bst`-Datei gliedert sich in den Definitions- und in den Verarbeitungsteil. Der Definitionsteil endet mit dem Einlesen der Datenbankdatei.

```
ENTRY                 % Deklaration der Felder und Variablen
{ ... Feldelemente ...    }
{ ... Integer-Variablen ...}
{ ... String-Variablen ... }
INTEGERS { ... globale Integer-Variablen ... }
STRINGS  { ... globale String-Variablen ... }
MACRO    { ... }         % Definition von Makros und Funktionen
FUNCTION { ... }
EXECUTE  { ... }         % Initialisierung von Variablen
READ                         % Einlesen der Literaturdatenbank
```

Der Verarbeitungsteil kann weitere Variablen definieren, startet aber in jedem Fall mit ITERATE den Verarbeitungsprozess.

```
INTEGERS { ... globale Integer-Variablen ... }% Deklaration weiterer Variablen
STRINGS  { ... globale String-Variablen ... }
FUNCTION { ... }         % Definition weiterer Funktionen
EXECUTE  { ... }         % Initialisierung von Variablen
ITERATE  { ... }         % Manipulation der Datenbankeintraege
REVERSE  { ... }
SORT
EXEUTE   { ... }         % Initialisierung vor und Beginn der Ausgabe
ITERATE {call.type$}         % Erzeugung der Ausgabe pro Eintrag
EXEUTE   { ... }         % Abschluss der Ausgabe
```

4.5.1 Datentypen

Als Datentypen gibt es nur ganze Zahlen (Integer) mit einem vorangestellten #-Zeichen, beispielsweise #0 und #123, sowie Zeichenketten (Strings), die in Anführungsstriche einzuschließen sind, beispielsweise "", "a" und "Herbert Voss". Variablen- und Funktionsnamen *müssen* mit einem Buchstaben beginnen, dem dann alphanumerische Zeichen folgen können. Auch einige Sonderzeichen sind möglich, aber nicht " # % ' ( ) , = { }. Klein-/Großschreibung ist nicht signifikant und alle Variablen müssen vorher als Integer- oder Stringvariable mit INTEGERS, STRINGS oder ENTRY deklariert werden. Den Namen einer Variablen kann man durch ein vorangestelltes Hochkomma festlegen, beispielsweise 'Name, oder durch "Name" quote$.

```
label "a" * 'label :=             % verknüpfe label mit "a"
lab.width #1 + 'lab.width :=    % erhöhe lab.width um 1
```

sind identisch zu der mehr gewohnten Darstellung:

```
label := label + "a";
lab.width := lab.width + 1;
```

4.5.2 Funktionstypen

BibTeXverfügt über mehrere vordefinierte Funktionen:

`>` Nimmt die oberen beiden Werte vom Stack und legt die Zahl 1 auf den Stack, falls die zweite größer ist, anderenfalls 0.

`<` dito, nur anders herum.

`=` Nimmt die oberen beiden Werte vom Stack und legt die Zahl 1 auf den Stack, falls beide gleich sind, anderenfalls 0.

`+` Nimmt die oberen beiden Integerwerte vom Stack und legt die Summe der beiden wieder auf den Stack.

`-` Nimmt die oberen beiden Integerwerte vom Stack und legt die Differenz der beiden auf den Stack.

`*` Nimmt die oberen beiden Stringwerte vom Stack und legt die Verknüpfung »vorletzte«+ »oberste« Zeichenkette.

`:=` Nimmt die oberen beiden Werte vom Stack und ordnet das vorletzte Element dem Namen des oberen zu, wobei diese eine globale oder ENTRY-Variable sein muss.

`add.period$` Nimmt den oberen Stringwert vom Stack und hängt einen Punkt an, falls das letzte Zeichen, welches keine Klammer } ist, kein Punkt, Fragezeichen oder Ausrufezeichen ist und legt den String wieder auf den Stack.

`call.type$` Führt die Funktion des ENTRY-Typs aus, beispielsweise für `book` wird `FUNCTION{book}` ausgeführt. Für einen unbekannten Typ wird `default.type` ausgeführt.Sinnvollerweise sollte vor dem READ-Befehl für jeden ENTRY-Typ eine Funktion definiert sein.

`change.case$` Nimmt zwei Werte vom Stack und konvertiert den zweiten in Abhängigkeit des ersten (obersten). Ist dieser ein `t`, so werden bis auf das erste Zeichen alle anderen zu Kleinbuchstaben gewandelt. Ist es ein `l`, so werden alle Zeichen in Kleinbuchstaben gewandelt. Bei einem u werden alle Zeichen in Großbuchstaben gewandelt. Anschließend wird das Ergebnis wieder auf den Stack gelegt.

`chr.to.int$` Nimmt das obere Zeichen (ASCII) vom Stack, wandelt es in eine Ganzzahl und legt es wieder auf den Stack.

`cite$` Legt den Schlüssel des Bibliografieeintrags auf den Stack.

`duplicate$` Dupliziert das obere Stackelement.

`empty$` Nimmt das obere Element vom Stack und testet, ob es ein fehlendes Feld ist. Wenn ja, wird eine 1, anderenfalls eine 0 auf den Stack gelegt.

`format.name$` Nimmt die obersten drei Elemente vom Stack (String, Integer, String) und formatiert anhand der Werte den letzten String und legt ihn wieder auf den Stack.

`if$` Nimmt zwei Funktionselemente und ein Integerelement vom Stack und führt das zweite aus, falls die Zahl größer ist als 1, anderenfalls das erste Element. Entspricht dem PostScript-Ausdruck *Boolean*{ ... }{ ... }*ifelse*.

`int.to.chr$` Wandelt das auf dem Stack liegende Integerelement in das korrespondierende ASCII-Zeichen.

`int.to.str$` Wandelt das auf dem Stack liegende Integerelement in das korrespondierende ASCII-Zeichen und legt es als String-Element auf den Stack.

`missing$` Nimmt das oberste Stackelement und gibt eine 1 zurück, wenn es ein fehlendes Feld ist, anderenfalls wird die 0 auf den Stack gelegt.

`newline$` Schreibt in den Ausgabepuffer das Zeilenendezeichen (CRLF). Dieses dient nur der äußeren Formatierung in der `.bbl`-Datei und hat keine Auswirkung auf den LaTeX-Lauf.

`num.names$` Nimmt das obere String-Element vom Stack und legt die Anzahl der Namen, die dieser String enthält, dafür auf den Stack.

`pop$` Löscht das oberste Stack-Element ohne es auszugeben.

`preamble$` Legt die gesamte Präambel der `.bib`-Datei auf den Stack.

`purify$` Nimmt das oberste Stringelement vom Stack, beseitigt alle nicht-alphanumerischen Zeichen (außer Leerraum, Bindestrich und die Raute) und legt den String wieder auf den Stack.

`quote$` Legt einen String mit Anführungsstrichen auf den Stack.

`skip$` *No operation*, entspricht dem `\relax` bei TeX..

`stack$` Gibt den gesamt Stack aus und löscht diesen danach.

`substring$` Nimmt die obersten drei Elemente vom Stack (Integer/n–Integer/s–String) und legt den Teilstring der n Zeichen lang ist und bei der Position s beginnt, wieder auf den Stack.

`swap$` Vertauscht die obersten beiden Elemente des Stacks.

`text.length$` Nimmt das oberste Stringelement vom Stack und legt die Anzahl der darin enthaltenen Zeichen auf den Stack.

`text.prefix$` Nimmt ein Integerelement und ein Stringelement vom Stack und legt den Teilstring, der aus den durch die Zahl angegebene Anzahl an Zeichen besteht auf den Stack.

`top$` Nimmt alle Werte vom Stack und gibt sie auf der Standardausgabe und dem Logfile aus.

`type$` Legt den aktuellen ENTRY-Typ oder den Nullstring auf den Stack, falls der Typ unbekannt ist.

`warning$` Nimmt das oberste String-Element vom Stack und gibt es als Warnung aus und inkrementiert gleichzeitig den Zähler für Warnungen.

`while$` Nimmt die obersten beiden Funktionselemente von Stack und führt das zweite solange aus, wie der Zahlenwert, der von der ersten Funktion auf dem Stack hinterlegt wird, größer ist als 0.

`width$` Nimmt das oberste Stringelement vom Stack und legt dessen Breite in 1/100pt auf den Stack.

`write$` Nimmt das oberste Stringelement vom Stack und schreibt es in den Ausgabepuffer (die `.bbl`-Datei).

4.5.3 Anwendungen

Mit den oben beschriebenen Funktionen kann man die bestehenden Stildateien zumindest soweit verstehen, dass kleinere Modifikationen möglich sein sollten. Die Standardstildatei `plain` soll hier als Muster auszugsweise nachvollzogen werden. Zuerst müssen alle möglichen Felder als ENTRY-Variablen deklariert werden, wobei die Reihenfolge unerheblich ist.

```
ENTRY{ address author booktitle chapter edition editor howpublished institution
       journal key month note number organization pages publisher school series
```

```
        title type volume year }
      {}
      { label }
INTEGERS { output.state before.all mid.sentence after.sentence after.block }
FUNCTION {init.state.consts}
         { #0 'before.all :=
           #1 'mid.sentence :=
           #2 'after.sentence :=
           #3 'after.block :=
         }
STRINGS { s t }
```

Nach der Festlegung der allgemeinen Variablen, kommt die Definition der einzelnen Funktionen, die den größten Umfang einnehmen und hier nur exemplarisch erklärt werden sollen.

```
FUNCTION {output.nonnull}
{ 's :=
  output.state mid.sentence =
  { ", " * write$ }
  { output.state after.block =
    { add.period$  write$ newline$ "\newblock " write$ }
    { output.state before.all =
      'write$
      { add.period$ " " * write$ } if$ }
    if$
    mid.sentence 'output.state :=
  } if$
  s
}
FUNCTION {output}
{ duplicate$ empty$ 'pop$ 'output.nonnull if$ }

FUNCTION {output.check}
{ 't := duplicate$ empty$
  { pop$ "empty " t * " in " * cite$ * warning$ } 'output.nonnull if$
}
FUNCTION {output.bibitem}
{ newline$
  "\bibitem{" write$ cite$ write$ "}" write$ newline$
  "" before.all 'output.state :=
}
```

Die einfachste Funktion ist *output*; das oberste Stackelement wird dupliziert, `empty$` testet das oberste Stack-Element, ob es leer ist und legt eine 1 (leer) oder 1 (nicht leer) statt des Elements auf den Stack. Durch `if$` wird dann das Element entweder entfernt (1–pop$) oder es wird eine Funktion aufgerufen (0–`output.nonnull`). Die Funktion *output.check* macht faktisch dasselbe, nur wird für den Fall, dass es einen leeren ENTRY-Eintrag gibt, eine Warnung ausgegeben. Die Warnung gibt den Text »empty ??? in xyz«

als Warnung aus, wobei ??? dem leeren Feldelement (`t`) und xyz dem Schlüssel (`cite$`) entsprechen.

Die Funktion für einen Literaturtyp *article* ist ebenfalls mit den oben angegebenen Funktionen nachvollziehbar:

```
FUNCTION {article}
{ output.bibitem
  format.authors "author" output.check new.block
  format.title "title" output.check    new.block
  crossref missing$
    { journal emphasize "journal" output.check
      format.vol.num.pages output
      format.date "year" output.check }
    { format.article.crossref output.nonnull
      format.pages output } if$
  new.block
  note output
  fin.entry
}
```

Zuerst wird die einleitende Zeile mit `output.bibitem` ausgegeben. Die Autoren werden zuerst formatiert, danach wird der ENTRY-Typ äuthor" auf den Stack gelegt und anschließend *output.check* aufgerufen und von dort ausgegeben, falls das Element nicht leer ist. Danach kommt *new.block* und es wird mit dem Titel fortgefahren. danach erfolgt ein Test auf einen Querverweis, um die Angaben zu *journal*, *number* und *year* aus dem Querverweis oder den eigenen Feldern zu holen. Am Ende wird noch das *note*-Feld ausgegeben, falls es nicht leer ist.

Die Funktion *format.authors* kann noch als trivial angesehen werden, die damit aber aufgerufene Funktion *format.names* kann nicht mehr als trivial gelten, da insbesondere die Syntax der Formatierung ziemlich gewöhnungsbedürftig ist. Immerhin erkennt man, wo *et al.* und *and* ausgegeben werden, wenn es sich um mehrere Autoren handelt.

```
FUNCTION {format.names}
{ 's :=  #1 'nameptr :=  s num.names$ 'numnames :=  numnames 'namesleft :=
   { namesleft #0 > }
   { s nameptr "{ff~}{vv~}{ll}{, jj}" format.name$ 't :=
      nameptr #1 >
        { namesleft #1 >
            { ", " * t * }
            { numnames #2 >
                { "," * } 'skip$ if$
              t "others" =
                { " et~al." * }{ " and " * t * } if$
            } if$
        }
        't if$
      nameptr #1 + 'nameptr :=
```

```
        namesleft #1 - 'namesleft :=
    } while$
}
FUNCTION {format.authors}
{ author empty$ { "" } { author format.names } if$ }
```

Die Funktion *format.authors* ruft für den Fall, dass ein Autor vorhanden ist, zum Formatieren die Funktion *format.names* auf. Die erste Zeile dieser Funktion speichert die Autorenliste, wie sie in der Literaturdatenbank eingegeben wurde in der Variablen *s*. Die Zeigervariable *nameptr*, die auf den aktuellen Namen zeigt, bekommt den Wert 1 zugeordnet und die Anzahl der Autoren wird in *numnames* und die noch zu verarbeitenden in *namesleft*. Danach beginnt die große While-Schleife, die solange durchlaufen wird, wie `namesleft$>0` gilt. Bevor die Funktion *format.name$* aufgerufen wird, werden die Variable *s* (Autoren), die Zahl *nameptr* und die Zeichenkette `{ff~}{vv~}{ll}{, jj}` auf den Stack gelegt. Die interne Funktion *format.name$* nimmt diese drei Elemente vom Stack, formatiert den Teil, der durch *nameptr* gegeben ist und legt das Ergebnis wieder auf den Stack. Die Zeichenkette `{ff~}{vv~}{ll}{, jj}` steht für Vorname (first), Zusatz (von), Nachname (last) und einen weiteren Zusatz (junior). Die Zusätze stehen für Namensteile wie *von* oder *jr*, wie es insbesondere im Amerikanischen anzutreffen ist. Entsprechend dieses Musters wird der erste Name jetzt angeordnet, beispielsweise `Herbert~von~Karajan`. Da für den Zusatz *jj* nichts angegeben wurde, entfällt auch automatisch das Komma.

Zum besseren Verständnis sei noch ein Beispiel angegeben. Auf dem Stack liege (wobei die Tilde für ein Leerzeichen steht):

```
{f.~}{vv~}{ll}{,~jj}
2 Vo{\ss}, Jana and Vo{\ss}, Herbert
```

Dann wird nach Aufruf von `format.name$` *H. Vo{\ss}* zurückgegeben, denn ein einziger Buchstabe steht immer für die Kurzform (Abkürzung) des Namensteiles. Möchte man die Namen beispielsweise in Kapitälchen und nicht abgekürzt ausgeben, so kann man die vorgeordnete Funktion *format.authors* ändern:

```
FUNCTION {format.authors}
{ author empty$
    { "" }{ "\bgroup\scshape{}" author format.names * "\egroup{}" * } if$ }
```

Damit dass verbindende *and* oder *et. al.* zum einen nicht ebenfalls in Kapitälchen ausgegeben wird, muss nur noch die eine Zeile in der Funktion *format.authors* geändert werden:

```
t "others" = { "\egroup~et~al." * }{ "\egroup~und \bgroup\scshape{}" * t * } if$
```

Das folgende Beispiel zeigt eine Anwendung dieses Bibliografiestils.

04-05-2

Literatur

[1] JANA VOß und HERBERT VOß. Typografie im Laufe der Jahrhunderte – oder warum man einen Liebesbrief nicht mit dem Computer schreibt. Vortrag „Lange Nacht der Wissenschaften“, Freie Universität Berlin, 2008.

```
foo\cite{jhv2008} \newpage
\bibliographystyle{plainDemo}
\bibliography{demo3}
```

4.6 Stildateien mit makebst erstellen

Sollten die bestehenden Stildateien nicht den eigenen Bedürfnissen entsprechen, so kann mit dem Paket makebst von Patrick W. Daly in einer interaktiven Sitzung eine eigene Stildatei erstellt werden. Das Paket ist ein eigenständiges Dokument und kann daher direkt mit TeX oder LaTeX gestartet werden.

```
voss@shania:~> latex makebst
voss@shania:~/Links/latex/custom-bib> latex makebst
This is pdfTeX, Version 3.1415926-1.40.11 (TeX Live 2010)
entering extended mode
(./makebst.tex
LaTeX2e <2009/09/24>
[ ... ]
***********************************
* This is Make Bibliography Style *
***********************************
It makes up a docstrip batch job to produce
a customized .bst file for running with BibTeX
Do you want a description of the usage? (NO)

\vn=
```

Zuerst wird gefragt, ob man eine Stildatei als Vorgabe (Master) nutzen möchte. Bei der Eingabe der Werte sollte man sich Zeit lassen, da falsche Eingaben nur durch einen Neustart korrigiert werden können. Die zur Zeit gültigen Eingabemöglichkeiten, werden daher in der Tabelle 4.4 aufgelistet.

Tabelle 4.4: Zusammenstellung der Eingabeaufforderungen für custom-bib

Text	*Vorgabe*
Name of language definition file	merlin.mbs
Include file(s) for extra journal names?	NO
A second type of external file that can be added is one containing names of journals that are to be prestored into the `.bst` file. Several file names are allowed here, with the root names separated by commas, and with the common extension added at the end. To assist later parsing of the names, an additional comma is added before the extension.	

Fortsetzung ...

... Fortsetzung

Text	*Vorgabe*
INTERNAL LANGUAGE SUPPORT (if no external language file)	*
(*) English words used explicitly	
(b) Babel (words replaced by commands defined in `babelbst.tex`)	
STYLE OF CITATIONS:	*
(*) Numerical as in standard LaTeX	
(a) Author-year with some non-standard interface	
(b) Alpha style (Jon90 or JWB90) for single or multiple authors	
(o) Alpha style (Jon90) even for multiple authors	
(f) Alpha style (Jones90) (full name of first author)	
(c) Cite key, special for listing contents of bib file)	
HTML OUTPUT (if non author-year citations)	*
(*) Normal LaTeX output	
(h) Hypertext output, in HTML code, in paragraphs	
(n) Hypertext list with sequence numbers	
(k) Hypertext with keys for viewing databases	
AUTHOR–YEAR SUPPORT SYSTEM (if author-year citations)	*
(*) Natbib for use with natbib v5.3 or later	
(o) Older Natbib without full authors citations	
(l) Apalike for use with `apalike`	
(h) Harvard system with `harvard`	
(a) Astronomy system with `astron`	
(c) Chicago system with `chicago`	
(n) Named system with `named`	
(d) Author-date system with `authordate1-4`	
HARVARD EXTENSIONS INCLUDED (if Harvard support selected)	*
(n) Older Harvard style, for LaTeX2.09	
LANGUAGE FIELD	*
(*) No language field	
(l) Add language field to switch hyphenation patterns temporarily	
ANNOTATIONS	*
(*) No annotations will be recognized	
(a) Annotations in annote field or in .tex file of citekey name	
PRESENTATIONS	*
(*) Do not add presentation type for conference talks	
(p) Add presentation, speaker not highlighted	
(b) Presentation, speaker bold face	
(i) Presentaion, speaker italic	
(c) Presentaion, speaker in small caps	
ORDERING OF REFERENCES (if non-author/year and non-alph)	*
(*) Alphabetical by all authors	
(c) Citation order (unsorted, like `unsrt.bst`)	
(d) Year ordered and then by authors	
(r) Reverse year ordered and then by authors	
ORDER ON VON PART (if not citation order)	*
(*) Sort on von part (de la Maire before Defoe)	
(x) Sort without von part (de la Maire after Mahone)	

Fortsetzung ...

... Fortsetzung

Text	*Vorgabe*
AUTHOR NAMES	*
(*) Full, surname last (John Frederick Smith)	
(f) Full, surname first (Smith, John Frederick)	
(i) Initials + surname (J. F. Smith)	
(r) Surname + initials (Smith, J. F.)	
(s) Surname + dotless initials (Smith J F)	
(w) Surname + comma + spaceless initials (Smith, J.F.)	
(x) Surname + pure initials (Smith JF)	
(y) Surname + comma + pure initials (Smith, JF)	
(z) Surname + spaceless initials (Smith J.F.)	
(a) Only first name reversed, initials (AGU style: Smith, J. F., H. K. Jones)	
(b) First name reversed, with full names (Smith, John Fred, Harry Kab Jones)	
PUNCTUATION BETWEEN AUTHOR NAMES	*
(*) Author names separated by commas	
(s) Names separated by semi-colon	
(h) Names separated by slash	
ADJACENT REFERENCES WITH REPEATED NAMES	*
(*) Author/editor names always present	
(d) Repeated author/editor names replaced by dash	
(2) Repeated author/editor names replaced by 2 dashes	
(3) Repeated author/editor names replaced by 3 dashes	
NUMBER OF AUTHORS IN BIBLIOGRAPHY	*
(*) All authors included in listing	
(l) Limited authors (et al replaces missing names)	
AUTHORS IN CITATIONS	*
(*) One author et al for three or more authors	
(m) Some other truncation scheme	
TYPEFACE FOR AUTHORS IN LIST OF REFERENCES	*
(*) Normal font for author names	
(s) Small caps authors (`\sc`)	
(i) Italic authors (`\it` or `\em`)	
(b) Bold authors (`\bf`)	
(u) User defined author font (`\bibnamefont`)	
DATE POSITION	*
(*) Date at end	
(b) Date after authors	
(j) Date part of journal spec. (as 1994;45:34-40) else at end	
(e) Date at very end after any notes	
DATE FORMAT (if non author-year citations)	*
(*) Plain month and year without any brackets	
(p) Date in parentheses as (May 1993)	
(b) Date in brackets as [May 1993]	
(c) Date preceded by colon as ': May 1993'	
(d) Date preceded by period as '. May 1993'	
(m) Date preceded by comma as ', May 1993'	
(s) Date preceded by space only, as ' May 1993'	

Fortsetzung ...

… Fortsetzung

Text	*Vorgabe*
SUPPRESS MONTH	*
(*) Date is month and year	
(x) Date is year only	
REVERSED DATE (if including month)	*
(*) Date as month year	
(r) Date as year month	
DATE FONT	*
(*) Date in normal font	
(b) Date in bold face	
TITLE OF ARTICLE	*
(*) Title plain with no special font	
(i) Title italic (\em)	
(q) Title and punctuation in single quotes (‘Title,’ ..)	
(d) Title and punctuation in double quotes (“Title,” ..)	
(g) Title and punctuation in guillemets («Title,» ..)	
(x) Title in single quotes (‘Title’, ..)	
(y) Title in double quotes (“Title”, ..)	
(z) Title in guillemets («Title», ..)	
CAPITALIZATION OF ARTICLE TITLE	*
(*) Sentence style (capitalize first word and those in braces)	
(t) Title style (just as in bib entry)	
ARTICLE TITLE PRESENT	*
(*) Article title present in journals and proceedings	
(x) No article title	
JOURNAL NAMES	*
(*) Periods in journal names are retained, as ‘Phys. Rev.’	
(x) Dotless journal names as ‘Phys Rev’	
JOURNAL NAME FONT	*
(*) Journal name italics	
(r) Journal name normal font	
THESIS TITLE:	*
(*) Thesis titles like books	
(a) Thesis title like article	
(x) No thesis title	
TECHNICAL REPORT TITLE	*
(*) Tech. report title like articles	
(b) Tech. report title like books	
TECHNICAL REPORT NUMBER	*
(*) Tech. report and number plain as ‘Tech. Rep. 123’	
(i) Tech. report and number italic as ‘{\it Tech. Rep. 123’}	
JOURNAL VOLUME	*
(*) Volume plain as vol(num)	
(i) Volume italic as {\em vol}(num)	
(b) Volume bold as {\bf vol}(num)	
(d) Volume and number bold as {\bf vol(num)}	
JOURNAL VOL AND NUMBER	*
(*) Journal vol(num) as 34(2)	
(s) Journal vol (num) as 34 (2)	

Fortsetzung …

... Fortsetzung

Text	*Vorgabe*
(c) Journal vol, num as 34, 2	
(n) Journal vol, no. num as 34, no. 2	
(h) Journal vol, # number as 34, #2	
(b) Journal vol number as 34 2	
(x) Journal vol, without number as 34	
VOLUME PUNCTUATION	*
(*) Volume with colon as vol(num):ppp	
(s) Volume with colon and space as vol(num): ppp	
(h) Volume with semi-colon as vol(num); ppp	
(c) Volume with comma as vol(num), ppp	
(b) Volume with blank as vol(num) ppp	
YEAR IN JOURNAL SPECIFICATION	*
(*) Journal year like others as given by date position	
(v) Journal vol(year) as 34(1995)	
(s) Journal vol (year) as 34 (1995)	
(p) Year with pages as 34(2), (1995) 1345–1387	
(c) Year, comma, pages as 34(2), (1995), 1345–1387	
PAGE NUMBERS	*
(*) Start and stop page numbers given	
(f) Only start page number	
LARGE PAGE NUMBERS	*
(*) No separators for large page numbers	
(c) Comma inserted over 9999 as 11,234	
(s) Thin space inserted over 9999 as 11 234	
(p) Period inserted over 9999 as 11.234	
WORD 'PAGE' IN ARTICLES	*
(*) Article pages numbers only as 234-256	
(p) Include 'page' in articles as pp. 234–256	
POSITION OF PAGES	*
(*) Pages given mid text as is nor mal	
(e) Pages at end but before any notes	
WORD 'VOLUME' IN ARTICLES	*
(*) Article volume as number only as 21	
(p) Include 'volume' in articles as vol. 21	
NUMBER AND SERIES FOR COLLECTIONS	*
(*) Allows number without series and suppresses word "number"	
(s) Standard BibTeX as: "number 123 in Total Works"; error if number and no series	
POSITION OF NUMBER AND SERIES	*
(*) After chapter and pages as in standard BibTeX	
(t) Just before publisher or organization	
VOLUME AND SERIES FOR BOOKS/COLLECTIONS	*
(*) Vol. 23 of Series as in standard BibTeX	
(s) Series, vol. 23	
POSITION OF VOLUME AND SERIES FOR INCOLLECTIONS	*
(*) Series and volume after the editors	
(e) Series and volume after booktitle and before editors	

Fortsetzung...

... Fortsetzung

Text	*Vorgabe*
JOURNAL NAME PUNCTUATION	*
(*) Comma after journal name	
(x) Space after journal name	
BOOK TITLE	*
(*) Book title italic (\em)	
(p) Book title plain (no font command)	
PAGES IN BOOKS	*
(*) Pages in book plain as pp. 50-55	
(p) Pages in book in parentheses as (pp. 50-55)	
(x) Pages in book bare as 50-55	
TOTAL PAGES OF A BOOK	*
(*) Total book pages not printed	
(p) For book: 345 pages or pp.	
(a) Total book pages before publisher	
PUBLISHER ADDRESS	*
(*) Publisher, address as Harcourt, New York	
(a) Address: Publisher as New York: Harcourt	
PUBLISHER IN PARENTHESES	*
(*) Publisher as normal block without parentheses	
(p) Publisher in parentheses	
(d) Publisher and date in parentheses (Oxford, 1994)	
(c) Publisher and date in parentheses, no comma (Oxford 1994)	
(f) Publisher and date without parentheses Oxford, 1994	
(k) Publisher and date, no parentheses, no comma Oxford 1994	
PUBLISHER POSITION	*
(*) Publisher after chapter, pages	
(p) Publisher before chapter, pages	
(e) Publisher after edition	
ISBN NUMBER:	*
(*) Include ISBN for books, booklets, etc.	
(x) No ISBN	
ISSN NUMBER	*
(*) Include ISSN for periodicals	
(x) No ISSN	
DOI NUMBER	*
(*) Include DOI as "doi: number"	
(a) Insert DOI AGU style as part of page number	
(x) No DOI	
'EDITOR' AFTER NAMES (EDITED BOOKS WITHOUT AUTHORS)	*
(*) Word 'editor' after name (a) 'Name (editor),' in parentheses, after name, comma after	
(b) 'Name (Editor),' as above, editor upper case	
(c) 'Name, (editor)' in parentheses, after name, comma between	
(d) 'Name, (Editor)' as above, editor upper case	
(e) 'Name (editor)' in parentheses, after name, no commas	
(f) 'Name (Editor)' as above, editor upper case	

Fortsetzung ...

... Fortsetzung

Text	*Vorgabe*
EDITOR IN COLLECTIONS	*
(*) Same as for edited book (names before booktitle)	
(b) In booktitle, edited by .. (where .. is names)	
(p) In booktitle (edited by ..)	
(c) In booktitle, (edited by ..)	
(e) In booktitle, editor ..	
(f) In booktitle, (editor) .	
. (k) In booktitle (editor..)	
(g) In booktitle, (editor..)	
(j) In booktitle, .., editor	
(m) In booktitle (.., editor)	
PUNCTUATION BETWEEN SECTIONS (BLOCKS)	*
(*) after blocks (periods or new lines with openbib option)	
(c) Comma between blocks	
(s) Semi-colon between blocks	
(b) Blanks between blocks	
(t) Period after titles of articles, books, etc else commas	
(u) Colon after titles of articles, books, etc else commas	
(a) Period after titles of articles else commas	
(d) Colon after titles of articles else commas	
PUNCTUATION AFTER AUTHORS	*
(*) Author block normal with regular block punctuation	
(c) Author block with colon	
PUNCTUATION AFTER 'IN'	*
(*) Space after 'in' for incollection or inproceedings	
(c) Colon after 'in' (as 'In: ...')	
(i) Italic 'in' and space	
(d) Italic 'in' and colon	
(x) No word 'in' for edited works	
'IN' WITH JOURNAL NAMES (if using 'in' with collections)	*
(*) No 'in' before journal name	
(i) Add 'in' before journal name in style for incollection	
FINAL PUNCTUATION:	*
(*) Period at very end of the listed reference	
(x) No period at end	
ABBREVIATE WORD 'PAGES' (if not using external language file)	*
(*) 'Page(s)' (no abbreviation)	
(a) 'Page' abbreviated as p. or pp.	
(x) 'Page' omitted	
ABBREVIATE WORD 'EDITORS'	*
(*) 'Editor(s)' (no abbreviation)	
(a) 'Editor' abbreviated as ed. or eds.	
OTHER ABBREVIATIONS:	*
(*) No abbreviations of volume, edition, chapter, etc	
(a) Abbreviations of such words	

Fortsetzung...

... Fortsetzung

Text	*Vorgabe*
ABBREVIATION FOR 'EDITION' (if abbreviating words) (*) 'Edition' abbreviated as 'edn' (a) 'Edition' abbreviated as 'ed'	*
MONTHS WITH DOTS (*) Months with dots as Jan. (x) Months without dots as Feb Mar	*
EDITION NUMBERS (*) Editions as in database saving much processing memory (w) Write out editions as first, second, third, etc (n) Numerical editions as 1st, 2nd, 3rd, etc	*
STORED JOURNAL NAMES (*) Full journal names for prestored journals (a) Abbreviated journal names (s) Abbreviated with astronomy shorthands like ApJ and AJ	*
AMPERSAND (*) Use word 'and' in author lists (a) Use ampersand in place of 'and' (v) Use `\BIBand` in place of 'and'	*
COMMA BEFORE 'AND' (*) Comma before 'and' as 'Tom, Dick, and Harry' (n) No comma before 'and' as 'Tom, Dick and Harry' (c) Comma even with 2 authors as 'Tom, and Harry'	*
NO 'AND' IN REFERENCE LIST (*) With 'and' before last author in reference list (x) No 'and' as 'Tom, Dick, Harry'	*
COMMA BEFORE 'ET AL' (*) Comma before 'et al' in reference list (x) No comma before 'et al'	*
FONT OF 'ET AL' (*) Plain et al (i) Italic et al (r) Roman et al even when authors something else	*
ADDITIONAL REVTeX DATA FIELDS: (*) No additional fields for REVTeX (r) Include REVTeX data fields collaboration, eid, eprint, archive, numpages, url	*
E-PRINT DATA FIELD (without REVTeX fields) (*) Do not include eprint field (e) Include eprint and archive fields for electronic publications	*
URL ADDRESS: (without REVTeX fields) (*) No URL for electronic (Internet) documents (u) Include URL as regular item block (n) URL as note (l) URL on new line after rest of reference	*
REFERENCE COMPONENT TAGS (*) No reference component tags in the `\bibitem` entries (b) Reference component tags like `\bibinfo` in the content of `\bibitem`	*

Fortsetzung ...

... Fortsetzung

Text	*Vorgabe*
EMPHASIS (affects all so-called italics)	*
(*) Use emphasis ie, \em, allows font switching	
(i) Use true italics ie, \it, absolute italics	
(x) No italics at all	
(u) Underlining in place of italics, best with ulem package	
COMPATIBILITY WITH PLAIN TEX	*
(*) Use LaTeX commands which may not work with Plain TeX	
(t) Use only Plain TeX commands for fonts and testing	

Die erfolgreiche Erstellung der benutzerdefinierten Stildatei endet mit:

```
Finished!!
Batch job written to file 'demo.dbj'
Shall I now run this batch job? (NO)

\yn=y
(./demo.dbj (/usr/local/texlive/2010/texmf-dist/tex/latex/base/docstrip.tex
Utility: 'docstrip' 2.5d <2005/07/29>
English documentation    <1999/03/31>

**********************************************************
* This program converts documented macro-files into fast *
* loadable files by stripping off (nearly) all comments! *
**********************************************************
********************************************************
* No Configuration file found, using default settings. *
********************************************************
)

Generating file(s) ./demo.bst

Processing file merlin.mbs (ed-au,num-xser,isbn,issn,doi,abr,xedn,nfss,) -> dem
o.bst
Lines  processed: 9293
Comments removed: 3787
Comments  passed: 1
Codelines passed: 3686
 ) )
No pages of output.
Transcript written on makebst.log.
```

Tabelle 4.5: Zusammenstellung der Abkürzungen von Zeitschriften

Kurzform	*Langform*
acmcs	ACM Computing Surveys
acta	Acta Informatica
cacm	Communications of the ACM
ibmjrd	IBM Journal of Research and Development
ibmsj	IBM Systems Journal
ieeese	IEEE Transactions on Software Engineering
ieeetc	IEEE Transactions on Computers
ieeetcad	IEEE Transactions on Computer-Aided Design of Integrated Circuits
ipl	Information Processing Letters
jacm	Journal of the ACM
jcss	Journal of Computer and System Sciences
scp	Science of Computer Programming
sicomp	SIAM Journal on Computing
tocs	ACM Transactions on Computer Systems
tods	ACM Transactions on Database Systems
tog	ACM Transactions on Graphics
toms	ACM Transactions on Mathematical Software
toois	ACM Transactions on Office Information Systems
toplas	ACM Transactions on Programming Languages and Systems
tcs	Theoretical Computer Science
aa	Astronomy and Astrophysics
aasup	Astronomy and Astrophysics, Supplement Series
aj	Astronomical Journal
aph	Acta Physica
advp	Advances in Physics
ajp	American Journal of Physics
ajm	American Journal of Mathematics
amsci	American Scientist
anofd	Annals of Fluid Dynamics
am	Annals of Mathematics
ap	Annals of Physics
adp	Annalen der Physik
ao	Applied Optics
apl	Applied Physics Letters
app	Astroparticle Physics
apj	Astrophysical Journal
apjsup	Astrophysical Journal Supplement
apss	Astrophysics and Space Science
araa	Annual Review of Astronomy and Astrophysics
baas	Bulletin of the American Astronomical Society
baps	Bulletin of the American Physical Society
cmp	Communications in Mathematical Physics
cpam	Communications on Pure and Applied Mathematics
cppcf	Comments on Plasma Physics and Controlled Fusion
cpc	Computer Physics Communications
cqg	Classical and Quantum Gravity
cra	Comptes Rendus des Séances de l'Académie des Sciences A

Fortsetzung...

... Fortsetzung

Kurzform	*Langform*
fed	Fusion Engineering and Design
ft	Fusion Technology
grg	General Relativity and Gravitation
ieeens	IEEE Transactions on Nuclear Science
ieeeps	IEEE Transactions on Plasma Science
ijimw	International Journal of Infrared and Millimeter Waves
ip	Infrared Physics
irp	Infrared Physics
jap	Journal of Applied Physics
jasa	Journal of the Acoustical Society of America
jcp	Journal of Computational Physics
jetp	Soviet Physics–JETP
jfe	Journal of Fusion Energy
jfm	Journal of Fluid Mechanics
jmp	Journal of Mathematical Physics
jne	Journal of Nuclear Energy
jnec	Journal of Nuclear Energy, Part C: Plasma Physics, Accelerators, Thermonuclear Research
jnm	Journal of Nuclear Materials
jpc	Journal of Physical Chemistry
jpp	Journal of Plasma Physics
jpsj	Journal of the Physical Society of Japan
jsi	Journal of Scientific Instruments
jvst	Journal of Vacuum Science and Technology
nat	Nature
nature	Nature
nedf	Nuclear Engineering and Design/Fusion
nf	Nuclear Fusion
nim	Nuclear Instruments and Methods
nimpr	Nuclear Instruments and Methods in Physics Research
np	Nuclear Physics
npb	Nuclear Physics B
nt/f	Nuclear Technology/Fusion
npbpc	Nuclear Physics B (Proceedings Supplements)
inc	Il Nuovo Cimento
nc	Nuovo Cimento
pf	Physics of Fluids
pfa	Physics of Fluids A: Fluid Dynamics
pfb	Physics of Fluids B: Plasma Physics
pl	Physics Letters
pla	Physics Letters A
plb	Physics Letters B
prep	Physics Reports
pnas	Proceedings of the National Academy of Sciences of the USA
pp	Physics of Plasmas
ppcf	Plasma Physics and Controlled Fusion
phitrsl	Philosophical Transactions of the Royal Society of London
prl	Physical Review Letters
pr	Physical Review

Fortsetzung ...

... Fortsetzung

Kurzform	*Langform*
physrev	Physical Review
pra	Physical Review A
prb	Physical Review B
prc	Physical Review C
prd	Physical Review D
pre	Physical Review E
ps	Physica Scripta
procrsl	Proceedings of the Royal Society of London
rmp	Reviews of Modern Physics
rsi	Review of Scientific Instruments
science	Science
sciam	Scientific American
sam	Studies in Applied Mathematics
sjpp	Soviet Journal of Plasma Physics
spd	Soviet Physics–Doklady
sptp	Soviet Physics–Technical Physics
spu	Soviet Physics–Uspeki
st	Sky and Telescope
aisr	Advances in Space Research
ag	Annales Geophysicæ
anigeo	Annali di Geofisica
angl	Annals of Glaciology
andmet	Annalen der Meteorologie
andgeo	Annales de Geophysique
andphy	Annales de Physique
afmgb	Archiv für Meteorologie, Geophysik und Bioklimatologie
ass	Astrophysics and Space Science
atph	Atmósphera
aao	Atmosphere-Ocean
atenv	Atmospheric Environment
aujag	Australian Journal of Agricultural Research
aumet	Australian Meteorological Magazine
blmet	Boundary-Layer Meteorology
bams	Bulletin of the American Meteorological Society
cch	Climatic Change
cdyn	Climate Dynamics
cbul	Climatological Bulletin
cap	Contributions to Atmospheric Physics
dsr	Deep-Sea Research
dhz	Deutsche Hydrographische Zeitschrift
dao	Dynamics of Atmospheres and Oceans
eco	Ecology
empl	Earth, Moon and Planets
envres	Environmental Research
envst	Environmental Science and Technology
ecms	Estuarine and Coastal Marine Science
expa	Experimental Astronomy
geoint	Geofisica Internationale
geopub	Geofysiske Publikasjoner

Fortsetzung ...

... Fortsetzung

Kurzform	*Langform*
geogeo	Geologiya i Geofizika
gafd	Geophysical and Astrophysical Fluid Dynamics
gfd	Geophysical Fluid Dynamics
geomag	Geophysical Magazine
georl	Geophysical Research Letters
grl	Geophysical Research Letters
ga	Geophysica
gs	Geophysics
ieeetap	IEEE Transactions on Antennas and Propagation
ijawp	International Journal of Air and Water Pollution
ijc	International Journal of Climatology
ijrs	International Journal of Remote Sensing
jam	Journal of Applied Meteorology
jaot	Journal of Atmospheric and Oceanic Technology
jatp	Journal of Atmospheric and Terrestrial Physics
jastp	Journal of Atmospheric and Solar-Terrestrial Physics
jcc	Journal of Climate
jcam	Journal of Climate and Applied Meteorology
jcm	Journal of Climate Meteorology
jcy	journal of Climatology
jgr	Journal of Geophysical Research
jga	Journal of Glaciology
jh	Journal of Hydrology
jmr	Journal of Marine Research
jmrj	Journal of Meteorological Research, Japan
jm	Journal of Meteorology
jpo	Journal of Physical Oceanography
jra	Journal de Recherches Atmospheriques
jaes	Journal of the Aeronautical Sciences
japca	Journal of the Air Pollution Control Association
jas	Journal of the Atmospheric Sciences
jmts	Journal of the Marine Technology Society
jmsj	Journal of Meteorological Society of Japan
josj	Journal of the Oceanographical Society of Japan
jwm	Journal of Weather Modification
lao	Limnology and Oceanography
mwl	Mariners Weather Log
mau	Mausam
meteor	Meteor Forschungsergebnisse
map	Meteorology and Atmospheric Physics
metmag	Meteorological Magazine
metmon	Meteorological Monographs
metrun	Meteorologische Rundschau
metzeit	Meteorologische Zeitschrift
metgid	Meteorologiya i Gidrologiya
mwr	Monthly Weather Review
nwd	National Weather Digest
nzjmfr	New Zealand Journal of Marine and Freshwater Research
npg	Nonlinear Processes in Geophysics

Fortsetzung...

... Fortsetzung

Kurzform	*Langform*
om	Oceanography and Meteorology
ocac	Oceanologica Acta
oceanus	Oceanus
paleoc	Paleoceanography
pce	Physics and Chemistry of the Earth
pmg	Papers in Meteorology and Geophysics
ppom	Papers in Physical Oceanography and Meteorology
physzeit	Physikalische Zeitschrift
pps	Planetary and Space Science
pss	Planetary and Space Science
pag	Pure and Applied Geophysics
qjrms	Quarterly Journal of the Royal Meteorological Society
quatres	Quaternary Research
rsci	Radio Science
rse	Remote Sensing of the Environment
rgeo	Reviews of Geophysics
rgsp	Reviews of Geophysics and Space Physics
rdgeo	Revista de Geofisica
revmeta	Revista Meteorologica
sgp	Surveys in Geophysics
sp	Solar Phys.
ssr	Space Science Review
tellus	Tellus
tac	Theoretical and Applied Climatology
tagu	Transactions, American Geophysical Union (EOS)
wrr	Water Resources Research
weather	Weather
wafc	Weather and Forecasting
ww	Weatherwise
wmob	World Meteorological Organization Bulletin
zeitmet	Zeitschrift für Meteorologie
appopt	Applied Optics
bell	Bell Systems Technical Journal
ell	Electronics Letters
jasp	Journal of Applied Spectroscopy
jqe	IEEE Journal of Quantum Electronics
jlwt	Journal of Lightwave Technology
jmo	Journal of Modern Optics
josa	Journal of the Optical Society of America
josaa	Journal of the Optical Society of America A
josab	Journal of the Optical Society of America B
jdp	Journal de Physique
oc	Optics Communications
ol	Optics Letters
phtl	IEEE Photonics Technology Letters
pspie	Proceedings of the Society for Photo-Optical Instruments Engineers
sse	Solid-State Electronics
sjot	Soviet Journal of Optical Technology
sjqe	Soviet Journal of Quantum Electronics

Fortsetzung ...

... Fortsetzung

Kurzform	*Langform*
sleb	Soviet Physics–Lebedev Institute Reports
stph	Soviet Physics–Technical Physics
stphl	Soviet Technical Physics Letters
vr	Vision Research
zph	Zeitschrift für Physik
zphb	Zeitschrift für Physik B
zphd	Zeitschrift für Physik D
CLEO	Conf. on Lasers and Electro Optics
ASSL	Advanced Solid State Lasers
OSA	Optical Society of America
cjp	Czechoslovak Journal of Physics
el	Europhysics Letters
en	Europhysics News
fujitsustj	FUJITSU Scientific & Technical Journal
ieeeed	IEEE Transactions on Electron Devices
ieeeim	IEEE Transactions on Instrumentation and Measurement
ieeejqe	IEEE Journal of Quantum Electronics
ieeem	IEEE Transactions on Magnetics
ieeeptl	IEEE Photonics Technology Letters
ieeeuffc	IEEE Transactions on Ultrasonics, Ferroelectrics and Frequency Control
jem	Journal of Electronic Materials
jes	Journal of the Electrochemical Society
jetplett	JETP Letters
jjap	Japanese Journal of Applied Physics
jpha	Journal of Physics A: Mathematical and General
jphb	Journal of Physics B: Atomic, Molecular and Optical Physics
jphbold	Journal of Physics B: Atomic and Molecular Physics
jphc	Journal of Physics: Condensed Matter
jphcold	Journal of Physics C: Solid State Physics
jphd	Journal of Physics D: Applied Physics
jvsta	Journal of Vacuum Science and Technology A
jvstb	Journal of Vacuum Science and Technology B
me	Microelectronic Engineering
necrd	NEC Research & Development
pa	Physica A
pb	Physica B
pc	Physica C
pd	Physica D
procieee	Proceedings of the IEEE
procspie	Proceedings of the SPIE
pssa	Physica Status Solidi A
pssb	Physica Status Solidi B
rpp	Reports on Progress in Physics
sm	Synthetic Metals
sost	Solid State Technology
ss	Surface Science
ssc	Solid State Communications
sst	Semiconductor Science and Technology
suplatt	Superlattices and Microstructures

Fortsetzung ...

... Fortsetzung

Kurzform	*Langform*
sust	Superconductor Science and Technology
znat	Zeitschrift für Naturforschung

4.7 TEXnisches

4.7.1 Bibliografie bearbeiten

In *seltenen* Fällen kann es nötig sein, die von BibTEX erstellte .bbl-Datei manuell zu bearbeiten, bevor sie in einem weiteren LaTEX-Lauf in das Dokument eingefügt wird. Damit die Datei nicht überschrieben wird, sollte sie vor der Bearbeitung umbenannt werden, beispielsweise in eine solche mit Endung .bl2. Diese kann dann mit dem \input-Makro in das Dokument eingelesen werden, wobei die standardmäßigen Makros \bibliographystyle und \bibliography deaktiviert werden müssen.

```
\usepackage{url,ragged2e}

Ein Verweis~\cite{fntguide,impatient}
%\bibliographystyle{plainDemo} \bibliography{demo4}
{\RaggedRight \input{demo4.bl2}}
```

Ein Verweis [1, 2] 04-07-1

Literatur

[1] LaTEX3 Project Team. LaTEX 2ε fontselection, 2000. http://www.latex-project.org/guides/fntguide.pdf

[2] Paul W. Abrahams, Karl Berry und Kathryn Hargreaves. TEX for the Impatient, 2003. http://tug.org/ftp/tex/impatient/book.pdf

4.7.2 Zeilenumbruch bei URLs

BibTEX umbricht historisch bedingt eine zu lange Zeile nach 79 Zeichen, indem das Kommentarzeichen % und ein folgender Zeilenumbruch eingefügt wird. Für normalen Text ist dies unerheblich, jedoch für URLs, wenn sie mithilfe des Makros \url gesetzt werden, fatal. Denn das Prozentzeichen ist für das Makro ein zulässiges normales Zeichen und würde mit ausgegeben werden, was dann zu falschen Ausgaben führt. Aktuelle Pakete von url und hyperref erkennen einen derartigen Zeilenumbruch und können korrekte Ausgaben liefern. Bei älteren Paketen ist man gezwungen, die URL durch das Makro \texttt auszugeben oder alternativ manuell einzugreifen.

Kapitel 5

Das Programm Biber

5.1 Einleitung

Insbesondere für die Anwendung im Zusammenhang mit biblatex (siehe Abschnitt 3 auf Seite 43) wurde Biber entwickelt, welches sämtliche bekannten Beschränkungen von BibTeX aufhebt. Biber setzt allerdings eine existierende Perl-Version mit zusätzlichen Modulen voraus, was nicht auf jedem System gewährleistet ist, so dass für die Installation zur Zeit noch mit Handarbeit zu rechnen ist (`http://biblatex-biber.sourceforge.net/`). Auch für Linux und Windows müssen normalerweise mehrere Perl-Module »per Hand« installiert werden, wobei für Windows in der Regel auch gar keine Grundinstallation von Perl vorhanden ist. Mit ActiveStatePerl steht eine kostenfreie Version zur Verfügung, deren Installation einfach vonstatten geht (`http://www.activestate.com/activeperl/`) Das Ziel der ersten Entwicklungsphase von Biber ist eine robuste und zuverlässige Emulation des BibTeX-Prozessors für den Bibliografiestil `biblatex`.

5.2 Installation einer Binärversion

Seit einiger Zeit werden auch für verschiedene Plattformen (Linux und Windows) lauffähige Versionen angeboten, die sämtliche Perlmodule beinhalten, sodass keine Nachinstallation notwendig ist. Diese Versionen zählen allerdings nicht zu den schnellsten Programmen. Bei einer existierenden TeX Live-Distribution kann die Binärversion von biber auch über das Repositorium http://tlcontrib.metatex.org/2010 installiert, bzw. aktualisiert werden, wobei es für Windows nur 32-Bit-Versionen gibt. Die Installation erfolgt analog zu jedem anderen Paket entweder per grafischer Umgebung oder über die Konsole mit:

```
tlmgr install biber --location http://tlcontrib.metatex.org/2010
```

Weitere Updates bekommt man dann mit:

```
tlmgr --self --all --location http://tlcontrib.metatex.org/2010 update
```

Komplette Neuinstallationen bekommt man mit:

```
tlmgr --location http://tlcontrib.metatex.org/2010 install --reinstall biber
```

5.3 Installation der Quellen

Perl installieren

Die Installation der Quellen ist nur für diejenigen interessant, die über keine der Plattformen verfügen, für die bereits eine Binärversion vorhanden ist. Die Installation der Quellen von Biber ist momentan noch alles andere als trivial und man kann nur hoffen, dass sich dies in naher Zukunft ändern wird. Vorausgesetzt wird die Skriptsprache Perl, was für Linux-Distributionen standardmäßig gegeben ist. Für alle anderen System-Plattformen, wie beispielsweise Windows, bietet sich die Variante von http://www.activestate.com/activeperl/downloads/ an.

Nachdem man sich von http://biblatex-biber.sourceforge.net/ die aktuelle Version heruntergeladen hat, muss diese zuerst in einem temporären Verzeichnis entpackt werden. Mithilfe des Programms git kann man sich auch das komplette Repositorium der aktuellen Entwicklerversion herunterladen:

```
git clone git://biblatex-biber.git.sourceforge.net/gitroot/biblatex-biber/biblatex-bibe
```

Die entsprechende Ausgabe unter Linux ist:

```
Initialized empty Git repository in /home/voss/biblatex-biber/.git/
remote: Counting objects: 6682, done.
remote: Compressing objects: 100% (5774/5774), done.
remote: Total 6682 (delta 4285), reused 1417 (delta 824)
Receiving objects: 100% (6682/6682), 2.00 MiB | 238 KiB/s, done.
Resolving deltas: 100% (4285/4285), done.
```

Mit obigem Ablauf wird im aktuellen Verzeichnis ein Unterverzeichnis ilatex-biber* erstellt, welches unter anderem das Perlskript Build.pl enthält. Biber setzt die Installation einiger Perlmodule voraus. Diese können jedoch automatisch nachinstalliert werden, insoweit man über Administratorrechte auf dem vorhanden Computer verfügt. Die benötigten Module sind:

- IPC::Cmd, welches ab Perl 5.9.5 bereits vorhanden ist;
- Readonly, besser jedoch ist die Installation von Readonly::XS;
- List::AllUtils, ein Wrappermodul für List::Util und List::MoreUtils;
- Log::Log4perl;
- XML::LibXML::Simple, welches ein Clone von XML::Simple ist;
- File::Slurp, benötigt für latex2utf8 oder beim Konvertieren von `.bib`-Dateien in das Unicodeformat;.
- Text::BibTeX oder alternativ Parse::RecDescent und Regexp::Common, wobei Text::BibTeX eindeutig zu bevorzugen ist

Damit es bei der Installation keine Probleme gibt, sollte man das Modul Config::AutoConf vorab installieren. Für Linux in der Form:

```
sudo cpan Config::AutoConf
```

Danach kann im nächsten Schritt mit dem Befehl `perl Build.PL` die notwendige Installation der benötigten Module erfragt werden.

```
voss@julia:~/biblatex-biber> sudo perl Build.PL > Build.log
root's password:
Checking prerequisites...
  requires:
    !  Config::General is not installed
    !  Data::Dump is not installed
    !  List::AllUtils is not installed
    !  Log::Log4perl is not installed
    !  Readonly is not installed
    !  Regexp::Common is not installed
    !  Text::BibTeX is not installed
    !  XML::LibXML::Simple is not installed
  recommends:
    *  Readonly::XS is not installed

ERRORS/WARNINGS FOUND IN PREREQUISITES.  You may wish to install the versions
of the modules indicated above before proceeding with this installation

Run 'Build installdeps' to install missing prerequisites.
```

Wie in der Kontrollausgabe angegeben, können diese Module mit

```
sudo Build installdeps
```

installiert werden. Eine Ausführung durch sudo wird in der Regel für Linux erforderlich sein. Nachdem alle notwendigen Perlmodule zur Verfügung stehen, kann die Installation mit

```
./Build
./Build test         [optional but recommended]
sudo ./Build install
```

abgeschlossen werden. War sie erfolgreich, so kann man eine kurze Hilfe durch Eingabe von `biber --help` erhalten.

Beamer sucht nach dem Start nach einer Konfigurationsdatei `biber.conf` in den folgenden Verzeichnissen:

```
- biber.conf (im aktuellen Verzeichnis)
- $HOME/.biber.conf
- $ENV{XDG_CONFIG_HOME}/biber/biber.conf (Unix/Linux/BSD)
- $HOME/Library/biber/biber.conf" (nur Mac OSX)
- $ENV{APPDATA}/biber.conf" (nur Windows)
- der Ausgabe von "kpsewhich biber.conf"
```

Die erste gefundene Datei wird dann berücksichtigt und die weitere Suche abgebrochen.

5.4 Anwendung

Biber unterstützt auch eine neues XML-Format speziell für biblatex Daten, auch als BibLaTeXML bezeichnet. Die Vorteile von Biber gegenüber BibTeX sind volle Unicode-Unterstützung, keine Speicher-Beschränkungen, beliebige Erweiterbarkeit, usw. Geplant sind Unterstützungen für die Kommunikation mit eingebetteten oder relationalen Datenbanken, beispielsweise Berkeley DB, SQLite, MySQL, PostgreSQL.

biber [Optionen] ⟨*Datei*⟩ [.aux]
biber [Optionen] ⟨*Datei*⟩ [.bcf]

Die erste Variante ist für eine Anwendung von Biber für das reine BibTeX-Format und die zweite Variante für die erweiterte Anwendung mit `biblatex` und der Vorgabe `backend=biber` (siehe auch Option backend in Tabelle 3.3 auf Seite 46). Grundsätzlich braucht das Programm keine Angabe der Dateiendung.

Tabelle 5.1: Zusammenstellung der möglichen Optionen für das Programm Biber

Kurz-/Langname	*Beschreibung*
`-h --help`	Hilfetext ausgeben.
`-v --version`	Versionsnummer ausgeben.
`-g --configfile`⟨*Datei*⟩	Angabe einer Konfigurationsdatei, wobei die erste gefundene benutzt wird. Die Suchreihenfolge ist das aktuelle Verzeichnis, `$HOME/.biber.conf` und `kpsewhich biber.conf`. Standardmäßig witrd dabei nach einer Datei `biber.conf` gesucht.
`--noconf`	Nicht nach einer Konfigurationsdatei suchen.
`-m --mincrossrefs`⟨*Zahl*⟩	Angabe der Mindestzahl an notwendigen Querverweisen auf einen Bibliografieeintrag, bis er automatisch in der Liste erscheint.
`-f --fastsort`	Benutzt zum Sortieren Perl statt Unicode::Collate.

Fortsetzung ...

... Fortsetzung

Kurz-/Langname	*Beschreibung*
`-l --locale`	Angabe von Locale für `fastsort`.
`-C --collate`	Sortieren mit `Unicode::Collate` (Standard), statt eienr internen Sortierroutine.
`-c --collate_options`	Angabe der Optionen, die an `Unicode::Collate` für das Sortieren weitergerreicht werden. Standard ist `level => "2", table => "latinkeys.txt"`. Weitere Informationen bekommt man mit »perldoc Unicode::Collate«.
`--sortcase=`⟨*Boolean*⟩	Case-sensitives Sortieren (Standard ist `true`).
`--sortupper=`⟨*Boolean*⟩	Großbuchstaben vor den Kleinbuchstaben einsortieren (Standard ist `true`).
`-d --bibdata`	Angabe der Bibliografiedatei(en) (kommaseparierte Liste).
`-O --outfile` ⟨*Datei*⟩	Angabe der Ausgabedatei, anstelle der `.bbl`-Datei.
`-a --allentries`	Alle Datensätze der `.bib`-Datei ausgeben. Angaben in einer `.bcf`-Datei werden ignoriert.
`-u --unicodebib`	`.bib`-Datei liegt in UTF-8 vor.
`-U --unicodebbl`	Ausgabedatei (`.bbl` in UTF-8 ausgeben.
`-e --bibencoding`	Angabe der Kodierung der Bibliografiedatei(en). Mögliche Werte sind `ascii, iso-8859-1, utf8` und des Ausgabeformats, falls `unicodebbl` nicht gesetzt ist.
`-E --bblencoding`	Angabe der Kodierung in der erzeugten `.bbl`-Datei, wobei der Standard UTF-8 ist. Bei Verwendung von `biblatex` ist diese Option unbedeutend.
`-V --validate`	Validiert die BibLaTeXML-Bib.Datei. Bei einem Fehler wird das Programm beendet.
`-D --debug`	Debugging-Informationen ausgeben.
`-q --quiet`	Keine Warnungen ausgeben.
`-w --wraplines`	Zeilen in der `.bbl`-Datei umbrechen.
`--bibdatatype` ⟨*Typ*⟩	Typ einer mit `-d` angegebenen Literaturdatenbank. Monetan wird nur der Typ bibtex unterstützt.
`--logfile` ⟨*Datei*⟩	Logfile ist ⟨*Datei*⟩`.blg`.
`--nolog`	Kein Logfile erstellen.
`--onlylog`	*Jede* Ausgabe in das Logfile schreiben.
`--output_directory` ⟨*Dir*⟩	Die `.bbl` und `.blg` werden in das Verzeichnis ⟨*Dir*⟩ geschrieben. Auch Eingabedateien werden dann zuerst in ⟨*Dir*⟩ gesucht.
`--validate_control`	Validiere die von `biblatex` erstellte `.bcf`-Kontrolldatei.
`--bblsafechars`	Im Zusammenhang mit UTF-8 und pdfLaTeX kann es zu Problemen kommen, da das Paket `inputenc` nur einen stark eingeschränkten Bereich von UTF-8 darstellen kann. Mit dieser Option erstellt biber eine `.bbl`-Datei, die spezielle Zeichen als TeX-Kodierung darstellt. Diese Probleme treten bei Verwendung von XeTeX oder LuaTeX auf.

Biber gibt die `.bbl`-Datei in einem `biblatex`-kompatiblen Format aus, d. h. sie kann nicht ohne Laden dieses Paketes von LaTeX fehlerfrei eingelesen werden. Um UTF8-kodierte Literaturdatenbanken korrekt zu sortieren, muss Biber mit den Parametern `biber -u -U <Datei>` aufgerufen werden oder alternativ die entsprechenden Optionen aus der gewählten Eingabekodierung für das Paket inputenc ermitteln können. Dann werden auch Autoren korrekt sortiert, selbst wenn, wie im folgenden Beispiel zu sehen ist, die Autorennamen UTF8-Zeichen enthalten. Das Paket biblatex muss mit der Option backend=biber geladen werden, anderenfalls erfolgt die Ausgabe der Kontrolldateien nicht im für biber lesbaren Format.

```
\usepackage[backend=biber]{biblatex}
\bibliography{UTF8}
% biber <Datei>

Ein Verweis~\cite{btxdoc,hv2007}.
\printbibliography
```

Ein Verweis [2, 1].

05-04-1

Literatur

[1] Hérbèrt Öre. *Allgemeine und sprachenspezifische Probleme bei der Entwicklung eines Textsatzsystems am Beispiel von TEX*. Vortrag im Institut für germanistische Sprachwissenschaft, Friedrich-Schiller-Universität Jena, 2007.

[2] Oren Patashnik. *BibTEXing*. CTAN://biblio/bibtex/contrib/doc/btxdoc.pdf. Feb. 1988.

Die Angabe der Option -u -U kann entfallen, wenn das Dokument die gleiche Kodierung benutzt, wie die korrespondierende Bibliografiedatenbank. Die notwendigen Informationen holt sich das Paket biblatex dann aus der Angabe der Eingabekodierung für das Paket inputenc.

Es bleibt abzuwarten, ob die Entwicklung von Biber soweit abgeschlossen werden kann, dass eine stabile Version für alle Plattformen der TEX-Gemeinde zur Verfügung steht.

Kapitel 6

Bibliografie-Datenbanken

Im Bereich LaTeX haben sich die so genannten BibTeX-kompatiblen Datenbanken durchgesetzt, die einem reinen erweiterten ASCII-Format entsprechen. Sie können daher auch mit jedem beliebigen Texteditor bearbeitet werden und dürfen folgende Einträge enthalten:

`@string`: Definiert Abkürzungen, die in den BibTeX-Einträgen verwendet werden können, beispielsweise `@string {SV = "Springer Verlag"}`. Die Abkürzung SV kann dann in den Literatureinträgen verwendet werden, beispielsweise `publisher = SV,`.

`@preamble`: Kann zur Definition von LaTeX-Makros benutzt werden, die in den einzelnen Literatureinträgen auftauchen und nicht zwingend in der vom Anwender verwendeten Dokumentenklasse erscheinen, beispielsweise mit `\providecommand`: `@preamble = "\providecommand\url[1]{\texttt{#1}}"`, um sicherzustellen, dass URLs ausgegeben werden (soweit sie keine Sonderzeichen wie _ enthalten), auch wenn der Anwender das Paket `url` *nicht* geladen hat.

`@comment`: Die Zeilen werden ignoriert. Das %-Zeichen kann hier nicht als Kommentarzeichen benutzt werden.

`@⟨Typ⟩`: Datentyp eines BibTeX-Eintrags. Eine Zusammenstellung zeigt Tabelle 6.1 auf Seite 184.

Ein BibTeX-Eintrag beginnt grundsätzlich mit dem Publikationstyp, der von einer Liste von verschiedenen Tags gefolgt wird:

```
@Typ{Bibkey,
    1. Feldname = {1. Feldinhalt},
```

```
    2. Feldname = {2. Feldinhalt},
    ...
    i. Feldname = "i. Feldinhalt",
    ...
}
```

Ein Beispiel für den Publikationstyp `manual`, der sich für interne Institutsberichte oder allgemeine Beschreibungen (Manuals) eignet, wäre dann:

```
@manual{btxdoc,
  author = {Oren Patashnik},
  title  = {{Bib\TeX}ing},
  month  = feb,
  year   = {1988},
  note   = {\url{CTAN://biblio/bibtex/contrib/doc/btxdoc.pdf}}
}
```

6.1 Datenformat

6.1.1 Groß-/Kleinschreibung und Sonderzeichen

Groß- und Klein-schreibung

Die Groß-/Kleinschreibung ist bei den Tags *nicht* signifikant. Dem Publikationstyp muss als erstes der Schlüssel (key) folgen, der für den Verweis im Dokument mit dem Befehl `\cite` oder einem ähnlichen relevant ist. Danach *müssen* die verpflichtenden Tags und *können* die optionalen Tags folgen. Tabelle 6.1 auf Seite 184 zeigt eine Zusammenstellung der möglichen Tags, die jedem verwendeten BibTeX-Stil bekannt sein sollten. Darüber hinaus können auch andere Tags verwendet werden, sobald die verwendete Stildatei diese unterstützt. Die Angaben der Werte für die einzelnen Tags können alternativ in `"..."` oder `{...}` eingeschlossen werden, wobei reine Zahlenwerte explizit erscheinen können. Wird jedoch der `@string`-Typ benutzt, an den noch ein anderer Text angehängt werden soll, so ist nur die `"..."`-Variante möglich:

```
@string {SV = "Springer Verlag"}
@book{abc:2010,
  author    = "Anastasius Krachulke",
  title     = "Das {L]iebesleben der {A}meisen",
  publisher = SV # " Heidelberg",
  year      = 2010}
```

Das #-Zeichen sorgt für das Zusammenfassen der beiden Zeichenketten. BibTeX wandelt beim Titel standardmäßig alle Großbuchstaben außerdem ersten in Kleinbuchstaben um, so dass diese, wie in obigen Beispiel zu sehen ist, in geschweifte Klammern gesetzt werden müssen, wenn sie vor der Umwandlung geschützt werden sollen.

```
@unpublished{hvB,
  author = {Herbert Vo{\ss}},
  title  = {Allgemeine und  sprachenspezifische {P}robleme bei
```

```
            der {E}ntwicklung eines {T}extsatzsystems am {B}eispiel von {\TeX}},
  note    = {Vortrag im Institut f{\"u}r germanistische
            Sprachwissenschaft, Friedrich-Schiller-Universit{\"a}t Jena},
  year    = 2007,
}
```

Dies gilt insbesondere auch für Makros in Titeln, die Großbuchstaben verwenden, denn auch diese würden in Kleinbuchstaben gewandelt werden. In obigem Beispiel betrifft das `\TeX`, welches ohne die Klammerung zu `\tex` umgewandelt würde und dann einen Fehler hervorruft, da es in dieser Form unbekannt ist.

```
Ein Verweis~\cite{hvA,hvB}
\bibliographystyle{plain} \bibliography{case}
```

06-01-1

Ein Verweis [1, 2]

Literatur

[1] Herbert Voß. Allgemeine und sprachenspezifische probleme bei der entwicklung eines textsatzsystems am beispiel von TEX. Vortrag im Institut für germanistische Sprachwissenschaft, Friedrich-Schiller-Universität Jena, 2007.

[2] Herbert Voß. Allgemeine und sprachenspezifische Probleme bei der Entwicklung eines Textsatzsystems am Beispiel von TEX. Vortrag im Institut für germanistische Sprachwissenschaft, Friedrich-Schiller-Universität Jena, 2007.

Das Einklammern der Großbuchstaben wie in obigem Beispiel gezeigt, kann problematisch sein, wenn dadurch eine Ligatur aufgebrochen wird oder das Kerning (Unterschneidungen) negativ beeinflusst wird. Man vergleiche die Ausgabe von `Te`⇒Te mit `{T}e`⇒Te; bei der Klammerung fehlt das so genannte Kerning. Es empfiehlt sich daher, das komplette Wort zu klammern, um einen negativen Einfluss auf das Kerning zu vermeiden:

```
  title   = {Allgemeine und  sprachenspezifische {Probleme} bei
            der {Entwicklung} eines {Textsatzsystems} am {Beispiel} von {\TeX}},
  title   = {M{\"{}u}cken, {Fliegen}, {Fl{\"{}o}he}, {Elefanten} und andere {Tiere}},
```

Umlaute sind bei allen Wörtern in der TEX-eigenen Syntax anzugeben und zudem in geschweifte Klammern zu setzen. `author = {H{\"o}rb{\"a}rt Vo{\ss}}` wäre eine korrekte BIBTEX-Schreibweise für `Hörbärt` Voß, um insbesondere für den Bibliografiestil `alpha` korrekte Namensangaben zu bekommen.

```
Ein Verweis~\cite{hvA,goedel}
\bibliographystyle{alpha} \bibliography{case2}
```

Tabelle 6.1: Zusammenstellung der möglichen Typen für BibTeX-Felder. Angaben wie `volume/number` bedeuten `volume` oder `number`.

		Felder	
Typ	*Beschreibung*	*verpflichtend*	*optional*
`article`	Zeitungs oder Zeitschrift	`author, title, journal, year`	`volume, number, pages, month, note`
`book`	Buch	`author/editor, title, publisher, year`	`volume/number, series, address, edition, month, note`
`booklet`	Gebundenes Druckwerk	`title`	`author, howpublished, address, month, year, note`
`conference`	Konferenzbeitrag	`author, title, booktitle, year`	`editor, volume or number, series, pages, address, month, organization, publisher, note`
`inbook`	Teil eines Buches	`author/editor, title, chapter/pages, publisher, year`	`volume/number, series, type, address, edition, month, note`
`incollection`	Teil eines Sammelbands	`author, title, booktitle, publisher, year`	`editor, volume/number, series, type, chapter, pages, address, edition, month, note`
`inproceedings`	Teil eines Konferenzberichts	`author, title, booktitle, year`	`editor, volume/number, series, pages, address, month, organization, publisher, note`
`manual`	Technische Dokumentation	`title`	`author, organization, address, edition, month, year, note`
`mastersthesis`	Master-/Bachelorarbeit	`author, title, school, year`	`type, address, month, note`
`misc`	beliebig	-	`author, title, howpublished, month, year, note`
`phdthesis`	Doktorarbeit	`author, title, school, year`	`type, address, month, note`
`proceedings`	Konferenzbericht	`title, year`	`editor, volume/number, series, address, month, organization, publisher, note`
`techreport`	Institutsbericht	`author, title, institution, year`	`type, note, number, address, month`
`unpublished`	unveröffentlicht	`author, title, note`	`month, year`

06-01-2

Ein Verweis [Voß07, Göd31]

Literatur

[Göd31] Kurt Gödel. Über formal unentscheidbare Sätze der Principia Mathematica und verwandter Systeme I. *Monatshefte für Mathematik und Physik*, (38):173–198, 1931.

[Voß07] Herbert Voß. Allgemeine und sprachenspezifische Probleme bei der Entwicklung eines Textsatzsystems am Beispiel von TEX. Vortrag im Institut für germanistische Sprachwissenschaft, Friedrich-Schiller-Universität Jena, 2007.

Der Publikationstyp hat nur eine BIBTEX-interne Relevanz, indem geprüft wird, ob die verpflichtenden Felder angegeben wurden oder nicht. Ob ein Typ @book letztlich wirklich ein Buch beschreibt, ist unerheblich. Dennoch sollte man bemüht sein, möglichst einen Typ zu wählen, der der Publikation am besten entspricht.

6.1.2 Querverweise

BIBTEX erlaubt bei den Feldeinträgen Querverweise, so dass insbesondere für Tagungsbände auf andere Einträge verwiesen werden kann, aus denen dann die fehlenden Elemente kopiert werden. Der im folgenden Beispiel zitierte Literatur hat keine Angaben zum Autor und zum Verlag; diese werden aufgrund von `crossref = "TAOCP"`, aus dem Datensatz mit dem Schlüssel TAOCP geholt.

```
@BOOK{TAOCP2,
   crossref = "TAOCP",
   title = "Seminumerical Algorithms",
   volume = 2,
   series = "The Art of Computer Programming",
   edition = "Second",
   year = 1981,
}


Ein Verweis~\cite{TAOCP2}
\bibliographystyle{plain}    \bibliography{crossref}
```

06-01-3

Ein Verweis [1]

Literatur

[1] Donald E. Knuth. *Seminumerical Algorithms*, volume 2 of *The Art of Computer Programming*. Addison-Wesley, second edition, 1981.

Normalerweise führen Querverweise nur zum Einfügen der fehlenden Angaben in den aktuellen Literaturverweis. Erfolgt dies jedoch von mindestens zwei Verweisen, so wird das Hauptwerk auf das sich der Querverweis bezieht, ebenfalls in der Literaturliste angegeben, ohne dass ein expliziter Verweis auf dieses Werk in dem Dokument erfolgte. Die notwendige Mindestanzahl an Querverweisen wird durch den Programmparameter `min-crossrefs` festgelegt (siehe Tabelle 4.1 auf Seite 146), der in allen Programm für die Generierung des Literaturverzeichnisses zur Verfügung steht und lediglich eine leicht abgewandelte Schreibweise aufweisen kann. Das folgende Beispiel enthält wegen der zwei Querweise auf den Eintrag *TAOCP* insgesamt drei Literaturangaben, obwohl nur zwei Verweise im Text erscheinen. In den Literaturangaben (hier [2] und [3]) erscheint dann der entsprechende Hinweis (hier[1]) auf den referenzierten Eintrag.

```
Ein Verweis zur Programmierung.~\cite{TAOCP2,TAOCP3}
\bibliographystyle{plain} \bibliography{crossref2}
```

Ein Verweis zur Programmierung. [2, 3] 06-01-4

Literatur

[1] Donald E. Knuth. *The Art of Computer Programming.* 7 Bände. Addison-Wesley, 1968.

[2] Donald E. Knuth. *Seminumerical Algorithms.* Volume 2 of *The Art of Computer Programming* [1], second edition, 1981.

[3] Donald E. Knuth. *Sorting and Searching.* Volume 3 of *The Art of Computer Programming* [1], second edition, 1998.

Querverweise sollten insbesondere bei bei mehreren Angaben aus Sammelwerken, Tagungs- oder Konferenzbänden angewendet werden. In obigem Beispiel erscheint die Literatur ohne Verweis im Text als erster Eintrag, weil bei gleichem Autor das Jahresdatum als Sortierkriterium herangezogen wird. Durch einen Trick kann die Jahreszahl derart beeinflusst werden, dass sie mit einem anderen Wert sortiert als ausgegeben wird. Dazu definiert man ein beliebiges Makro, beispielsweise `\noopsort`, welches als Parameter eine beliebige Zeichenfolge haben kann, die BIBTEX beim Sortieren berücksichtigt, aber nicht ausgibt. Setzt man einen Buchstaben vor die Jahreszahl, beispielsweise `year = "{\noopsort{z1968}}1968"`, so wird der Eintrag bei gleichen Autoren und gleicher Jahreszahl als letztes einsortiert werden, da der Buchstabe »z« nach den Ziffern kommt. Das folgende Beispiel verwendet diese Notation, so dass sich jetzt die Reihenfolge der Bibliografie verändert. Das Makro sollte in der Präambel der Literaturdatenbank definiert werden, damit weitere Anwender sich darum nicht kümmern müssen.

```
Verändern der Ausgabereigenfolge durch

\verb+year = "{\noopsort{z1968}}1968",+

für Knuth -- 1968.~\cite{TAOCP2,TAOCP3}.
\bibliographystyle{plain}  \bibliography{crossref2}
```

06-01-5 Verändern der Ausgabereigenfolge durch
`year = "{\noopsort{z1968}}1968",`
für Knuth – 1968. [1, 2].

Literatur

[1] Donald E. Knuth. *Seminumerical Algorithms.* Volume 2 of *The Art of Computer Programming* [3], second edition, 1981.

[2] Donald E. Knuth. *Sorting and Searching.* Volume 3 of *The Art of Computer Programming* [3], second edition, 1998.

[3] Donald E. Knuth. *The Art of Computer Programming.* 7 Bände. Addison-Wesley, 1968.

Bei der Verwendung von `biblatex` (Abschnitt 3 auf Seite 43) steht für die Bibliografiedatenbank das Eingabefeld `xref` zur Verfügung, welches den oben beschriebenen Effekt vermeidet.

6.1.3 Autorennamen

Durch Vor- und Nachnamen bei Autoren gibt es mehrere Varianten für die Anordnung, die insbesondere bei mehreren Autoren eines Werkes beachtet werden sollten, um falsche Ausgaben zu vermeiden. BibTeX versteht folgende Anordnungen, wobei hier zuerst die BibTeX-Notation genommen wird:

- ▷ First von Last and VN von NN and others
- ▷ von Last, First and von NN, VN and others
- ▷ von Last, Jr, First and von NN, Jr, VN and others

Mehrere Autoren sind also grundsätzlich durch das Schlüsselwort *and* miteinander zu verknüpfen. Daneben kann zwischen der Reihenfolge »VN–von–NN« oder »von–NN–VN« gewählt werden, wobei zwei Kommata immer für eine Anordnung »von–NN–Jr–VN« stehen. Die Schlüsselwörter *and others* führen im Allgemeinen zur Ausgabe von *et. al.*. Bei Angaben wie *Jean de La Fontaine* kommt es auf die Groß-/Kleinschreibung an, wie BibTeX den Namen interpretieren wird. Da kein Komma vorhanden ist und es mehr als zwei Wörter sind, kann es nur die Kombination »VN–von–NN« sein. Dadurch, dass »La« großgeschrieben ist, interpretiert BibTeX dies als zum Nachnamen gehörend. Die beiden verbleibenden Zeichenketten werden daher als Vorname und Zusatz interpretiert. Soll der Zusatz entfallen und zum Vornamen gehören, so müssen die beiden in Klammern eingeschlossen werden:

```
author = "{Jean de} {La Fontaine}",
```

Mit dieser Schreibweise entsteht eindeutig eine Zuordnung von »VN–NN«, da es nur noch formal zwei Zeichenketten gibt. Existiert im eigentlichen Sinne kein Vorname, *Kein Vorname* beispielsweise bei Institutionen oder Firmen, so muss dies ebenfalls in Klammern gesetzt werden, da BibTeX sonst den ersten Teil immer dem Vornamen zuordnen wird. Eine Angabe `author = "{Freie Universit{\"a}t Berlin}"`, wäre daher korrekt, denn ein Vorname kann fehlen, ein Nachname *muss* vorhanden sein. Ohne Klammern geschrieben ordnet BIBTEX `Freie Universit{\"a}t` dem Vornamen und `Berlin` dem Nachnamen zu, was dann auch zu einer falschen Sortierung führt. Das folgende Beispiel verwendet die Klammerung, sonst wäre Böll *nach* Berlin einsortiert worden.

```
Ein Verweis~\cite{FU10,boell:1974}
\bibliographystyle{alpha} \bibliography{demo9}
```

Ein Verweis [Fre10, Böl74]

06-01-6

Literatur

[Böl74] Heinrich Böll. *Die verlorene Ehre der Katharina Blum oder: Wie Gewalt entstehen und wohin sie führen kann.* Kiepenheuer & Witsch, Köln, 1974.

[Fre10] Freie Universität Berlin. *Vorlesungsverzeichnis Sommersemester.* 2010.

Weitere Beispiele für mögliche Anordnungen und entsprechende Interpretationen durch BIBTEX findet man in [18]. Durch Markieren von optionalen Namensteilen kann das Sortierverhalten beeinflusst werden. Gibt es die Einträge `author = Herbert Vo\ss` und `author = H. Vo\ss`, so kann man die Angabe `author = H[erbert] Vo\ss` wählen. In diesem Fall werden zum Sortieren die beiden Klammern nicht berücksichtigt, bei der Ausgabe aber sehr wohl, so dass dem Leser klar ist, dass die Originalschreibweise eine andere war.

```
Ein Verweis~\cite{PSTricks,beamer}
\bibliographystyle{plainDemo} \bibliography{demo8}
```

Ein Verweis [1, 2]

06-01-7

Literatur

[1] H[ERBERT] VOß. *PSTricks – Grafik mit PostScript für TEX und LATEX.* DANTE Arbeitshefte. Lehmanns Media, 5. Auflage, 2008.

[2] HERBERT VOß. *Präsentationen mit LATEX.* DANTE Arbeitshefte. Lehmanns Media, 1. Auflage, 2009.

6.2 Datenbanken ausgeben

Bei größeren Datenbanken kann der Wunsch entstehen, diese einmal als formatierten Text auszugeben. Mit dem Makro `\nocite` kann dies auf einfache Weise geschehen, wenn als Parameter der Stern verwendet wird, dieser ersetzt global alle Schlüssel der Datenbank. Eine andere Variante ist das Paket `biblist` von Joachim Schrodt, welches Querverweise durch eine gerahmte Ausgabe des Schlüssels markiert.

```
\usepackage{biblist}
\nocite{*} \bibliographystyle{alpha} \bibliography{demo10}
```

06-02-1

demo10.bib (12. Januar 2011)

Literatur

TAOCP ....

Donald E. Knuth.
The Art of Computer Programming.
7 Bände. Addison-Wesley, 1968.

TAOCP2 ....

Donald E. Knuth.
Seminumerical Algorithms.
Volume 2 of *The Art of Computer Programming* [TAOCP], second edition, 1981.

TAOCP3 ....

Donald E. Knuth.
Sorting and Searching.
Volume 3 of *The Art of Computer Programming* [TAOCP], second edition, 1998.

beamer ....

Herbert Voß.
Präsentationen mit LaTeX.
DANTE Arbeitshefte. Lehmanns Media, 1. edition, 2009.

6.3 bibtool

Das externe Programm BibTool von Gerd Neugebauer erlaubt vielfaltige Manipulationen an BibTeX-Dateien oder generierten .bbl-Dateien. Das Programm ist nicht standardmäßig Teil einer jeden TeX-Distribution, sodass es manuell installiert werden muss. Die Quellen findet man auf CTAN im Verzeichnis biblio/bibtex/utils/bibtool/, wobei man sich das vorhandene zip-Archiv bibtool.zip herunterladen sollte. Dieses wird in einem beliebigen Verzeichnis entpackt.

6.3.1 Formatierte Ausgabe

Mit dem Befehl

```
bibtool <Datei>.bib
```

kann eine formatierte Ausgabe der Datei <Datei>.bib erreicht werden, die identisch zu der Ausgabe mit der Option -k ist, wenn man die Schlüsselwörter nicht verändert (siehe nächster Abschnitt).

6.3.2 Einheitliche Schlüsselvergabe

Insbesondere in größeren Datenbeständen kann die Vergabe von signifikanten Schlüsseln für die einzelnen Einträge schon einmal unübersichtlich werden. Mit der Option -k ermöglicht BibTool eine einheitliche Vergabe von Schlüsseln bei gleichzeitiger Formatierung der Datenbank.

```
@MISC{btxdoc,
  author = {Oren Patashnik},
  title = {{Bib\TeX}ing},
  month = 2,
  year = {1988},
  note = {\url{CTAN://biblio/bibtex/contrib/doc/btxdoc.pdf}}
}
@Booklet{hv2007,
author = {Herbert Voss},
title = {Allgemeine und  sprachenspezifische {P}robleme bei
         der {E}ntwicklung eines {T}extsatzsystems am {B}eispiel von {\TeX}},
address = {Vortrag im Institut f{\"u}r germanistische
          Sprachwissenschaft, Friedrich-Schiller-Universit{\"a}t Jena},
annote = {\weburl{http://latex.userpages.fu-berlin.de/Materialien/Jena2007D.pdf}},
year = 2007,
}
```

Obige Testdatenbank, die willkürlich vergebene Schlüssel und keine Formatierung aufweist kann mit dem folgenden Aufruf von BibTool bearbeitet werden.

```
bibtool -k <datei1>.bib -o <datei2>.bib
```

Es ergibt sich dann die folgende Datei:

```
@Misc{          patashnik:bibing,
  author        = {Oren Patashnik},
  title         = {{Bib\TeX}ing},
  month         = 2,
  year          = {1988},
  note          = {\url{CTAN://biblio/bibtex/contrib/doc/btxdoc.pdf}}
}

@Booklet{       voss:allgemeine,
  author        = {Herbert Voss},
  title         = {Allgemeine und sprachenspezifische {P}robleme bei der
                  {E}ntwicklung eines {T}extsatzsystems am {B}eispiel von
                  {\TeX}},
  address       = {Vortrag im Institut f{\"u}r germanistische
                  Sprachwissenschaft, Friedrich-Schiller-Universit{\"a}t Jena},
  annote        = {\weburl{http://latex.userpages.fu-berlin.de/Materialien/Jena2007D
   ↪.pdf}}
                  ,
  year          = 2007
}
```

6.3.3 Sortierung

Eine Sortierung der Datenbank kann zum einen nach dem Schlüssel und zum anderen nach anderen Kriterien erfolgen, beispielsweise nach dem Autor:

```
bibtool '--sort.format="%N(author)" <datei>.bib'
```

6.3.4 Teildatenbank erstellen

Aus einer bestehenden Datenbank können alle Einträge extrahiert werden, auf die in einem Dokument verwiesen wird. Schreibt man das Ergebnis in eine neue Datei, so hat man die Möglichkeit, die so erstellte neue Teildatenbank passend zum Dokument zu haben.

```
bibtool -x <datei>.aux -o <datei>.bib
```

`<datei>.bib` ist der Name der neuen Teildatenbank, der sich unbedingt vom Namen der aktuellen Datenbank unterscheiden sollte, anderen würde diese überschreiben werden. Die notwendigen Informationen holt sich BibTool aus der `.aux`-Datei, wobei keine Include-Dateien verarbeitet werden. Ebenso muss die Hauptdatenbank im aktuellen Verzeichnis liegen.

```
bibtool -X <String> <datei>.aux -o <datei>.bib
```

Der Parameter -X erlaubt die Angabe einer Zeichenkette, die zusätzlich zu einem Verweis in dem *Schlüssel* des Bibliografieeintrags enthalten sein muss. Soll die Zeichenkette in einem beliebigen Feld eines Eintrages enthalten sein, so ist dies mit

```
bibtool --select {"<String>"} <datei>.aux -o <datei>.bib
```

möglich. Soll nur der jeweilige Titeleintrag überprüft werden, dann kann dies als Option mit angegeben werden:

```
bibtool --select {title booktitle "<String>"} <datei>.aux -o <datei>.bib
```

Soll der Schlüssel mit durchsucht werden, so ist dieser mit `$key` anzugeben. Die Ausgabe aller Literaturangaben vom Typ book unter Berücksichtigung von Querverweisen können mit

```
bibtool --select {book} -c <datei>.aux -o <datei>.bib
```

ausgegeben werden. Der folgende Abschnitt gibt eine Zusammenfassung der möglichen optionalen Argumente für BibTool an. Weitere Erklärungen kann man der umfangreichen Dokumentation entnehmen. [19]

6.3.5 Befehlsliste

Command line options

-- *rsc_command*
: Perform resource command as if given in a file.

-A *type*
: Determine key disambiguation.

-d
: Check double entries.

-f *key_format*
: Generate keys according to *key_format*

-F
: Enable key generation with free key format.

-h
: Print short help and exit.

-i *input_file*
: Mark a file to be processed later.

-k
: Make keys with the short format.

-K
: Make keys with the long format.

-o *output_file*
: Send the output to *output_file*.

-q
: Suppress warning messages.

-r *resource_file*
: Read the resource file *resource_file*.

-R
: Load the default resource file now.

-s
: Sort the result.

-S
: Sort the result in reverse order.

-v
: Turn on verbose messages about the actions performed.

-x *aux_file*
: Extract those entries mentioned in *aux_file*.

-X *regex*
: Extract entries matching *regex*.

Libraries

`check_y`	Check the value of the year.
`default`	All default settings.
`field`	Redefine field names.
`brace`	Use braces as delimiters.
`improve`	Apply improvements.
`iso2tex`	Translate ISO 8859/1 characters.
`iso_def`	Define ISO 8859/1 characters for formatting.
`month`	Introduce strings for month names.
`opt`	Remove OPT in field names.
`sort_fld`	Specify sort order for fields.
`tex_def`	Define TeX macros for formatting.

General

resource.search.path = {dir_1 :dir_2 ...}
resource {*file*}
bibtex.search.path = {dir_1 :dir_2 ...}
bibtex.env.name = {*ENV_NAME*}
env.separator = {*c*}
dir.file.separator = {*c*}
print {*message*}
quiet = *OnOff*
verbose = *OnOff*
crossref.limit = {*n*}

Reading and Printing

input {*bib_file*}
output.file = {*file*}
pass.comments = *OnOff*
new.entry.type {*type*}
print.align = *n*
print.align.key = *n*
print.align.preamble = *n*
print.align.comment = *n*
print.braces = *OnOff*
print.comma.at.end = *OnOff*
print.deleted.entries = *OnOff*
print.deleted.prefix = {*prefix*}
print.indent = *n*
print.line.length = *n*
print.newline = *n*
print.parentheses = *OnOff*
print.terminal.comma = *OnOff*
print.use.tab = *OnOff*
print.wide.equal = *OnOff*
suppress.initial.newline = *OnOff*
new.field.type {*new=old*}
symbol.type = *type*
    upper, lower, cased

Sorting

sort = *OnOff*
sort.cased = *OnOff*
sort.reverse = *OnOff*
sort.format = {*format*}
sort.order {...}
sort.macros = *OnOff*

Searching (Extraction)

tex.define {*macro[arg]=text*}
extract.file {*file*}
select {$field_1$ ... $field_n$ *"regex"*}
select {$type_1$ ... $type_n$ }
select.by.string {$field_1$ ... $field_n$ *"regex"*}
select.by.string.ignore {*chars*}
select.case.sensitive = *OnOff*

select.fields = {*field*$_1$,*field*$_2$,...}

Field Manipulation

add.field {*field*=*value*}
delete.field {*field*}
rewrite.rule { *pattern* }
  delete all matching fields
rewrite.rule { *pattern* # *replacement*}
  rewrite all fields
rewrite.rule {$f_1 \ldots f_n$ # *pattern* # *replacement*}
  rewrite some fields
rewrite.case.sensitive = *OnOff*
rewrite.limit = {*n*}

Checks

check.double = *OnOff*
check.do.delete = *OnOff*
check.rule {*field* # *pattern* # *message*}
check.case.sensitive = *OnOff*

Strings

macro.file {*file*}
print.all.strings = *OnOff*
expand.macros = *OnOff*
expand.crossref = *OnOff*

Counting

count.all = *OnOff*
count.used = *OnOff*

Key Generation

preserve.keys = *OnOff*
preserve.key.case = *OnOff*
key.format = {*format*}
  special values: short, long, short.need, long.need, empty
key.generation = *OnOff*
default.key = {*key*}
key.base = *base*
  values: upper, lower, digit
key.number.separator = {*s*}
key.expand.macros = *OnOff*
fmt.name.title = {*s*}
fmt.title.title = {*s*}
fmt.name.name = {*s*}
fmt.inter.name = {*s*}
fmt.name.pre = {*s*}
fmt.et.al = {*s*}
fmt.word.separator = {*s*}
new.format.type = {*n*="*spec*"}

Name Formatting Specification

Use *n* letters. Use *m* name parts. Insert *pre* before, *mid* between, and *post* after the words. Translate according to the s parameter ('+', '-', '*').

%*sn.m*f[*mid*][*pre*][*post*]
  format first names.
%*sn.m*v[*mid*][*pre*][*post*]
  format "von" part.
%*sn.m*l[*mid*][*pre*][*post*]
  format last name.
%*sn.m*j[*mid*][*pre*][*post*]
  format "junior" part.

Format Specifications

Pseudo fields:

$key
$default.key
$sortkey
$source
$type
@type
$day
$month
$mon
$year
$hour
$minute
$second
$user
$hostname

Formatting Fields:

%±*x.y* n(*field*)
  format *y* characters of *x* last names.
%±*x.y* N(*field*)
  format *y* characters of *x* names.
%±*x.y* p(*field*)
  format *x* names according to the name format *y*.
%±*x.y* d(*field*)
  format at most *x* digits of the yth number.
%±*x.y* D(*field*)
  format *x* digits of the yth number without truncation.
%±*x* s(*field*)
  format *x* string characters.
%±*x.y* t(*field*)
  format *x* sentence words of length *y*.
%±*x.y* T(*field*)
  format *x* sentence words of length *y*. (Words ignored)
%±*x.y* w(*field*)
  format *x* words of length *y*.
%±*x* W(*field*)
  format *x* words of length *y*. (Words ignored)
%±*x.y* #n(*field*)
  test whether the number of names is between *x* and *y*.
%±*x.y* #N(*field*)
  test whether the number of names is between *x* and *y*.

%$\pm x.y$ #p(*field*)
: test whether the number of names is between x and y.

%$\pm x.y$ #s(*field*)
: test whether the number of characters is between x and y.

%$\pm x.y$ #t(*field*)
: test whether the number of words is between x and y.

%$\pm x.y$ #T(*field*)
: test whether the number of not ignored words is between x and y.

%$\pm x.y$ #w(*field*)
: test whether the number of words is between x and y.

%$\pm x.y$ #W(*field*)
: test whether the number of not ignored words is between x and y.

Kapitel 7

Grafische Programmumgebungen

Es gibt mehrere Programme, die entweder direkt das BibTeX-Format unterstützen oder eine entsprechende Import/Export-Funktion in dieses Format bereitstellen. Eine eindeutige Empfehlung für *das* Programm kann man nicht abgeben, so dass hier auch nur eine unvollständige Liste möglicher Programme erfolgt.

7.1 JabRef

JabRef ist eine reine Java-Lösung, die daher auch auf jedem System laufen kann, welches eine Java-Unterstützung bereitstellt, was für die meisten Plattformen mindestens einfach nachinstalliert werden kann, wenn sie nicht schon standardmäßig vorhanden ist. Das Programm kann einfach installiert werden, indem die `.jar`-Datei in der zur Zeit aktuellen Version 2.5 von `http://jabref.sourceforge.net/download.php` heruntergeladen und in einem beliebigen Ordner gespeichert wird. Mit dem Aufruf von

```
java -jar /usr/local/bin/JabRef-2.5.jar
```

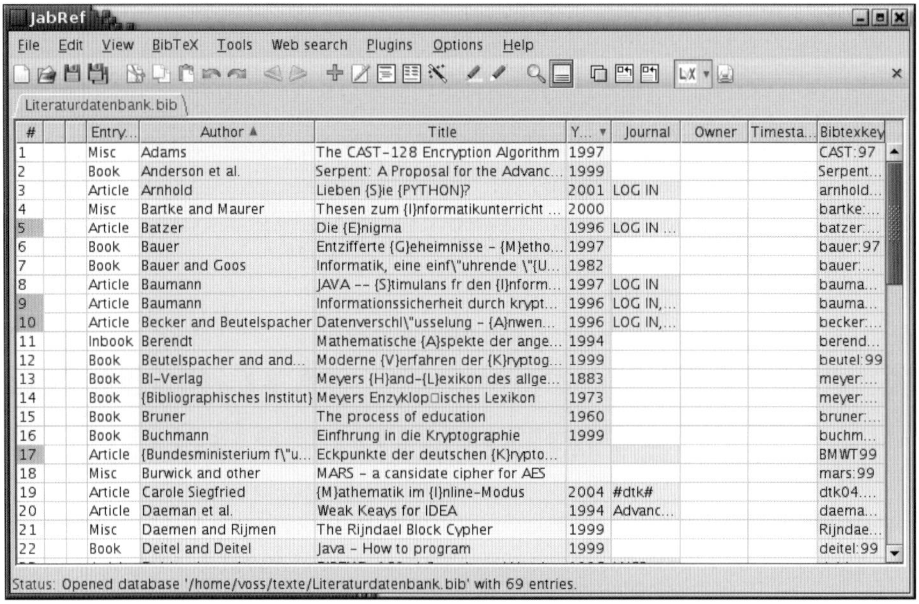

Abbildung 7.1: Ausgangsbildschirm von JabRef nach Laden einer Datenbank.

oder einem Doppelklick auf die Datei, falls innerhalb einer grafischen Benutzeroberfläche eine entsprechende Verknüpfung für `.jar`-Dateien besteht, kann das Programm gestartet werden. Wird jetzt eine Datenbank geladen, so zeigt Abbildung 7.1 einen typischen Ausgangsbildschirm.

Wählt man die Editierfunktion aus, so bekommt man ein geteiltes Fenster, wo in der unteren Hälfte zuerst die verpflichtenden Eingabefelder angezeigt werden (Abbildung 7.2). Über die Register sind die optionalen Felder zugänglich, wobei auch das reine Textformat des Eintrages angezeigt werden kann (Abbildung 7.3 auf der nächsten Seite).

Daneben existieren die üblichen Dateioperationen wie Speichern, Exportieren, usw. Eigene Exportfilter können hinzugefügt werden, falls man ein anderes als die angegebenen Exportformate (`.rtf`, `.xml`, `.sql`, `.ods`, `.sxc`, `.csv`, `.rdf`, `.html`, `.txt` und `.ris`) benötigt. Für den Import in eine geöffnete oder neue Datenbank wird eine Unterstützung für alle bekannten Formate bereitgestellt.

LyX Eine Besonderheit ist die Exportfunktion über »Pipen« direkt in ein geöffnetes LyX-Dokument (alle Plattformen – `http://www.lyx.org`). Ein Klick auf das oben rechts befindliche LyX-Symbol sorgt dafür, dass in das LyX-Dokument durch `\cite` ein Literaturverweis auf das Kürzel des markierten Eintrags in JabRef gesetzt wird.

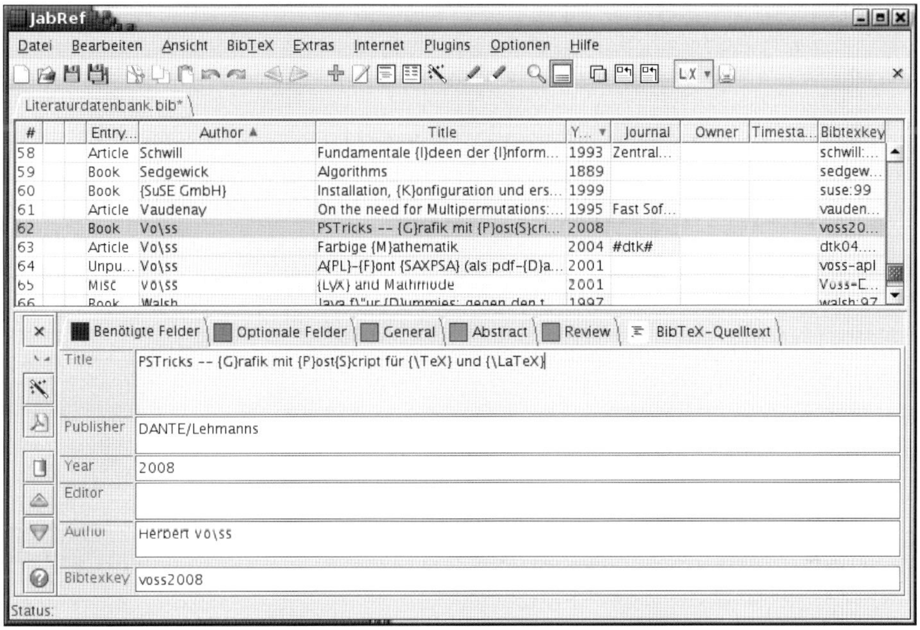

Abbildung 7.2: JabRef im Editiermodus, wobei die Karteikarte der verpflichtenden Angaben angezeigt wird.

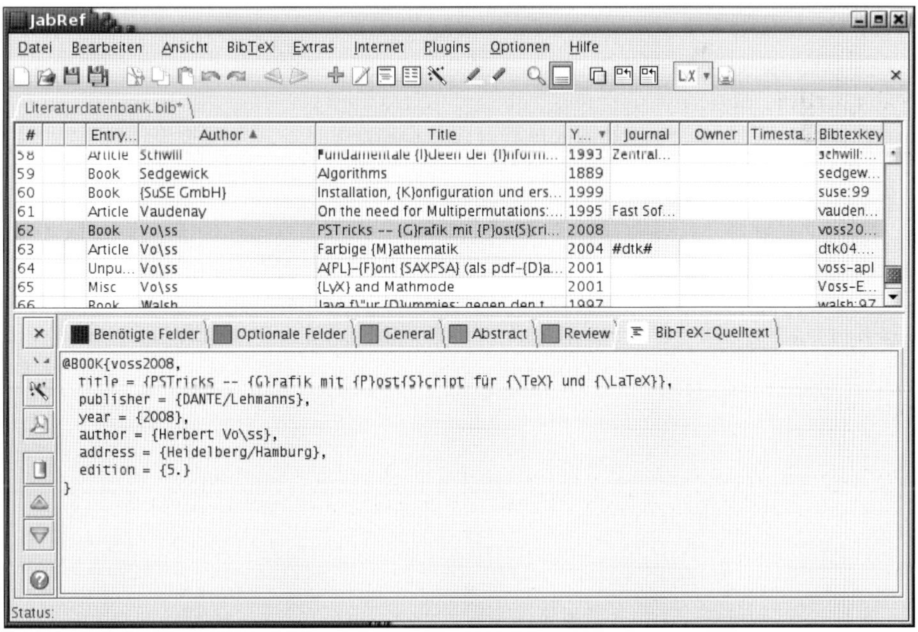

Abbildung 7.3: JabRef mit Anzeige des Datenbankeintrages.

7.2 Pybliographer

Dieses Python-basierte Programm ist zum Bearbeiten von lokalen oder entfernten Datenbanken geeignet, die neben dem BibTeX-Format auch noch von anderem Typ sein können. Die neueste Version kann von `http://www.pybliographer.org` heruntergeladen werden, wobei die Skriptversion pybliographer prinzipiell auch unter Windows laufen sollte, wenn man Python installiert hat, beispielsweise von `http://www.activestate.com/activepython/`. Externe Datenbanken von »PubMed« (`http://www.ncbi.nlm.nih.gov/pubmed/`), »Web of Science« (kostenpflichtig) und »Citeseer« (`http://citeseer.ist.psu.edu/`) können bei einer Netzanbindung durchsucht werden.

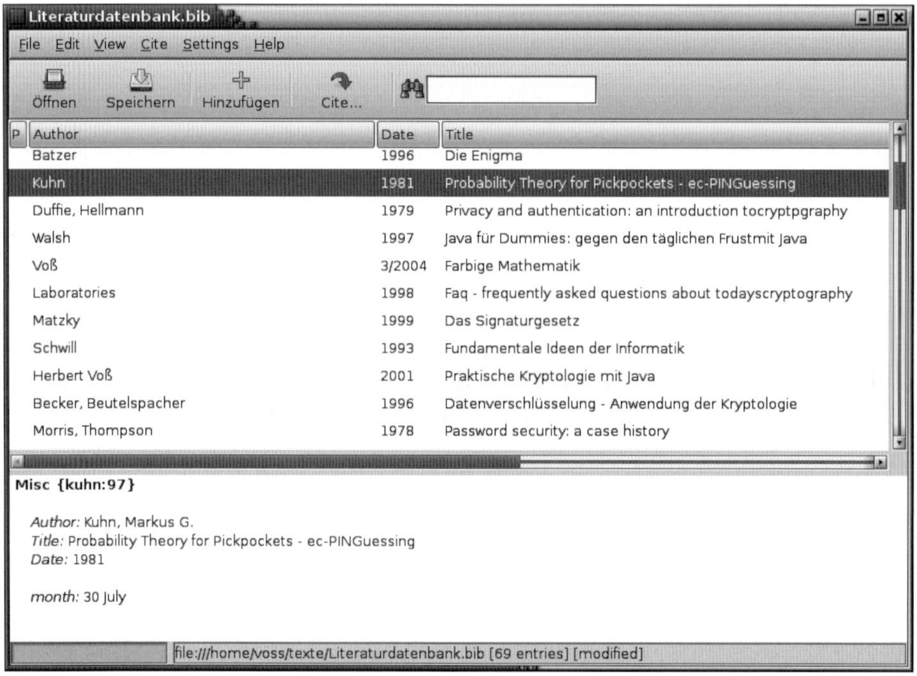

Abbildung 7.4: Ausgangsbildschirm von Pybliographer nach Laden einer Datenbank.

LyX und Kile

Der Programmaufruf der grafischen Oberfläche, die auf den Gnome-Bibliotheken basiert, erfolgt mit pybliographic. Hier gibt es auch die Möglichkeit, Verweise durch »Pipen« direkt in TeX-Quelldokumente der Editoren LyX (alle Plattformen – `http://www.lyx.org`) und Kile (Linux – `http://kile.sourceforge.net/`) einzufügen. Abbildung 7.4 zeigt den Ausgangsbildschirm.

7.3 BibDesk

BibDesk ist die vorherrschende BibTeX-Literaturdatenbank für Mac OSX. Es handelt sich um ein quelloffenes Programm, das bereits lange vor Erreichen der Versionsnummer 1.0 als Entwicklungsversion in Gebrauch war. Abbildung 7.5 zeigt einen beispielhaften Bildschirmaufbau nach dem Öffnen einer bestehenden Datenbank. Die Funktionsweise ist bei allen grafischen Umgebungen mehr oder weniger ähnlich, so dass hier darauf nicht weiter eingegangen zu werden braucht.

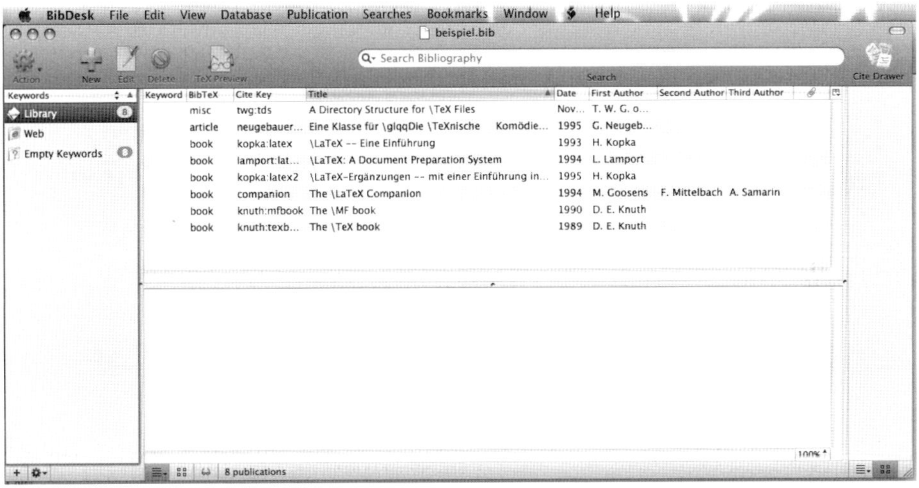

Abbildung 7.5: BibDesk nach Laden einer Datenbank.

7.4 LyX

Mit LyX (`http://www.lyx.org`) lassen sich zwar keine Bibliografiedatenbanken direkt bearbeiten, aber sowohl die Auswahl der Datenbank als auch die der Bibliografieeinträge kann mit der Maus oder der Tastatur aus einer Liste ausgewählt werden. Abbildung 7.6 auf der nächsten Seite zeigt die Liste der in der aktuellen TeX-Distribution vorhanden BibTeX-kompatiblen Datenbanken. Die Abbildung 7.7 auf der nächsten Seite zeigt dagegen das Auswahlmenü der vorhandenen `.bst`-Dateien. Eine direkte Unterstützung von `biblatex` ist erst mit einer neuen Version zu erwarten.

Nach dem Laden der Bibliografiedatenbank kann dann ebenfalls aus einer Liste ein entsprechender Eintrag ausgewählt und als Verweis in das Dokument eingefügt werden.

Abbildung 7.6: Auswahl einer `.bib`-Datei.

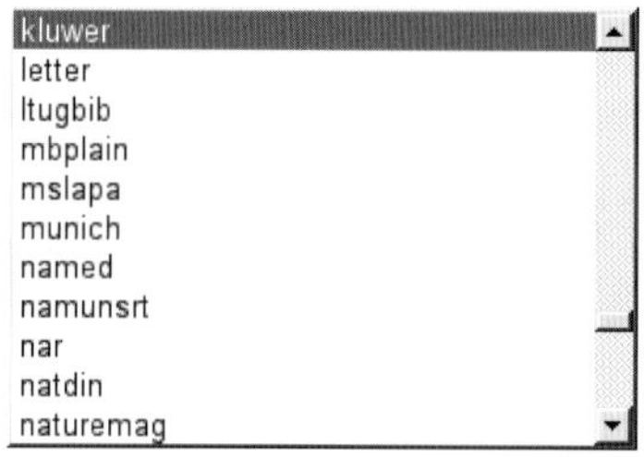

Abbildung 7.7: Auswahl einer `.bst`-Datei.

Kapitel 8

Bibliografiestile für BibTeX

In [25] werden ca. 200 mehr oder weniger verschiedene Stile für die Arbeit mit dem Programm BibTeX angegeben. Hier sollen die am häufigsten verwendeten Stile durch Beispiele in Analogie zum Abschnitt 3.10 auf Seite 108, wo sich entsprechende Beispiele zu biblatex finden. Als Beispiele für die Literaturverweise werden daher wieder ähnliche Typen ausgewählt: @article, @book, @inproceedings, @manual, @proceedings, @inbook und @thesis verwendet, die aber nur die für BibTeX möglichen Felder aufweisen.

```
@Article{Braun,
  title   = {The Recognition of Deterministic {CFL}'s in Small Time and Space},
  author  = {{Burckard von} Braunm{\"u}hl and Stephen Cook and Kurt Mehlhorn and
            Rutger Verbeek},
  pages   = {34--51},
  journal= {Information and Control},
  month   = jan # "/" # feb,
  year    = 1983,
  volume  = 56,
  number  = {1/2}
}
@Book{Bedell,
```

```
  author    = "{K. S.} Bedell and D. Coffey and {D. E.} Heltzer and D.
                 Pines and {J. R.} Schrieffer",
  title     = "High Temperature Superconductivity Proceedings",
  publisher = "Ad{\-d}i{\-s}on-Wes{\-l}ey",
  address   = "Reading, MA, USA",
  pages     = "xiv + 474",
  year      = "1990",
  ISBN      = "0-201-51249-1",
  ISBN-13   = "978-0-201-51249-6",
  LCCN      = "QC611.98.H54 H34 1989",
  bibdate   = "Tue Dec 14 22:58:34 1993",
  note      = prep-tex,
  acknowledgement = ack-mz,
}
@InProceedings{Azra,
  author    = {{Jean-Pierre} Azra},
  title     = {Relations {Diophantiennes} et la solution n{\'e}gative du 10e
               probl{\`e}me de {Hilbert}},
  booktitle = {S\'eminaire Bourbaki---vol. 1970/71.  Expos\'es 382--399},
  series    = {Lecture Notes in Mathematics},
  publisher = {Springer-Verlag},
  volume    = 244,
  pages     = {11--28},
  year      = 1971,
  language  = french
}
@Manual{BMO,
  title  = {A {\LaTeX{}} macro package for Message Sequence
                Charts---User Manual---Describing {\mscpack}
                version~{\mscversion}},
  author = {V. Bos and S. Mauw},
  year   = {2002},
  month  = {June},
  note   = {Included in MSC macro package distribution}
}
@Proceedings{FOCS,
  title        = {$17^{\it th}$ Annual Symposium on Foundations of Computer Science},
  booktitle    = {$17^{\it th}$ Annual Symposium on Foundations of Computer Science},
  year         = 1976,
  address      = {Houston, Texas},
  month        = {25--26 } # oct,
  organization = {IEEE},
  crossrefonly = 1
}
@InBook{Knuth,
   author    = "{Donald E.} Knuth",
   title     = "Fundamental Algorithms",
   volume    = 1,
   series    = "The Art of Computer Programming",
   publisher= "Addison-Wesley",
```

```
    address   = "Reading, Massachusetts",
    edition   = "Second",
    month     = "10~" # jan,
    year      = "1973",
    type      = "Section",
    chapter   = "1.2",
    pages     = "10--119",
    note      = "This is a full INBOOK entry",
}
@phdthesis{Klose,
   author   = "Jochen Klose",
   title    = "Live Sequence Charts: A Graphical Formalism for the Specification
     of Communication Behavior",
   year     = "2003",
   school   = {Carl von Ossietzky Universit\"{a}t Oldenburg},
   x-topics = "lsc spec diss"
}
```

Zum Sortieren der Einträge wurde das Programm BIBTEX verwendet. Als Literatur-Datenbank wurde die Beispieldatei examplesB.bib benutzt, die ausschließlich Einträge aus Dateien enthält, die mit jeder TEX-Distribution mitgeliefert werden. Der erste und letzte Verweis sind jeweils identisch, so dass den Beispielen auch das Verhalten der Stildateien für Mehrfachverweise entnommen werden kann.

Aus reinen Platzgründen werden nur die in Tabelle 8.1 zusammengestellten biblatex-Stile gezeigt, die in der Regel noch über zusätzliche Optionen verfügen, wenn neben der .bst-Datei ein spezielles Paket geladen wurde.

Stil	*Hinweis*	*Beispiel*
plain	Standard	08-01-1
alpha	Standard	08-02-1
unsrt	Standard	08-03-1
abbrv	Standard	08-04-1
chicago	Chicago Manual Style	08-05-1
apalike	American Psychology Association	08-06-1
ieeetr	IEEE Transactions	08-06-2
dinat	DINstil	08-06-3
kluwer	Harvardstil	08-06-4

Tabelle 8.1: Zusammenstellung einiger willkürlich ausgewählter Bibliografiestile für BIBTEX.

8.1 plain

Einer der vier Standardstile von BIBTEX. Die Sortierung erfolgt nach den Autorennamen und wird mit einer fortlaufender Nummer ausgegeben.

```
\ldots, die Verweise.~%
\cite{Klose}; \cite{Braun}; \cite{Bedell}; \cite{Azra};
\cite{BMO};   \cite{FOCS};  \cite{Knuth};  \cite{Klose}
% @phdthesis: @article: @book: @inproc: @manual: @proc: @inbook: @phdthesis:
\bibliographystyle{plain}
\bibliography{examplesB}
```

..., die Verweise. [6]; [4]; [2]; [1]; [3]; [5]; [7]; [6] 08-01-1

Literatur

[1] Jean-Pierre Azra. Relations Diophantiennes et la solution négative du 10e problème de Hilbert. In *Séminaire Bourbaki—vol. 1970/71. Exposés 382–399*, volume 244 of *Lecture Notes in Mathematics*, pages 11–28. Springer-Verlag, 1971.

[2] K. S. Bedell, D. Coffey, D. E. Heltzer, D. Pines, and J. R. Schrieffer. *High Temperature Superconductivity Proceedings.* Addison-Wesley, Reading, MA, USA, 1990. Prepared with TEX.

[3] V. Bos and S. Mauw. *A LATEX macro package for Message Sequence Charts—User Manual—Describing* `mscpack` *version 1.13.* CTAN, June 2002. Included in MSC macro package distribution.

[4] Burckard von Braunmühl, Stephen Cook, Kurt Mehlhorn, and Rutger Verbeek. The recognition of deterministic CFL's in small time and space. *Information and Control*, 56(1/2):34–51, January/February 1983.

[5] IEEE. 17th *Annual Symposium on Foundations of Computer Science*, Houston, Texas, 25–26 October 1976.

[6] Jochen Klose. *Live Sequence Charts: A Graphical Formalism for the Specification of Communication Behavior.* PhD thesis, Carl von Ossietzky Universität Oldenburg, 2003.

[7] Donald E. Knuth. *Fundamental Algorithms*, volume 1 of *The Art of Computer Programming*, section 1.2, pages 10–119. Addison-Wesley, Reading, Massachusetts, second edition, 10 January 1973. This is a full INBOOK entry.

8.2 alpha

Einer der vier Standardstile von BibTeX. Die Sortierung erfolgt wieder nach den Autorennamen, jedoch wird bei der sortierten Ausgabe keine laufende Nummer, sondern eine Abkürzung des Autors oder der Autoren, gefolgt von einer Kurzform der Jahreszahl ausgegeben.

```
\ldots, die Verweise.~%
\cite{Klose}; \cite{Braun}; \cite{Bedell}; \cite{Azra};
\cite{BMO};   \cite{FOCS};  \cite{Knuth};  \cite{Klose}
% @phdthesis: @article: @book: @inproc: @manual: @proc: @inbook: @phdthesis:
\bibliographystyle{alpha}
\bibliography{examplesB}
```

08-02-1 …, die Verweise. [Klo03]; [BCMV83]; [BCH+90]; [Azr71]; [BM02]; [IEE76]; [Knu73]; [Klo03]

Literatur

[Azr71] Jean-Pierre Azra. Relations Diophantiennes et la solution négative du 10e problème de Hilbert. In *Séminaire Bourbaki—vol. 1970/71. Exposés 382–399*, volume 244 of *Lecture Notes in Mathematics*, pages 11–28. Springer-Verlag, 1971.

[BCH+90] K. S. Bedell, D. Coffey, D. E. Heltzer, D. Pines, and J. R. Schrieffer. *High Temperature Superconductivity Proceedings*. Addison-Wesley, Reading, MA, USA, 1990. Prepared with TeX.

[BCMV83] Burckard von Braunmühl, Stephen Cook, Kurt Mehlhorn, and Rutger Verbeek. The recognition of deterministic CFL's in small time and space. *Information and Control*, 56(1/2):34–51, January/February 1983.

[BM02] V. Bos and S. Mauw. *A LaTeX macro package for Message Sequence Charts—User Manual—Describing mscpack version 1.13*. CTAN, June 2002. Included in MSC macro package distribution.

[IEE76] IEEE. 17th *Annual Symposium on Foundations of Computer Science*, Houston, Texas, 25–26 October 1976.

[Klo03] Jochen Klose. *Live Sequence Charts: A Graphical Formalism for the Specification of Communication Behavior*. PhD thesis, Carl von Ossietzky Universität Oldenburg, 2003.

[Knu73] Donald E. Knuth. *Fundamental Algorithms*, volume 1 of *The Art of Computer Programming*, section 1.2, pages 10–119. Addison-Wesley, Reading, Massachusetts, second edition, 10 January 1973. This is a full INBOOK entry.

8.3 unsrt

Einer der vier Standardstile von BibTEX, der dem Stil `plain` entspricht, jedoch keine Sortierung der Einträge vornimmt. Diese werden in der Reihenfolge des Auftretens durch `\cite` oder `\nocite`-Befehle vorgenommen, wobei Wiederholungen ausgeschlossen sind.

```
\ldots, die Verweise.~%
\cite{Klose}; \cite{Braun}; \cite{Bedell}; \cite{Azra};
\cite{BMO};   \cite{FOCS};  \cite{Knuth};  \cite{Klose}
% @phdthesis: @article: @book: @inproc: @manual: @proc: @inbook: @phdthesis:
\bibliographystyle{unsrt}
\bibliography{examplesB}
```

…, die Verweise. [1]; [2]; [3]; [4]; [5]; [6]; [7]; [1] 08-03-1

Literatur

[1] Jochen Klose. *Live Sequence Charts: A Graphical Formalism for the Specification of Communication Behavior.* PhD thesis, Carl von Ossietzky Universität Oldenburg, 2003.

[2] Burckard von Braunmühl, Stephen Cook, Kurt Mehlhorn, and Rutger Verbeek. The recognition of deterministic CFL's in small time and space. *Information and Control*, 56(1/2):34–51, January/February 1983.

[3] K. S. Bedell, D. Coffey, D. E. Heltzer, D. Pines, and J. R. Schrieffer. *High Temperature Superconductivity Proceedings.* Addison-Wesley, Reading, MA, USA, 1990. Prepared with TEX.

[4] Jean-Pierre Azra. Relations Diophantiennes et la solution négative du 10e problème de Hilbert. In *Séminaire Bourbaki—vol. 1970/71. Exposés 382–399*, volume 244 of *Lecture Notes in Mathematics*, pages 11–28. Springer-Verlag, 1971.

[5] V. Bos and S. Mauw. *A LATEX macro package for Message Sequence Charts—User Manual—Describing* `mscpack` *version 1.13.* CTAN, June 2002. Included in MSC macro package distribution.

[6] IEEE. 17th *Annual Symposium on Foundations of Computer Science*, Houston, Texas, 25–26 October 1976.

[7] Donald E. Knuth. *Fundamental Algorithms*, volume 1 of *The Art of Computer Programming*, section 1.2, pages 10–119. Addison-Wesley, Reading, Massachusetts, second edition, 10 January 1973. This is a full INBOOK entry.

8.4 abbrv

Einer der vier Standardstile von BibTeX, der dem Stil `plain` entspricht, jedoch Vornamen, Monatsnamen und Journalnamen in Kurzform (abbreviation) ausgegeben werden.

```
\ldots, die Verweise.~%
\cite{Klose}; \cite{Braun}; \cite{Bedell}; \cite{Azra};
\cite{BMO};   \cite{FOCS};  \cite{Knuth};  \cite{Klose}
% @phdthesis: @article: @book: @inproc: @manual: @proc: @inbook: @phdthesis:
\bibliographystyle{abbrv}
\bibliography{examplesB}
```

08-04-1 …, die Verweise. [6]; [4]; [2]; [1]; [3]; [5]; [7]; [6]

Literatur

[1] J. Azra. Relations Diophantiennes et la solution négative du 10e problème de Hilbert. In *Séminaire Bourbaki—vol. 1970/71. Exposés 382–399*, volume 244 of *Lecture Notes in Mathematics*, pages 11–28. Springer-Verlag, 1971.

[2] K. Bedell, D. Coffey, D. Heltzer, D. Pines, and J. Schrieffer. *High Temperature Superconductivity Proceedings*. Addison Wesley, Reading, MA, USA, 1990. Prepared with TeX.

[3] V. Bos and S. Mauw. *A LaTeX macro package for Message Sequence Charts—User Manual—Describing mscpack version 1.13*. CTAN, June 2002. Included in MSC macro package distribution.

[4] B. Braunmühl, S. Cook, K. Mehlhorn, and R. Verbeek. The recognition of deterministic CFL's in small time and space. *Information and Control*, 56(1/2):34–51, Jan./Feb. 1983.

[5] IEEE. 17th *Annual Symposium on Foundations of Computer Science*, Houston, Texas, 25–26 Oct. 1976.

[6] J. Klose. *Live Sequence Charts: A Graphical Formalism for the Specification of Communication Behavior*. PhD thesis, Carl von Ossietzky Universität Oldenburg, 2003.

[7] D. Knuth. *Fundamental Algorithms*, volume 1 of *The Art of Computer Programming*, section 1.2, pages 10–119. Addison-Wesley, Reading, Massachusetts, second edition, 10 Jan. 1973. This is a full INBOOK entry.

8.5 chicago

Zusätzlich muss das Paket chicago geladen werden, um Verweise und Literaturangaben entsprechend des »Chicago Manual of Style« zu erreichen.

```
\usepackage{chicago}

\ldots, die Verweise.~%
\cite{Klose}; \cite{Braun}; \cite{Bedell}; \cite{Azra};
\cite{BMO};   \cite{FOCS};  \cite{Knuth};  \cite{Klose}
% @phdthesis: @article: @book: @inproc: @manual: @proc: @inbook: @phdthesis:
\bibliographystyle{chicago}
\bibliography{examplesB}
```

…, die Verweise. (Klose 2003); (Braunmühl, Cook, Mehlhorn, and Verbeek 1983); (Bedell, Coffey, Heltzer, Pines, and Schrieffer 1990); (Azra 1971); (Bos and Mauw 2002); (IEEE 1976); (Knuth 1973); (Klose 2003) 08-05-1

Literatur

Azra, J. (1971). Relations Diophantiennes et la solution négative du 10e problème de Hilbert. In *Séminaire Bourbaki—vol. 1970/71. Exposés 382–399*, Volume 244 of *Lecture Notes in Mathematics*, pp. 11–28. Springer-Verlag.

Bedell, K., D. Coffey, D. Heltzer, D. Pines, and J. Schrieffer (1990). *High Temperature Superconductivity Proceedings*. Reading, MA, USA: Addison-Wesley. Prepared with TeX.

Bos, V. and S. Mauw (2002, June). *A LaTeX macro package for Message Sequence Charts—User Manual—Describing mscpack version 1.13*. CTAN. Included in MSC macro package distribution.

Braunmühl, B., S. Cook, K. Mehlhorn, and R. Verbeek (1983, January/February). The recognition of deterministic CFL's in small time and space. *Information and Control 56*(1/2), 34–51.

IEEE (1976, 25–26 October). 17th *Annual Symposium on Foundations of Computer Science*, Houston, Texas. IEEE.

Klose, J. (2003). *Live Sequence Charts: A Graphical Formalism for the Specification of Communication Behavior*. Ph. D. thesis, Carl von Ossietzky Universität Oldenburg.

Knuth, D. (1973, 10 January). *Fundamental Algorithms* (Second ed.), Volume 1 of *The Art of Computer Programming*, Section 1.2, pp. 10–119. Reading, Massachusetts: Addison-Wesley. This is a full INBOOK entry.

8.6 apalike

Es muss das gleichnamige Paket geladen werden, um Verweise und Literaturangaben entsprechend der »American Psychology Association« zu erreichen.

```
\usepackage{apalike}

\ldots, die Verweise.~%
\cite{Klose}; \cite{Braun}; \cite{Bedell}; \cite{Azra};
\cite{BMO}; \cite{FOC3}; \cite{Knuth}; \cite{Klose}
% @phdthesis: @article: @book: @inproc: @manual: @proc: @inbook: @phdthesis:
\bibliographystyle{apalike}
\bibliography{examplesB}
```

08-06-1 ..., die Verweise. (Klose, 2003); (Braunmühl et al., 1983); (Bedell et al., 1990); (Azra, 1971); (Bos and Mauw, 2002); (FOC, 1976); (Knuth, 1973); (Klose, 2003)

Literatur

(1976). 17th *Annual Symposium on Foundations of Computer Science*, Houston, Texas. IEEE.

Azra, J. (1971). Relations Diophantiennes et la solution négative du 10e problème de Hilbert. In *Séminaire Bourbaki—vol. 1970/71. Exposés 382–399*, volume 244 of *Lecture Notes in Mathematics*, pages 11–28. Springer-Verlag.

Bedell, K., Coffey, D., Heltzer, D., Pines, D., and Schrieffer, J. (1990). *High Temperature Superconductivity Proceedings*. Addison-Wesley, Reading, MA, USA. Prepared with TeX.

Bos, V. and Mauw, S. (2002). *A LaTeX macro package for Message Sequence Charts—User Manual—Describing mscpack version 1.13*. CTAN. Included in MSC macro package distribution.

Braunmühl, B., Cook, S., Mehlhorn, K., and Verbeek, R. (1983). The recognition of deterministic CFL's in small time and space. *Information and Control*, 56(1/2):34–51.

Klose, J. (2003). *Live Sequence Charts: A Graphical Formalism for the Specification of Communication Behavior*. PhD thesis, Carl von Ossietzky Universität Oldenburg.

Knuth, D. (1973). *Fundamental Algorithms*, volume 1 of *The Art of Computer Programming*, section 1.2, pages 10–119. Addison-Wesley, Reading, Massachusetts, second edition. This is a full INBOOK entry.

```
\ldots, die Verweise.~%
\cite{Klose}; \cite{Braun}; \cite{Bedell}; \cite{Azra};
\cite{BMO};   \cite{FOCS};  \cite{Knuth};  \cite{Klose}
% @phdthesis: @article: @book: @inproc: @manual: @proc: @inbook: @phdthesis:
\bibliographystyle{ieeetr}
\bibliography{examplesB}
```

..., die Verweise. [1]; [2]; [3]; [4]; [5]; [6]; [7]; [1] 08-06-2

Literatur

[1] J. Klose, *Live Sequence Charts: A Graphical Formalism for the Specification of Communication Behavior.* PhD thesis, Carl von Ossietzky Universität Oldenburg, 2003.

[2] B. Braunmühl, S. Cook, K. Mehlhorn, and R. Verbeek, "The recognition of deterministic CFL's in small time and space," *Information and Control*, vol. 56, pp. 34–51, Jan./Feb. 1983.

[3] K. Bedell, D. Coffey, D. Heltzer, D. Pines, and J. Schrieffer, *High Temperature Superconductivity Proceedings.* Reading, MA, USA: Addison-Wesley, 1990. Prepared with TEX.

[4] J. Azra, "Relations Diophantiennes et la solution négative du 10e problème de Hilbert," in *Séminaire Bourbaki—vol. 1970/71. Exposés 382–399*, vol. 244 of *Lecture Notes in Mathematics*, pp. 11–28, Springer-Verlag, 1971.

[5] V. Bos and S. Mauw, *A LaTeX macro package for Message Sequence Charts—User Manual—Describing mscpack version 1.13.* CTAN, June 2002. Included in MSC macro package distribution.

[6] IEEE, 17th *Annual Symposium on Foundations of Computer Science*, (Houston, Texas), 25–26 Oct. 1976.

[7] D. Knuth, *Fundamental Algorithms*, vol. 1 of *The Art of Computer Programming*, section 1.2, pp. 10–119. Reading, Massachusetts: Addison-Wesley, second ed., 10 Jan. 1973. This is a full INBOOK entry.

```
\usepackage{natbib}

\ldots, die Verweise.
\cite{Klose}; \cite{Braun}; \cite{Bedell}; \cite{Azra};
\cite{BMO};   \cite{FOCS};  \cite{Knuth};  \cite{Klose}
% @phdthesis: @article: @book: @inproc: @manual: @proc: @inbook: @phdthesis:
\bibliographystyle{dinat}
\bibliography{examplesB}
```

08-06-3 ..., die Verweise. Klose (2003); Braunmühl u. a. (1983); Bedell u. a. (1990); Azra (1971); Bos und Mauw (2002); IEEE (1976); Knuth (1973); Klose (2003)

Literatur

[Azra 1971] Azra, Jean-Pierre: Relations Diophantiennes et la solution négative du 10e problème de Hilbert. In: *Séminaire Bourbaki—vol. 1970/71. Exposés 382–399* Bd. 244, Springer-Verlag, 1971, S. 11–28

[Bedell u. a. 1990] Bedell, K. S. ; Coffey, D. ; Heltzer, D. E. ; Pines, D. ; Schrieffer, J. R.: *High Temperature Superconductivity Proceedings.* Reading, MA, USA : Addison-Wesley, 1990. – xiv + 474 S. – Prepared with TEX.. – ISBN 0-201-51249-1

[Bos und Mauw 2002] Bos, V. ; Mauw, S.: *A LaTeX macro package for Message Sequence Charts—User Manual—Describing mscpack version 1.13.* CTAN: , June 2002. – Included in MSC macro package distribution

[Braunmühl u. a. 1983] Braunmühl, Burckard von ; Cook, Stephen ; Mehlhorn, Kurt ; Verbeek, Rutger: The Recognition of Deterministic CFL's in Small Time and Space. In: *Information and Control* 56 (1983), Januar/Februar, Nr. 1/2, S. 34–51

[IEEE 1976] IEEE (Veranst.): 17th *Annual Symposium on Foundations of Computer Science.* Houston, Texas, 25–26 Oktober 1976

[Klose 2003] Klose, Jochen: *Live Sequence Charts: A Graphical Formalism for the Specification of Communication Behavior*, Carl von Ossietzky Universität Oldenburg, Dissertation, 2003

[Knuth 1973] Knuth, Donald E.: *The Art of Computer Programming.* Bd. 1: *Fundamental Algorithms.* Section 1.2, S. 10–119. Reading, Massachusetts : Addison-Wesley, 10 Januar 1973. – This is a full INBOOK entry

```
\usepackage{harvard}

\ldots, die Verweise.
\cite{Klose}; \cite{Braun}; \cite{Bedell}; \cite{Azra};
\cite{BMO};   \cite{FOCS};  \cite{Knuth};  \cite{Klose}
% @phdthesis: @article: @book: @inproc: @manual: @proc: @inbook: @phdthesis:
\bibliographystyle{agsm}
\bibliography{examplesB}
```

…, die Verweise. (Klose 2003); (Braunmühl, Cook, Mehlhorn & Verbeek 1983); (Bedell, Coffey, Heltzer, Pines & Schrieffer 1990); (Azra 1971); (Bos & Mauw 2002); (IEE 1976); (Knuth 1973); (Klose 2003) 08-06-4

Literatur

Azra, J. (1971), Relations Diophantiennes et la solution négative du 10e problème de Hilbert, *in* 'Séminaire Bourbaki—vol. 1970/71. Exposés 382–399', Vol. 244 of *Lecture Notes in Mathematics*, Springer-Verlag, pp. 11–28.

Bedell, K., Coffey, D., Heltzer, D., Pines, D. & Schrieffer, J. (1990), *High Temperature Superconductivity Proceedings*, Addison-Wesley, Reading, MA, USA. Prepared with TeX.

Bos, V. & Mauw, S. (2002), *A LaTeX macro package for Message Sequence Charts—User Manual—Describing* mscpack *version 1.13*, CTAN. Included in MSC macro package distribution.

Braunmühl, B., Cook, S., Mehlhorn, K. & Verbeek, R. (1983), 'The recognition of deterministic CFL's in small time and space', *Information and Control* **56**(1/2), 34–51.

IEE (1976), 17th *Annual Symposium on Foundations of Computer Science*, Houston, Texas.

Klose, J. (2003), Live Sequence Charts: A Graphical Formalism for the Specification of Communication Behavior, PhD thesis, Carl von Ossietzky Universität Oldenburg.

Knuth, D. (1973), *Fundamental Algorithms*, Vol. 1 of *The Art of Computer Programming*, second edn, Addison-Wesley, Reading, Massachusetts, section 1.2, pp. 10–119. This is a full INBOOK entry.

Kapitel 9

Literaturdatenbank konvertieren

Bibliografie-Datenbanken lassen sich sowohl von einem Fremdformt in das BibTeX-Format als auch umgekehrt konvertieren. Die Wahrscheinlichkeit, dass die Konvertierung erfolgreich sein wird, hängt von der jeweiligen Verbreitung des anderen Formats ab. Aktuelle grafische Umgebungen, wie sie in Kapitel 7 auf Seite 195 angegeben sind, sollten einen Export oder Import der bekanntesten Formate ermöglichen. Scripte oder kleine Programme stehen vor allen Dingen für den Export in ein anderes Format zur Verfügung.

9.1 Import

Für den Import von Daten einer fremden Literaturdatenbank in ein BibTeX-kompatibles Format stehen im Wesentlichen nur die grafischen Entwicklungsumgebungen zur Verfügung, die über eine mehr oder weniger umfangreiche eigene Importfunktion verfügen oder alternativ beim Öffnen von Dateien unterschiedliche Typen erlauben.

9.1.1 Pybliographer

Das Programm verfügt über keine gesonderte Importfunktion; es ermöglicht über das Öffnen einer Datei die Angabe verschiedener Dateiendungen, die den Typ festlegen. Abbildung 9.1 auf der nächsten Seite zeigt die aktuellen Möglichkeiten, die sich auf die folgenden Dateitypen bezieht:

ISIFile Das ISI-Format (`http://www.isinet.com`) wurde vom *Institute of Scientific Information* entwickelt, um Verweise und Bibliografieangaben in wissenschaftlichen Veröffentlichungen zu sammeln und zu katalogisieren. Mittlerweile wurden die Datenbanken von *Thomson Scientific* übernommen (`http://www.thomson.com`).

Abbildung 9.1: Mögliche Dateitypen für das Öffnen von Datenbanken mit dem Programm pybliographer.

9.1.2 JabRef

Das Programm ermöglicht eine große Anzahl von verschiedenen Formaten zum Import einer Literaturdatenbank. Eine Auswahl zeigt Abbildung 9.2.

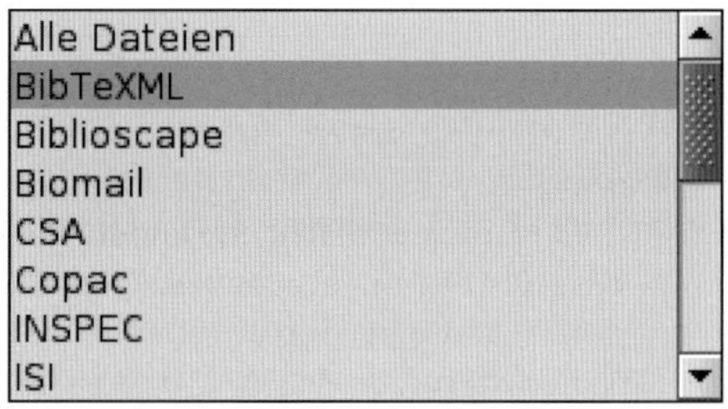

Abbildung 9.2: Mögliche Dateitypen für das Öffnen von Datenbanken mit dem Programm JabRef.

BibTeXML Das normale BibTeX-Format in XML übertragen (`http://bibtexml.sourceforge.net/`).

Biblioscape Format für das gleichnamige kommerzielle Programm für ein Referenzmanagmentsystem (`http://www.biblioscape.de`).

BioMail Das gleichnamige Programm ist eine Webbasierte Anwendung von Datenbanken für Mediziner und Biologen (`http://http://sourceforge.net/projects/biomail/`).

CSA Als *Cambridge Scientific Abstracts* gegründetes Projekt für Onlinedatenbanken, welche zur Zeit ein Projekt der Firma Proquest ist (`http://www.csa.com`).

Copac Der Katalog erlaubt einen freien Zugang zu verschiedenen Onlinedatenbanken von Universitäten und Nationalbibliotheken in Großbritannien und Irland (http://copac.ac.uk/).

INSPEC Die Datenbank enthält über 10 Millionen bibliografische Einträge von Zusammenfassungen aus Artikeln, Konferenzbeiträgen, technischen Reports oder anderer Literatur aus den Bereichen Wissenschaft und Technologie (http://www.theiet.org/publishing/inspec/).

ISI Das ISI-Format (`http://www.isinet.com`) wurde vom *Institute of Scientific Information* entwickelt, um Verweise und Bibliografieangaben in wissenschaftlichen Veröffentlichungen zu sammeln und zu katalogisieren. Mittlerweile wurden die Datenbanken von *Thomson Scientific* übernommen (`http://www.thomson.com`).

JStor Ein *not–for–profit* Service, der Schülern, Studenten und Wissenschaftlern Literaturangaben aus einem großen Bereich akademischer Beiträge ermöglicht (`http://www.jstor.org`).

MSBib Ein BibTeX-kompatibles Format von Microsoft Office 2007.

Medline Internationale Literaturhinweise zur Humanmedizin mit Randgebieten ab 1966, herausgegeben von *Deutsches Medizin Forum* (`http://www.medline.de`).

Ovid Internationale Datenbank aus dem Bereich Wissenschaft und Gesundheit (`http://www.ovid.com`).

PDF PDF-Ausgabe mit XMP-Metadaten (`ttp://www.adobe.com/devnet/xmp/`).

RePEc *Research Papers in Economics* ist ein Open Source Projekt, um Literaturangaben aus Veröffentlichungen zur Wirtschaft zu sammeln und zu katalogisieren (`http://repec.org/`).

RIS Dateiformat des kommerziellen Bibliografieprogramms *Referenz Manager* (`http://www.refman.com`).

Refer *Research Findings Electronic Register* (ReFeR) ist eine Datenbank für medizinische Studien (`www.cilip.org.uk/groups/hlg/conf2004/presentations/Poster_Glanville.pdf`).

scifinder CAS-Datenbanken der *American Chemical Society*, die sich vorrangig um Veröffentlichungen aus dem chemischen Bereich kümmern (`http://www.cas.org`).

SilverPlatter Eine der ältesten Datenbanken für Literaturangaben, die mittlerweile im Ovid-Projekt aufgegangen ist (`http://www.ovid.com/site/help/documentation/silverplatter.jsp`).

Sixpack Verwaltung von Literaturverweisen zur automatischen Einbindung in ein LaTeX Dokument (`http://tuvalu.santafe.edu/~dirk/sixpack/`).

9.2 Export

9.2.1 bibexport

bibexport.sh ist ein kleines Shellskript, welches aus einer gegebenen Datenbank alle oder nur die in den `.aux`-Dateien durch `\citation` zitierten Literatureinträge in eine neue Datei ausgibt. Querverweise und Abkürzungen werden in der für BibTeX üblichen Weise berücksichtigt. Das Skript kann dort sinnvoll angewendet werden, wo aus einer großen Literaturdatenbank eine kleinere generiert werden soll, die dann mit den Quellen des Dokuments weitergegeben werden soll. Für TeX Live gibt es einen Link von bibexport auf das in `texmf-dist/scripts/bibexport/` vorhandene Skript bibexport.sh.

```
bibexport.sh [-h|v] [-n] [-b bst] [-a [-e file]...] [-o file] file...
```

Hierin haben die Parameter die in Tabelle 9.1 auf der nächsten Seite dargestellten Bedeutungen.

Tabelle 9.1: Zusammenfassung der Parameter für das Skript bibexport

Name – Kurz/Lang	*Bedeutung*
`-a, -all`	export the entire .bib files
`-b, -bst`	specifies the .bst style file [default: export.bst]
`-c, -crossref`	include entries that are crossref'd [default: yes]
`-e file, -extra file`	extra .bib files to be used (for crossrefs)
`-n, -no-crossref`	don't include crossref'd entries [default: no]
`-o file`	write output to file [default: bibexport.bib]
`-p, -preamble`	write a preamble at beginning of output
`-t, -terse`	operate silently
`-h, -help`	print this message and exit
`-v, -version`	print version number and exit

9.2.2 Weitere Programme

Die folgende Liste ist eine unvollständige Zusammenstellung möglicher Tools, die eine Hilfe meim Export von Bibliografiedatenbanken sein können, wenn man bibexport.sh nicht verwenden kann. Die Programme sollten allgemein auf CTAN (`http://mirror.ctan.org`) zum Download zur Verfügung stehen, wenn sie nicht bereits Bestandteil einer existierenden TEX-Distribution sind.

bbl2html `.bbl` nach `.html`;
bib2dvi `.bib` nach `.dvi`;
bib2xhtml `.bib` nach `.xhtml` Version 1;
bibextract `.bib` nach `.txt` der in der `.aux`-Datei angegeben Verweise;
tex2bib `.bbl` (muss bereits existieren) nach `.bib`;
aux2bib `.aux` nach `.bib`;
makebib mehrere `.bib` nach einer `.bib`;
printbib `.bib` nach `.dvi`;
bib2html mehrere `.bib` nach einer `.html`.

Anhang

1 Beispielprogramme

Alle hier angegebenen Beispiele können als ZIP-Datei oder einzeln von CTAN heruntergeladen werden: `http://mirror.ctan.org/info/examples/LaTeX-Bib/`. Damit die Beispiele mit pdfLaTeX laufen, sind ein paar Dinge zu beachten:

- ▷ Es müssen die ebenfalls auf CTAN vorhandenen Dokumentenklassen benutzt werden.
- ▷ Viele Beispiele benötigen eine Beispieldatenbank für die Literatur (Dateiendung `.bib`), welche normalerweise im Dokumentenverzeichnis gespeichert werden sollte.
- ▷ Bei einigen Beispielen wird eine Demonstrationsdatenbank erst während der Laufzeit erstellt, wozu die Umgebung `filecontents` verwendet wird.
- ▷ Alle Beispiele sollten auch mit XeLaTeX oder LuaLaTeX laufen, wenn man das Paket `fontenc` gegen ein entsprechendes PAket austauscht. Die Beispiele laufen nicht mit ConTeXt.

Als typisches Beispielprogramm soll hier der komplette Code von 02 07 11 auf Seite 34 gezeigt werden:

```
%%
%%  Ein Beispiel der DANTE-Edition
%%
%%
%%  Copyright (C) 2010 Herbert Voss
%%
%%  It may be distributed and/or modified under the conditions
%%  of the LaTeX Project Public License, either version 1.3
%%  of this license or (at your option) any later version.
%%
```

```
%%  See http://www.latex-project.org/lppl.txt for details.
%%
%% ==bibtex==
% Show page(s) 1
%%
\documentclass[]{exaarticle}
\pagestyle{empty}
\setlength\textwidth{166.324pt}
\usepackage[T1]{fontenc}
\usepackage[utf8]{inputenc}
\usepackage[ngerman]{babel}
\setlength\parindent{0pt}
\usepackage{url}
\AtEndDocument{\clearpage\bibliographystyle{deChicago}
\bibliography{buch2}}
\StartShownPreambleCommands
\usepackage{natbib}
\citestyle{nature}
\StopShownPreambleCommands
\begin{document}
Quellen: \citet{voss:referenz} \citep{voss:pstricks}
\end{document}
```

Alle Angaben, die von der Zeichenfolge == umschlossen sind, in diesem Beispiel `==bibtex==`, verweisen auf ein externes Programm, welches zusätzlich zum pdfLaTeX-Lauf anzuwenden ist. Die verwendete Dokumentenklasse, die im Allgemeinen mit exa beginnt, kann durch eine der Standarddokumentenklassen, beispielsweise `article` ersetzt werden, wenn die beiden Zeilen

```
\StartShownPreambleCommands
\StopShownPreambleCommands
```

gelöscht oder auskommentiert werden. Spezielle Angaben, wie

```
\AtEndDocument{\clearpage\bibliographystyle{deChicago}
\bibliography{buch2}}
```

haben hier nur den Sinn, eine Ausgabe der Zeile im Beispielcode zu verhindern; nur die Zeilen zwischen `\StartShownPreambleCommands` und `\StopShownPreambleCommands`, beziehungsweise zwischen `\begin{document}` und `\end{document}` werden ausgegeben (siehe 02-07-11 auf Seite 34). Dies ist jedoch beim Testen der Beispiele uninteressant, so dass obiges Beispiel in gekürzter Form wie folgt lautet:

```
\documentclass{article}
\pagestyle{empty}
\usepackage[T1]{fontenc}
\usepackage[utf8]{inputenc}
\usepackage[ngerman]{babel}
\setlength\parindent{0pt}
\usepackage{url}
\usepackage{natbib}
\citestyle{nature}
\begin{document}
Quellen: \citet{voss:referenz} \citep{voss:pstricks}
\clearpage\bibliographystyle{deChicago}
```

```
\bibliography{buch2}
\end{document}
```

Die Beispieldatenbank buch2.bib muss hierbei im aktuellen Dokumentenverzeichnis oder in einem von TEX durchsuchten Verzeichnis sein. Alternativ kann auch ein Pfad für die Datenbank angegeben werden.

2 ISBN-Nummern

Standardmäßig werden ISBN-Nummern zur besseren Lesbarkeit mit Bindestrichen unterteilt. Es kann aber sinnvoll sein, wenn diese bei einem eventuellen »Copy&Paste« nicht mit übertragen werden. Das Makro \isbn von Heiko Oberdiek ermöglicht dies im Zusammenhang mit dem Paket accsupp.

```
\usepackage{accsupp}% Heiko Oberdiek
\providecommand\isbn[1]{}
\renewcommand*\isbn[1]{%
  ISBN:~%
  \BeginAccSupp{method=plain,ActualText=\RemoveHyphen{#1}}%
  #1%
  \EndAccSupp{}}
\newcommand*{\RemoveHyphen}[1]{\@RemoveHyphen#1-\@nil}
\def\@RemoveHyphen#1-#2\@nil{%
  #1%
  \ifx\\#2\\\expandafter\@gobble\else\expandafter\@firstofone\fi
  {\@RemoveHyphen#2\@nil}}
```

Werden die ISBN-Nummern jetzt beispielsweise als \isbn{9-783-86541-370-3} eingegeben, so werden beim Kopieren dieser Sequenz in der erzeugten PDF die Bindestriche nicht beachtet; ein anschließendes Einfügen ergibt 9783865413703.

3 Dateiendungen

.aux Hilfsdatei auf TEX-Ebene, enhält unter anderem alle Referenzen und Bibliografieverweise.

.bbl Einzufügende Literaturliste, die durch BIBTEX oder biblatex erzeugt wird.

.bbx Stildatei für biblatex.

.bcf Steuerdatei für biblatex.

.bib Bibliografiedatenbank im BIBTEX-Format oder Steuerdatei für biblatex

.blg Logdatei des externen Bibliografieprogramms.

.bst Stildatei für BIBTEX.

.log Logdatei des pdflatex- oder latex-Laufs.

.xml Steuerdatei für biber, erstellt von biblatex.

4 TEX-Distributionen

Eine der Philosophien von TEX war schon immer, auf allen Plattformen zur Verfügung zu stehen. Die TEX-Distribution TEX Live (http://www.tig.org/texlive) unterstützt beispielsweise:

```
drwxrwsr-x  3 karl root 12288 Sep 15 18:09 alpha-linux
drwxr-sr-x  3 karl root 12288 Sep 15 18:09 amd64-freebsd
drwxr-sr-x  3 karl root 12288 Sep 15 18:09 amd64-kfreebsd
drwxr-sr-x  3 karl root 12288 Sep 15 18:09 i386-cygwin
drwxr-sr-x  3 karl root 12288 Sep 15 18:09 i386-freebsd
drwxr-sr-x  3 karl root 12288 Sep 15 18:09 i386-kfreebsd
drwxr-sr-x  3 karl root 12288 Sep 15 18:09 i386-linux
drwxr-sr-x  3 karl root 12288 Sep 15 18:09 i386-netbsd
drwxrwsr-x  3 karl root 12288 Sep 15 18:09 i386-solaris
drwxrwsr-x  3 karl root 12288 Sep 15 18:09 mips-irix
drwxr-sr-x  3 karl root 12288 Sep 15 18:09 powerpc-aix
drwxr-sr-x  3 karl root 12288 Sep 15 18:09 powerpc-linux
drwxr-sr-x  3 karl root 12288 Sep 15 18:09 sparc-linux
drwxrwsr-x  3 karl root 12288 Sep 15 18:09 sparc-solaris
drwxr-sr-x  3 karl root 12288 Sep 15 18:09 universal-darwin
drwxrwsr-x  3 karl root 20480 Dec  7 13:09 win32
drwxr-sr-x  3 karl root 12288 Sep 15 18:09 x86_64-darwin
drwxr-sr-x  3 karl root 12288 Sep 15 18:09 x86_64-linux
drwxr-sr-x  3 karl root 12288 Sep 15 18:09 x86_64-solaris
```

Für Windows wird nur die 32-Bit-Variante angeboten. TEX Live verfügt über ein automatisches Update von binären Dateien, Dokumentklassen und Paketen, was eine Internetverbindung voraussetzt. Mitglieder von DANTE e. V. (http://www.dante.de) bekommen jährlich eine DVD, die unter anderem ein komplettes TEX-Live-System enthält. Die Installation erfolgt in einem einzigen Unterverzeichnis, so dass nur noch der Programmpfad für die Binärdateien gesetzt werden muss. Eine Entfernung von TEX Live ist daher problemlos möglich.

Fast alle Linux-Distributionen liefern auch eine TEX Live-Installation, die jedoch in der Regel alles andere als aktuell ist und auch kein automatisches Paketmanagement unterstützt. Allerdings lassen sich mehrere TEX Live-Versionen problemlos zusammen betreiben.

Für Windows existiert mit MiKTEX auch eine 64-Bit-Variante (http://www.miktex.org), die ebenfalls ein automatisches Paketmanagnment unterstützt. Für Anfänger steht mit proTEXt (http://www.tug.org/protext) ein System zur Verfügung, welches mit MiKTEX als Basis eine vereinfachte Installation auf Windows-Ebene ermöglicht.

Literaturverzeichnis

[1] Donald Arseneau. »Chapterbib«, 2004. CTAN: macros/latex/contrib/cite

[2] Pierre Basso und Stefan Ulrich. »Bibtopic«, 2006. CTAN: macros/latex/contrib/bibtopic

[3] Frank G. Bennett, Jr. User's Guide to the Camel Citator, 1997. Version 1.0t. CTAN: macros/latex/contrib/camel

[4] Jens Berger. »Das jurabib-Paket«, 2007. CTAN: macros/latex/contrib/jurabib.

[5] Patrick W. Daly. »Customizing Bibliographic Style Files«, 2007. CTAN: macros/latex/contrib/custom-bib.

[6] Patrick W. Daly. »Natural Sciences Citations and References«, 2007. CTAN: macros/latex/contrib/natbib.

[7] Jürgen Fenn. »Managing Citations and Your Bibliography with BibTeX«. *The PracTeX Journal*, 4, 2006. http://www.tug.org/pracjourn/2006-4/fenn.

[8] Michel Goosens Frank Mittelbach. Der LaTeX Begleiter. Pearson, München, 2. Auflage, 2005.

[9] Eitan M. Gurari. »TeX4ht: LaTeX and TeX for Hypertext«, 2008. http://www.cse.ohio-state.edu/~gurari/TeX4ht.

[10] Torsten Hansen. »The bibunits Package«, 2004. CTAN: macros/latex/contrib/bibunits.

[11] Torsten Hansen. »The multibib Package«, 2004. CTAN: macros/latex/contrib/multibib.

[12] Donald E. Knuth. The TeXbook. Addison Wesley Professional, 21. Auflage, 1986.

[13] Philipp Lehman. »The etoolbox package. An eTEX toolbox for class and package authors«, 2008. CTAN: macros/latex/contrib/etoolbox.

[14] Philipp Lehman. »The csquotes package. Context sensitive quotation facilities«, 2010. CTAN: macros/latex/contrib/csquotes.

[15] Philipp Lehman. »The biblatex package. Programmable bibliographies and citations«, 2011. CTAN: macros/latex/contrib/biblatex.

[16] Karl Berry Manfred Lotz. »TEX Collection 2009, DVD-9 (8 GB), Stand November 2009«. Lehmanns Fachbuchhandlung, DANTE e. V., TUG. ISBN 3-86541-304-8.

[17] Nicolas Markey. »Split your bibliography into categories«, 2005. CTAN: macros/latex/contrib/splitbib.

[18] Nicolas Markey. »Tame the BeaST – The B to X of BIBTEX«, 2005. CTAN: info/bibtex/tamethebeast.

[19] Gerd Neugebauer. bibtool – A tool for manipulating BIBTEX files, 2010. CTAN: biblio/bibtex/utils/bibtool.

[20] Oren Patashnik. »BibTEXing«, 1988. CTAN: biblio/bibtex/contrib/doc/btxdoc.pdf.

[21] Sebastian Rahtz. »Section name references in LATEX«, 2007. CTAN: macros/latex/contrib/hyperref.

[22] Bernd Raichle. Tutorium: Einführung in die BIBTEX-Programmierung, 2002. Vortrag auf der Tagung DANTE 2002 in Erlangen. http://archiv.dante.de/dante2002/handouts/raichle-bibtexprog.pdf

[23] Michael Shell und David Hoadley. »BIBTEX Tips and FAQ«, 2007. CTAN: biblio/bibtex/contrib/doc/btxFAQ.pdf.

[24] Herbert Voß. »Allgemeine und sprachenspezifische Probleme bei der Entwicklung eines Textsatzsystems am Beispiel von TEX«. Vortrag im Institut für germanistische Sprachwissenschaft, Friedrich-Schiller-Universität Jena, 2007. http://latex.userpages.fu-berlin.de/Materialien/Jena2007D.pdf

[25] Herbert Voß. Die LATEX Referenz. DANTE – Lob.media, Heidelberg/Berlin, 2. Auflage, 2010.

[26] Dominik Waßenhoven. »Bibliographien erstellen mit biblatex (Teil 1)«. *Die TEXnische Komödie*, 2/08:53–75, 2008. http://www.dante.de/DTK/Ausgaben/2008-2.pdf

[27] Dominik Waßenhoven. »Bibliographien erstellen mit biblatex (Teil 2)«. *Die TEXnische Komödie*, 4/08:31–61, 2008. http://www.dante.de/DTK/Ausgaben/dtk08-4.pdf

Index der Befehle und Begriffe

In diesem Index sind sämtliche Befehle und Sachbegriffe zusammengefasst. Um diese besser zuordnen zu können, ist ihr jeweiliger »Typ« mit einem Schlüsselwort versehen, wie beispielsweise *Paket*, *Env.* (Environment – Umgebung), *Option*, *Wert* (Optionswert), *Länge*, *Programm* oder/und dem jeweiligen Paketnamen, in dem dieser Begriff oder Befehl behandelt wird. Fehlt ein Paketname bei einem Befehl oder einer Umgebung, so ist davon auszugehen, dass es sich um einen LaTeX-Standardnamen handelt. Die Angabe »Wert« bezieht sich jeweils auf eine Option, der dieser Wert zugewiesen werden kann und »demo« auf ein reines Beispiel, in dem dort dieses Makro oder die Länge oder ein anderer Typ definiert wurde.

Ein *kursiver* Eintrag weist darauf hin, dass der Begriff oder Befehl in einem Beispiel auf der angegebenen Seite zu finden ist. Eine **fette** Seitennummer ist wie üblich der Hinweis auf einen Haupteintrag, bei dem der Begriff oder Befehl definiert eingehender behandelt wird.

Symbole

A

B

Personen

21 Jahre dante e.V.

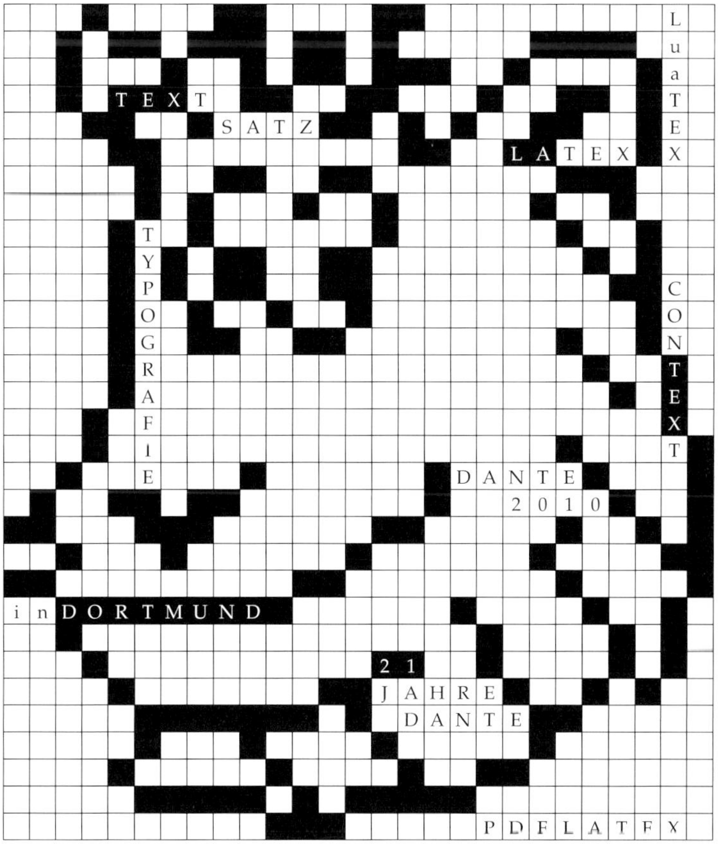

dante, Deutschsprachige Anwendervereinigung TeX e.V., wurde am 14. April 1989 in Heidelberg gegründet. Zweck des Vereins ist die Unterstützung und Beratung von TeX-Benutzern im gesamten deutschsprachigen Raum.

Hierzu betreibt dante e.V. den deutschen Hauptknoten von CTAN, dem weltweiten Software-Archiv für TeX, veranstaltet Tagungen, bietet einen Beraterkreis für Mitglieder und unterhält einen Projektfonds zur Unterstützung der Weiterentwicklung von TeX.

Mitglieder erhalten viermal jährlich die Zeitschrift „Die TeXnische Komödie“ und einmal im Jahr die „TeX-Collection DVD-ROM“.

dante e.V. ist vom Finanzamt Heidelberg als gemeinnützig anerkannt.

dante e.V.
Postfach 10 18 40
69008 Heidelberg

Tel.: +49 6221 29766
Fax: +49 6221 167906
E-Mail: `dante@dante.de`
WWW: `http://www.dante.de`